컨벤션 시설경영론

주현식 저

백산출판사
BAEKSAN Publishing

저자_ 주 현 식

경상대학교 행정학과 / 육군3사관학교 행정학과(졸업)
관동대학교 경영대학원 관광경영전공(석사)
동아대학교 대학원(경영학 박사)
경희대학교 대학원(관광학 박사)
육군에서 15년간 장교로 근무(예 : 소령)
동아대학교 아 · 태관광연구소, 전임연구원 / 특별연구원 역임
한국관광학회, 한국관광레저학회, APTA(정회원), 대한관광학회/한국호텔경영학회(편집위원),
한국관광연구학회(총무이사), 컨벤션학회(사무국장/부편집위원장)
한국호텔 관광학회 공동편집위원장
컨벤션기획사시험 출제위원 / 검토위원, 대한관광경영학(총괄총무)
창원컨벤션센터(CECO) 자문위원, 켄벤션 · 전시 통합 법률안 소위원회 위원
재정경제부 재무장관회의(ASEM) 및 에그몽회의 PCO선정위원
현_ 경주대학교 관광학부 교수, ,

저서_ 컨벤션 실무관리론 외 다수
논문_ 컨벤션 참가동기, 선택속성 · 만족 · 재방문의 의도와의 영향(동아대 박사논문)
로하스 이미지가 지각된 서비스품질, 지각된 가치, 고객만족 및 충성도에
미치는 영향(경희대 박사논문)외 60여편

컨벤션시설경영론

2008년 3월 2일 인 쇄
2008년 3월 5일 발 행

著 者 주 현 식
發行人 (寅製) 秦 旭 相

저자와 합의
인지첩부 생략

發行處 백산출판사 BAEKSAN Publishing
서울시 성북구 정릉3동 653-40
등록 : 1974. 1. 9. 제1-72호
전화 : 914-1621, 917-6240
FAX : 912-4438
http://www.baek-san.com
edit@baek-san.com

값 18,000원
ISBN 978-89-6183-041-6

머리말

우리나라는 「국제회의산업 육성에 관한 법률」이 1996년 제정이 되고 2007년 5월 17일 최종개정되어 컨벤션관련 법제도를 정비하고 있다. ASEM정상회의 개최를 위해 코엑스컨벤션센터가 2000년 5월 개관하였고, 대구전시컨벤션센터가 2001년 5월, 부산전시컨벤션센터가 2001년 9월 오픈하였으며, 2002년 말에는 제주도 ICC가 개관하였고, 고양에는 전문전시센터가 2005년 4월에 개관하였으며, 2005년 8월과 10월에는 창원에 CECO가, 광주에도 김대중컨벤션센터가 2006년 개관되었으며, 2008년에는 대전컨벤션센터가 개관 예정이며, 인천과 울산에서도 컨벤션센터 설립을 위한 타당성을 조사하고 있는 것으로 나타났다. 서울 및 지방에 대형 전시・컨벤션센터가 건립되고 있으며, 인천국제공항 개항, 경부고속철도 개통 등 전시・컨벤션산업육성을 위한 여건이 마련됨에 따라 전시・컨벤션산업에 대한 지방자치단체들의 관심이 크게 높아지고 있고 전시・컨벤션 전문인력 양성 필요성에 대한 논의도 활발히 이루어지고 있다. 그러나 컨벤션 선진국에 진입하기 위해서는 컨벤션센터라는 물적 인프라외에 전문인력의 확보도 반드시 해결돼야 할 과제다. 컨벤션 수용시설이 확충되어도 컨벤션의 준비와 개최의 모든 단계를 효과적으로 진행시킬 수 있는 인력이 없이는 컨벤션산업의 발전을 기대할 수 없기 때문이다.

하나의 컨벤션센터에서 요구되는 필요인원은 약 4천여명으로 ASEM 컨벤션센터와 제주, 부산, 일산, 대전, 대구, 인천 등에 세워질 컨벤션센터를 모두 고려하면 적어도 4만명 이상의 전문인력이 필요하다는 게 업계의 추산이다.

그럼에도 불구하고 현재 국내에서 활동중인 국제회의 전문기획가(PCO)는 약 4백여명으로 절대적으로 부족한 현실을 감안할 때 컨벤션전문인력 양성은 무엇보다도 절실한 실정이다. 특히 국내의 경우 신규회의 개발과 유치・기획능력을 갖춘 전문가를 비롯, 외국어 능력과 컴퓨터 운용능력을 갖춘 국제회의 진행자 등이 크게 부족한 반면, 단순 보조인력은 오히려 넘쳐나는 기형적인 인력구조를 보이고 있다.

미국의 경우 컨벤션분야의 연합회인 CLC가 회의산업 3년 이상 경력자 중 2년 동안 전문교육을 이수한 자에 한해 CMP(Certified Meeting Professional) 자격을 부여하고 있다. 또 일정기간 재교육을 이수한 경우에 한해 자격증 갱신을 허용하는 등 엄격한 관리를 통해 국제회의 전문가의 권위를 인정받도록 하고 있다.

따라서 컨벤션 운영능력의 향상, 정부의 지원정책(제도) 등이 체계적으로 연계되도록 추진되어야 하겠다.

우리나라의 컨벤션산업은 이제 초기 걸음마 단계를 벗어나 본격적인 성장단계로 접어드는 것으로 볼 수 있으나, 전문인력의 부족, 관련업계의 영세성 등의 여러 가지 요인을 극복하기 위해서는 컨벤션산업에 대한 전략적인 지원책 마련이 우선되어야 할 것이다.

특히, 민간분야의 전문성과 경쟁력을 향상시키기 위해서는 민·관 협력체계의 구축과 컨벤션산업의 중요성에 대한 인식의 공유가 이루어질 필요성이 있다고 하겠다. 따라서 그동안 저자가 준비해 온 논문과 강의준비를 위해 수집한 각종 외국자료를 바탕으로 하여 『컨벤션 시설경영론』이라는 책자를 발간하고자 한다.

본서의 내용구성은 컨벤션에 관련된 이론을 단계적으로 구분하여 정리함으로써, 컨벤션기획사 준비를 위한 대학생, 대학원생의 학습교재와 실무자들이 각 단계별로 참고할 내용을 중심으로 구성하였다.

또한 컨벤션에 대한 이해가 필요한 일반인들이 쉽게 이해할 수 있도록 제 1·2·3·4·5·6부로 나누어 구성하였다.

제1부에서는 이론과 실무면에서 컨벤션에 대한 이해가 부족한 학생들과 일반인들의 이해를 돕기 위해 컨벤션에 대한 일반이론으로 구성하였으며,

제2부에서는 컨벤션 시장과 컨벤션 기획부분을 중심으로 간결하게 정리하여

실무에 활용이 가능하도록 하였다.

제3부에서는 실무경험을 축적할 수 있는 프로그램 운영 등을 효과적으로 관리할 수 있는 내용을 중심으로 구성하였다.

제4부에서는 개별 서비스와 관련된 내용을 구성함으로써 실무분야에 활용이 가능하도록 하였다.

제5부에서는 컴퓨터 사용과 인터넷 관련내용을 중심으로 구성하여 효과적인 전산시스템 운용에 도움이 되도록 구성하였다.

제6부에서는 회의 후 평가와 사후 회의활동, 회계 및 재정분석에 대한 내용으로 구성하였다.

본서는 저자의 노력에도 불구하고 여러 가지의 부족한 점이 많으나, 부족한 점은 축차적으로 보완하여 향후 알찬 컨벤션 교재가 될 수 있도록 지속적인 노력을 할 것을 다짐한다.

아울러 본서를 통해 컨벤션을 공부하는 학생과 실무자들에게 다소나마 이론과 실무적인 면에 도움이 되길 바라며, 우리나라 컨벤션산업 발전에 미력하나마 도움이 되었으면 한다.

끝으로 본서가 나오기까지 교정을 보아준 경주대학교 호텔경영전공 학부 및 석·박사과정생과 동명대학교 박현지 교수님 연구실의 영화, 종일, 세기에게 감사하며, 또한 귀중한 자료의 이용을 흔쾌히 허락해주신 박현지 교수님, 졸저의 출판을 흔쾌히 승낙해주신 백산출판사 진욱상 사장님, 출간에 힘써 준 편집부 직원 모두에게 감사드립니다.

2008년 3월

저 자

차 례

제1부 ■■■ 컨벤션의 이해

제2부 ■■■ 컨벤션 프로그램기획

제3부 ■■■ 컨벤션 실무(개최전)

제4부 ■■■ 컨벤션 서비스

제5부 ■■■ 컨벤션 전산관리 서비스

제6부 ■■■ 컨벤션 사후관리 서비스

부 록

참고문헌

Convention

제1부

컨벤션의 이해

제1장 회의·컨벤션·전시회

▌이 장의 주요 내용

1. 회의, 컨벤션, 전시회의 이해
2. 회의산업의 구성요소 이해
3. 회의유형 이해
4. 회의기획가의 역할 이해
5. 회의 개최목적과 참가자들의 목적 이해

"회의" 란 몇 명의 참가자에 의해서 이루어지는 소규모 회의로부터 수만 명이 참가하는 메가이벤트와 전시회를 포함하는 대규모 회의가 있다. 이러한 회의는 많은 참가자들로 인해 많은 이익이 발생하고 개최도시에는 경제적 파급효과가 크기 때문에 대다수의 개인과 협회들은 성공적인 회의개최를 위해 노력하고 있는 것이다. 따라서 제1장에서는 이러한 회의와 컨벤션, 전시회에 대해서 간단히 알아보고, 또한 회의산업과 이벤트의 특성, 회의산업의 구성요소에 대해 소개하고자 한다.

1. 컨벤션산업이란 무엇인가?

컨벤션산업은 여러 형태의 회의기획가, 이벤트장비, 음향설비 전문회사, 회의용역업체, 수송수단, 사전·사후 회의중 관광과 관련된 주요 프로그램과 회의시설, 주최측의 활동을 모두 포함하고 있다. 회의의 규모와 실시횟수는 지원기관과 참가자들의 요구에 의해서 점차 증가하고 있는 추세에 있다.

이러한 이벤트에는 각계각층에서 수많은 사람들이 참가하게 되며 회의가 개최되는 동안 많은 참가자들은 그들의 후원자, 가족 또는 친구를 동반하여 매력적인 개최지의 관광지를 방문하여 즐기려고 할 것이다.

1999년 컨벤션협력기구(Convention Liaison Council: CLC)에서 회의 산업의 경제적 영향을 측정한 연구결과에 의하면, 연례회의, 컨벤션, 전시회, 인센티브 여행을 위해 수백억 달러가 직접적으로 사용되고 있다고 한다.

회의관련 이벤트 참가자들이 소비하는 지출액을 합할 경우 컨벤션산업이 세계경제에 미치는 영향은 대략적으로 수천억 달러에 달한다고 한다. 회의산업은 정규직업을 창출한 뿐만 아니라 간접적으로 수많은 비정규직을 창출한다. 아울러 지역사회의 정치, 경제, 사회, 문화에 미치는 파급효과는 또한 대단하다.

컨벤션산업은 경제적으로 다른 분야에도 많은 영향을 미치고 있는데, 호텔산업의 경우 수입의 36%, 교통사업은 수입의 22%가 회의와 관련 된 산업에서 발생되는 수입으로 나타나고 있다.

본서에서 기술되고 있는 용어를 간단하게 정리하여 회의산업의 구성요소라 하고자 한다.

➲ 회의산업의 구성요소

- 회의(meetings) : 회의, 컨벤션, 전시회, 엑스포, 트레이드 쇼, 메가이벤트
- 회의기획가(meeting planner) : 행사를 계획하고 연출하는 사람
- 회의후원자(meeting sponsors) : 협회, 기업 그리고 다른 조직의 회의를 지원하는 업체

• 회의공급자/회의시설(meeting suppliers/ meeting facilities) : 회의를 위해 시설을 제공하는 회사(호텔, 컨벤션센터, 콘퍼런스센터)

• 회의공급자/서비스(meeting suppliers/services) : 회의를 위한 서비스를 지원하는 회사(회의용역업체, 전시용역업체, 음향설비회사, 인테리어업체, 인쇄업체, 교통서비스 업체, 여행사, 기타 등등)

2. 회 의

다양한 형태의 행사들이 "회의"란 이름으로 개최되는데 이를 세부적으로 살펴보면 다음과 같다.

가. 회의(Meetings)

회의는 모든 종류의 모임을 총칭하는 가장 포괄적인 용어로서, 회의는 2명 이상의 사람들이 공동의 목표에 대한 합의를 도출하기 위해 계획에 의해 실시되는 행사를 지칭한다.

나. 컨벤션(Convention)

회의분야에서 가장 일반적으로 쓰이는 용어로서, 웹스터사전에는 컨벤션이 "공동의 목적을 위해 만나는 사람들의 집회"라고 되어 있지만, 오늘날 컨벤션이란 말은 컨벤션과 연관된 사업, 그리고 참가자들 간의 사회적 상호작용이라는 두 가지 의미의 모임을 모두 포괄한다.

컨벤션은 해마다 개최되는 회의의 수와 규모뿐만 아니라 회의주최자가 광범위한 사교프로그램까지도 기획해야 하기 때문에 집중적이고 세부적인 기획이 필요하다.

컨벤션에서 기획되는 프로그램은 참여형 스포츠, 미니올림픽, 골프게임, 테니스경기, 스키 · 트랩사격, 혹은 수영경기와 게임뿐만 아니라, 칵테일파티, 테마가 있는 만찬파티, 관광 및 동반자와 어린이들을 위한 행사활동까지 세부적으로 준비해야 한다.

특히 배우자, 동반자, 어린이를 동반하는 행사의 경우에는, 회의기획가는 배우자를 위한 프로그램, 관광 및 오락프로그램을 고려해야 한다. 어린이들을 위해서는 적절한 오락과 돌보는 일까지 감안해야 하기 때문에 컨벤션을 기획하는 과정은 더욱 세분화되고 복잡하게 된다.

오늘날 컨벤션은 정보전달을 목적으로 하는 정기적인 회의가 많으며 전시회를 수반하는 경우도 많다. 각 협회나 단체에서 컨벤션은 연차총회(Annual Meeting)의미로 사용되어 왔으나, 최근에는 총회, 휴회기간 중 개최되는 각종 소규모회의, 위원회회의 등을 포괄하는 의미로도 사용되고 있다.

다. 전시회(Exhibition))

전시회는 벤더(Vendor : 판매자)에 의해 제공된 상품과 서비스를 제공하는 전시모임을 의미한다. 무역 · 산업 · 교육 분야 또는 상품 및 서비스 판매업자들의 대규모 전시회는 회의를 수반하는 경우가 많으며, 이와는 반대로 전시회가 컨벤션이나 콘퍼런스의 한 부분으로 개최되는 경우도 많다.

엑스포지션(Exposition)은 주로 유럽에서 전시회를 말할 때 사용되는 용어이다. 전시회는 회의나 컨벤션을 동반할 수도 있고 동반하지 않을 수도 있다. 이러한 엑스포는 대체적으로 개최기간이 길며 교육적 목적으로 많이 활용된다.

전시회는 불특정 다수를 위해 개최되는 일반적인 전시회와 전문기관이나 산업에 관련된 전시회로 구분이 된다.

라. 인센티브 여행(Incentive travel)

인센티브 여행은 일반적으로 기업에서 계획된 생산목표를 달성한 종업원들의 사기를 북돋우기 위한 방법으로 제공되는 여행을 의미한다. 인센티브 여행은 산업회의의 한 부분으로 고려될 수 있는데, 많은 인센티브 여행들은 여행일정에 회의와 전시회를 포함하고 있다. 또한 단순한 여행뿐만 아니라 새로운 정보의 획득과 새로운 기술, 제품에 대한 소개를 하며 오락을 포함하는 행사로 진행되기도 한다.

마. 스페셜 이벤트(Special event)

스페셜 이벤트는 규모가 큰 회의, 컨벤션, 전시회의 일부분으로 개최되거나, 독자적으로 개최되는 특별한 활동을 의미한다.

환영회나 특별 쇼는 회의개최지의 유명한 관광지나, 리조트, 놀이공원이나 박물관에서 개최되는 경우도 있는데, 특정한 목적의 페스티벌이나 골프대회와 같은 스포츠행사들은 매년 개최지를 변경하여 개최되고 있으며 매우 빠르게 성장하고 있는 이벤트이다.

회의의 형태별 특징은 다음과 같다.

① **클리닉(Clinic)** : 클리닉은 소그룹을 위해 특별한 기술을 훈련하고 교육하는 모임이다. 항공예약 담당자를 예로 들면, CRS(컴퓨터 예약시스템)운용교육, 신입사원 직무교육, 새로운 기술에 대한 교육 등이 여기에 포함된다.

② **콘퍼런스(Conference)** : 콘퍼런스란 "공식적인 상호의견 교환이나 공통의 관심사를 토의하기 위해 2명 이상의 사람이 모여서 하는 회의"를 말한다. 참가자 모두가 참가하여 의견을 교환하거나, 서로의 생각과 의견을 주고 받는데 의미가 있다. 따라서 콘퍼런스는 반드시 소규모의 모임을 통해 참가자들이 상호 아이디어의 교환과정에 참여할 수 있어야 한다. 따라서 일정한 사람들이 모여서 토의할 수 있는 콘퍼런스는 회의에 필요한 테이블을 갖추어야 한다.

이러한 콘퍼런스는 컨벤션과 거의 같은 의미를 가진 용어로서, 일반적으로 컨벤션에 비해 회의진행상 토론회가 많고 회의참가자들에게 토론참여 기회가 많이 주어진다.

또한 컨벤션은 다수의 주제를 다루는 업계의 정기회의에 자주 이용되는 반면, 콘퍼런스는 주로 과학, 기술, 학문분야의 새로운 지식 습득 및 특정 문제점 연구를 위한 회의에 많이 이용된다.

③ **콩그레스(Congress)** : 이 용어는 보편적으로 국제적 회의를 일컬을 때 사용되는데, 특히 유럽에서 주로 사용된다. 콩그레스는 컨벤션과 유사하며, 종종 과학집단, 특히 의학집단에서 많이 개최한다. 한편, 미국에서는 입법부를 지칭하

는 말로도 사용된다.

회의의 구성은 본 회의와 사교행사 그리고 관광행사 등의 다양한 프로그램으로 편성되며 참가인원은 보통 수천명에 이른다.

④ **박람회(Exposition)** : 무역박람회(Trade show/Trade fair : 교역전)는 부스를 이용하여 여러 판매자가 자사의 상품을 전시하는 형태의 행사를 말한다. 전시회와 매우 유사하나 다른 점은 컨벤션의 일부가 아닌 독립행사로 열리게 된다. 여러 날 지속되는 대형 박람회에는 참가자 수가 최고 50만 명을 초과하는 경우도 있다(주로 유럽에서 많이 사용되는 용어). 또한 박람회는 국민계몽적 성격을 띠고 있는 것이 특징이다.

⑤ **포럼(Forum)** : 제시된 한 가지의 주제에 대해 상반된 견해를 가진 동일 분야의 전문가들이 사회자의 주도하에 청중 앞에서 벌이는 공개토론회로서, 청중이 자유롭게 질의에 참여할 수 있으며, 사회자가 의견을 종합한다.

⑥ **강연회(Institute)** : 강연회는 경험있는 전문직업인이 교육을 하는 워크숍과 토론으로 구성되어 표면적인 교육을 대신하게 된다.

⑦ **강연(Lecture)** : 한 사람의 전문가가 일정한 형식에 따라 연설하며 청중에게 질의 및 응답시간이 주어지기도 한다.

⑧ **패널토의(Panel Discussion)** : 패널토의는 청중이 모인 가운데 2~8명의 연사가 사회자의 주도하에 서로 다른 분야의 전문가적 견해를 발표하는 공개토론회로서 청중도 자신의 의견을 발표할 수 있다.

⑨ **세미나(Seminar)** : 세미나는 주로 교육목적을 띤 회의로서 참가자 중 한 사람의 주도하에 특정분야에 대한 각자의 지식이나 경험을 발표 및 토의하게 된다.

⑩ **심포지엄(Symposium)** : 심포지엄은 제시된 안건에 대해 전문가들이 다수의 청중 앞에서 벌이는 공개토론회로서 포럼에 비해 다소의 형식을 갖추며, 청중의 질의기회는 적게 주어진다.

⑪ **워크숍(Workshop)** : 워크숍은 콘퍼런스, 컨벤션 또는 기타 회의의 한 부분으로 개최되는 짧은 교육프로그램으로 30~35명 정도의 인원이 특정문제나 과제에 관한 새로운 지식, 기술, 아이디어 등을 서로 교환한다.

⑫ **화상회의(Teleconferencing)** : 화상회의는 지리적으로 떨어진 다른 몇 개의 장소에서 화상을 통해 주어진 문제를 동시에 회의하는 방법을 의미한다. 참가자들이 각기 다른 장소에서 화상을 통해 상대방을 보면서 의견을 교환하는 것으로 고도의 커뮤니케이션 기술이 필요하게 된다. 화상회의는 원거리 여행에 따른 비용과 시간 등을 소비하지 않고 회의를 할 수 있는 장점을 지니고 있다. 오늘날에는 각종 오디오, 비디오, 그래픽스 및 컴퓨터 장비를 갖추고 고도의 통신기술을 활용하여 회의를 개최할 수 있으므로 이러한 형태의 회의가 확산될 전망이다. 일부의 호텔체인, 컨벤션센터, 콘퍼런스센터는 이러한 커뮤니케이션 수단의 증가요구에 부응하여 화상회의 장비를 갖추고 있다.

⑬ **콜로키움(Colloquium)** : 콜로키움은 주로 학문적 연구과제를 토론하게 되는 비공식적인 회의로 서로의 생각과 관심사를 주로 교환하게 된다.

⑭ **소규모회의(Retrcat)** : 소규모회의는 전형적으로 결속력을 강화할 목적으로 집중적인 세션을 계획하여 형식적인 구속을 탈피하여 간단하게 진행하는 회의를 말한다.

〈표 1-1〉 회의형태별 특징

구 분		정 의	참가자수	프리젠테이션 유형	회의 형식
성격상 진행형태	Convention	회의분야에서 가장 일반적으로 쓰이는 용어로서, 정보전달을 주목적으로 하는 정기집회에 많이 사용되며, 전시회를 수반하는 경우가 많고 총회, 휴회기간 중에 개최하는 각종 소규모회의, 위원회 회의 등을 포괄적으로 의미하는 용어	소그룹으로 나누어 회의	시장조사 보고, 신상품 소개, 기업의 세부전략수립	매년 개최되며 위원회 형식
	Conference	콘퍼런스는 컨벤션과 거의 같은 의미를 가지고 있으며, 일반적으로 많은 토의와 참가자를 수반하는 것이다.		과학, 기술, 학문분야의 새로운 지식 습득 및 특정 문제 연구	회의참가자들에게 토론회의 기회가 많이 주어짐
	Congress	콩그레스 용어는 유럽과 국제적인 이벤트에 가장 일반적으로 사용되는 것으로, 콘퍼런스의 특징과 유사하게 사용되는 것이다. 특이하게도 단지 미국에서만 입법부 자체를 대표하는 것으로 사용되어진다.			사교행사와 또는 관광행사 동반
	Seminar	주로 교육목적을 띤 회의로서, 특정분야에 대한 각자의 지식이나 경험을 발표하고 토의한다.	30명 이하	모든 지식과 경험을 공유할 수 있음	참가자들이 많은 의견을 주고받을 수 있음

성격상 진행형태	Symposium	제시된 안건에 대해 전문가들이 다수의 청중 앞에서 벌이는 공개토론회로서, 포럼에 비해 다소의 형식을 갖추며 청중의 질의 기회가 적게 주어진다.			질문의 기회가 있음
	Forum	일반적으로 패널리스트 또는 발표자를 정해 놓은 것을 포럼이라 한다. 많은 청중 참가자들은 패널리스트와 청중 양자에게 모두 질문을 할 수 있다.		일반적으로 사회자가 요점을 정리하고 회의를 주도하게 된다.	많은 사람들이 전후방으로 토의하는 것이 특징이며, 청중들은 자유롭게 질의를 할 수 있음
	Panel Discussion	청중이 모인 가운데 2~8명의 연사가 사회자의 주도하에 서로 다른 분야의 전문가적 견해를 발표하는 공개 토론회			청중도 자신의 의견을 발표할 수 있다.
내용상 진행형태	Workshop	워크숍은 소집단이 포함되는 일반적인 세션의 형식으로 개최가 되며, 특별한 문제 또는 연구과제를 다루는 것이다.		훈련기술과 숙달을 위해 개최가 된다.	참가자들이 마주 본다는 것이 특징
	Lecture	강연은 매우 정형화되어 있거나 구조화된 것으로 한 사람의 전문가가 일정한 형식에 따라 강연하며 청중에게 질의 및 응답시간을 주기도 한다.			

내용상 진행형태	Clinic	클리닉은 소그룹을 위해 특별한 기술을 훈련하고 교육하는 모임이다.			소집단으로 한정
	Institute	콘퍼런스, 세미나, 그리고 워크숍은 때때로 강연회에서 주관하기도 한다. 무역 또는 전문가들이 개설한 강습회는 보다 광범위한 기회를 제공할 목적으로 운영한다.			매분기 교육 프로그램
	Colloquium	주로 학문적 연구과제를 토론하는 비공식적인 회의로써 서로의 생각과 관심사를 교환한다.			
	Meeting	모든 종류의 모임을 총칭하는 가장 포괄적인 용어이다.			
	Retreat	전형적으로 결속력을 강화할 목적으로 집중적인 세션을 계획하고 또한 모든 것을 떠나 간단하게 진행하는 것			소규모회의

자료 : 주현식, 컨벤션 참가동기, 개최지속성, 만족 및 재참가 의도간의 영향관계, 동아대학교 대학원 박사학위논문, 2001, p. 18.

〈표 1-2〉 회의규모에 의한 분류

구 분	정 의	참가자수
대규모	전시회, 박람회, 스포츠행사, 올림픽 등	3000명 이상
중규모	국제협회회의, 세미나, 학술회의 등(주로 학술회의)	500~3000명
소규모	지역적인 국제회의, 정보·학술회의, 세미나 등	500명 미만

<표 1-3> 회의성격에 의한 분류

구 분	정 의
Corporate Meeting (기업회의)	기업의 활동과 관련한 회의로서 다음과 같이 6가지로 분류 • 판매회의(Sales Meeting): 인센티브, 신상품소개, 기업전략의 ·수립, 판매기술 향상을 위한 교육목적으로 개최되는 회의 • 유통업자회의(Distributor/Dealer Meeting): 판매를 할 목적으로 판매업자 간의 회의로서 신상품소개, 광고를 하기 위한 회의 • 기술회의(Technical Meeting): 전문기술자들 간의 이용기술에 대한 최신기술 개발, 기술혁신을 위한 회의 • 경영자회의(Executive/Management Meeting): 경영자를 대상으로 하는 경영혁신과 관련된 회의 • 교육훈련회의(Training Meeting): 최고경영자들이 참가하여 교육하는 사원연수회의 • 주주회의(Stockholder/Public Meeting): 주주를 대상으로 하는 회의로서 1일 이상 지속되지 않는 것이 보통이다. ※ 이외에도 신상품 전시회와 영업실적이 우수한 사람을 위한 인센티브회의 등
Association Meeting (전문가 단체회의)	협회와 관련된 주제와 관심을 다루는 회의 • 무역협회(Trade Association): 협회 중에는 생산업자, 공급업자, 중간도매업자, 소매업자와 독립적인 소규모 협회가 있으며, 전시회를 수반하는 대규모의 컨벤션이 개최됨. • 전문가협회(professional Association): 의학, 은행, 건축등 전문분야의 협회에서 국가적 차원의 컨벤션이 개최되는 것이다. • 과학/기술자회의(Scientific and Technical Association): 물리학협회, 공학기술협회 등이 정기적으로 요청하는 특별한 회의
	• 교육단체회의(Educational Association): 대표적인 것이 전국 국공립교사협회임. 수업이 없는 여름방학동안 회의를 개최 • Veterans and Military Association: 재향군인회가 대표적이며 전우애를 고양시키기 위해 연차총회를 개최하는 것. • 친목회의(Fraternal Association): 회원들간의 친목을 도모하기 위한 단체로서 대학동문회, 동호회 등 • 자선단체회의(Charitable Association): 자선활동이 목적인 단체로 적십자협회가 대표적 • 정치단체회의(Political Association): 민주당과 공화당이 대통령 후보자를 선출하기 위해 4년에 한번 개최하는 전당대회가 대표적
Non-Profit Meeting (비영리회의)	비영리단체 회의로서 세계잼버리대회, 세계크리스트교회의, 로터리클럽 세계대회 등
Government Agency Meeting (정부주관 회의)	정부가 주관하는 회의로서 아시아태평양 지역의 노동부장관회의, 관세협이사회 등 연례적인 회의
SMERF	Social , Military, Educational, Religions, Fraternal(친목조직)

〈표 1-4〉 회의진행상의 분류

구 분	정 의
개회식	개회식(Open Session)은 본회의가 시작되기 전에 공식적으로 개최되며 개회사를 비롯하여 일정한 형식과 의례가 따른다. 교향악, 전통무용 등의 연예행사가 준비되기도 한다. 참석범위로는 정식회원은 모두 초청되며, 그들의 수행원이나 정부유관인사, 지방유지 등 본회의와 관련이 없는 사람이 초청되기도 한다.
총회	총회(General Assembly)는 모든 회원들이 참석할 수 있는 회의로서 제출된 의제에 관하여 발표·표결할 권한을 갖는다. 이러한 사항 중에는 정관수정·방침결정 또는 집행위원의 지명 및 해임 등 모든 사항이 포함된다.
위원회	위원회(Commission)는 어떤 특정 연구를 위해 본회의 참석자 중에서 지명된 사람들로 구성되어 본회의 진행기간 중에 또는 다른 시기 및 장소에서 개최된다. 의제는 단일논제를 다루며, 참석범위로는 10~15명 정도의 동일한 직종을 가진 사람들로 구성된다. 초청장과 더불어 의제가 사전에 참석자에게 송부된다. 후속조치로는 경과를 보고하고 건의사항을 제출한다.
협의회	협의회(Council)는 본회의 기간 중에 구성되며, 특정문제에 대하여 어느 정도의 결정권을 갖는다. 협의회의 결정사항은 본회의에서 비준되어야 한다. 협의회에서는 특별히 부여된 결정권을 가지고 토론할 수 있는 주제를 선택한다. 참석범위로는 20명 내외로 본회의에서 선출된 사람들로 구성된다. 후속조치로는 회의록에 기록되며, 요청이 있을 경우 본회의 참석자들에게 전달된다.
위임위원회	위임위원회(Committee)는 본회의 기간 중 또는 휴회 중에 소집되며, 의제가 정확하게 지정되고 특정사항에 대하여 어느 정도 결정권을 갖는다. 참석범위는 10~15명의 본회의 참가자들로 구성된다.
집행위원회	집행위원회(Executive Committee)는 집행부서라고 할 수 있으며, 본회의에서 선정된다. 어느 정도 결정권을 갖고 있으나 때로는 본회의에서 인준을 요한다. 의제는 집행을 요하는 사항을 다룬다. 참석범위로는 위원회 또는 본회의에서 선출된 10명 이내의 인원으로 구성된다. 후속조치로는 위원회 또는 본회의에 제출하기 위해 상세한 보고서가 작성된다.
실무단	실무단(Working Group)은 위원회에서 임명된 특정전문가들로만 구성되며, 단시일 내에 고도로 상세한 내용의 조사를 하기 위해 구성된다. 의제는 단일주체를 다루며, 참석범위는 특정전문가들로 보통 10명 이내로 국한된다. 후속조치로는 전문적이고 기술적인 보고서를 작성한다.
분과위원회	분과위원회(Buzz Group)는 어떤 문제에 대해 총체적으로 자문하도록 구성된 협의체로서 한 회의기간 동안 여러 번 개최되기도 한다. 이 때 본회의의 진행은 중단되고, 여러 소분과위원회로 나눠진다. 각 분과위원회는 위원장을 선임하여 제기된 문제를 논의한 뒤 각 위원장은 분과위원회의 의견에 대하여 본회의에 보고한다.
폐회식	폐회식(Closing Session)은 회의를 종결하는 최종회의로서 회의성과 및 채택된 사항을 요약·보고한다. 이 때에 폐회사가 있고, 회의주최자에 대하여 감사의 표시를 하는 것이 관례이다.

〈표 1-5〉 회의개최 주기에 의한 분류

구 분	정 의
정기회의	회의의 개최시기는 개최조직의 성격과 목적에 따라 다르다. 회의개최 주기는 직전회의에서 결정되거나 당해 회의기간에 결정된다. 일반적으로 정기회의는 1년을 단위로 하는 것이 일반적이나, 필요에 따라 분기, 월, 주 단위로 정기회의를 개최할 수 있다.
비정기 회의	비정기회의는 주로 국제기구의 규정에서 정하고 있는 사안이 발생할 때 비정기적으로 개최되는 회의이다. 비정기회의 사안의 성격에 따라 보통회의와 특별회의로 나눌 수 있다.

〈표 1-6〉 회의목적별 분류

구 분	예
광범위한 문제 또는 특정문제에 대한 일반토론을 위한 토론장으로서의 역할을 하는 회의	국제기구의 총회 또는 이사회
조약문 또는 기타 정식 국제문서 작성·채택을 위한 회의	해양법 회의
국제적 정보교환을 목적으로 하는 회의	원자력의 평화적 이용에 관한 유엔회의
국제적 사업에 대한 자발적 분담금 서약회의	UNDP, WFP 등 기여금 서약회의

3. 회의기획가

가. 회의기획가의 유형

컨벤션산업에서 회의기획가의 역할은 점점 증가하고 있다. 그리고 회의기획가는 정확한 숫자를 파악하기 어렵지만 전문적인 직업으로 각광받게 될 전망이다. 컨벤션전문경영협회(PCMA: Professional Convention Management Association)는 미국에서만 정규직과 비정규직 기획가를 포함하면 20만명 이상이 활동하고 있는 것으로 추정하고 있다.

그리고 전 세계적으로는 이보다도 훨씬 더 많을 것으로 추정하고 있다. 수만 명의 기획가들은 협회와 기업에 의해 고용되고 있으며, 많은 기획가들은 교육기관, 정부부처, 협회에 소속되거나 연계하여 업무를 수행하고 있다. 따라서 개인과 협회는 회의기획가 활동의 중요성을 인식하고 있기 때문에 회의의 운영과 관리에 필요한 유자격 회의기획가의 필요성이 점점 증가되고 있는 것이다.

회의기획가들은 컨벤션산업에 어떤 형태로든 관여를 하게 되는데, 때로는 하나의 협회에 소속되어 있거나 그 이상의 전문협회나 기업에 소속되어 업무를 수행하기도 한다. 회의기획가들이 소속되어 있는 전문협회는 지속적인 교육을 하기도 하고 동료들에게 정보공유의 기회를 제공하는 네트워크 역할을 수행한다.

회의기획가들은 대부분의 시간을 소속된 조직의 행사를 계획하면서 보내고 있다. 그러나 대부분의 기획가들은 그들이 회의를 위한 업무를 하고, 회의계획과 관련된 업무를 수행하지 않을 때는 다른 업무를 부여받게 된다. 일반적으로 협회의 회의기획가들은 기업에 소속된 회의기획가들보다 회의활동에 관여하는 시간이 많은 것이 일반적이다.

아직까지 우리나라에서는 회의기획가에 대한 효과적인 관리방안이 수립되고 있지 않아 빠른 시일 내에 회의기획가의 관리방안을 정부나 협회, 학회에서 제시하여 효과적인 관리방안이 제시되어야 할 것이다.

〈그림 1-1〉 회의기획가의 종류

회의 기획가		
	협회회의기획가	모든 협회회의 기획(지역, 국가, 국제회의)
	기업회의기획가	사업체, 기업회의기획
	독립회의기획가	기업과 계약, 기업회의기획가, 협회회의기획가와 연계
	정부회의기획가	정부만의 회의 기획
	여행사	비즈니스 + 지역사회 체험관광
	PCO	회의 행사 대행+홍보

자료 : 안경모·이광우, 국제회의경영론, 백산출판사, 1999, p.27.

1) 기업회의기획가

기업회의기획가(Corporate Meeting Planners)는 기업에 고용되어 있으면서 해당 기업이 주최하는 회의와 관련된 모든 행사를 주관하며, 회의의 기획, 실행, 평가까지 전반적으로 책임을 지고 업무를 수행하는 사람이다.

이들은 최고경영자의 임원회의 및 교육회의를 기획하고, 관리자 및 기업 오너들의 회의를 기획, 조직, 실행하는 공식적인 기업소속 회의기획가이다. 따라서 이들은 회의기획가와 다른 직함을 가지게 된다.

기획가들은 경영회의, 교육회의, 판매회의, 인센티브여행, 세미나 등 다양한 형태의 회의를 기획하게 된다. 많은 회의는 성질상 반복적이고 매년 참가한 사람들이 재참가한다.

그러므로 기획가는 회의를 새롭게 하고 참가자들을 흥미롭게 하는데 최선을 다해야 한다.

이외에도 광고와 PR, 개별적인 훈련과 개발, 회의기획업무를 수행하게 되는데, 대체로 기업의 회의기획가들의 54%가 남성이고 약 46%가 여성으로 구성되어 있다.

2) 협회회의기획가

기업회의기획가와는 달리 협회회의기획가는 회의 및 컨벤션을 홍보하는데 많은 시간과 노력이 필요하다. 그 이유는 협회회의 참가자들은 그들의 필요에 의해서 참가를 하기 때문이다.

협회회의참가자들은 스스로 회의참가를 결정하고, 즐기려고 하기 때문에 회의를 기획하는데 있어써 참가자들의 필요를 충족시켜야 하는 어려움이 따르게 된다.

협회회의기획가는 회의를 진행하는데 도움이 되는 즐겁고 사교적인 분위기를 제공함으로써 운영상의 필요사항 뿐만 아니라 참가자들의 욕구에도 부합되는 회의를 기획하는데 노력해야 한다.[1] 협회 기획가들의 59%는 여성으로 구성되어 있다.

3) 독립회의기획가

독립회의기획가(Independent Meeting Planners)는 회의와 컨벤션의 전문지식을 갖춘 사업자로서, 조직 내에 회의기획가를 정식직원으로 고용하지 않은 협회 혹은 기업은 독립회의기획가와 계약을 하는 경우가 있다.

이러한 방식은 기업의 예산절감을 위해서 경제적일 수 있다. 따라서 독립회의기획가의 수는 지속적으로 증가할 것으로 전망되고 있다.

독립회의기획가들은 정식직원인 기업회의기획가 혹은 협회회의기획가와 연계하여 업무를 수행하는 경우도 있다.

이 경우에 독립회의기획가는 프로젝트에 자신의 전문지식을 제공하는 보조적인 역할을 하게 되고, 자신의 분야에 대한 책임만 지게 된다. 예를 들면, 독립회의기획가는 개최지 선정과정에만 참여하거나 단일행사에 대한 책임만 지는 것이다.[2]

---

1) R. J. Montgomery and S. K. Strick, 1995, *op.cit.*, pp. 167~169.
2) Montgomery and S. K. Strick, 1995, *op.cit.*, pp. 169~171.

4) 정부회의기획가

정부회의기획가는 정부를 위해 회의를 기획하는 사람이다. 기획가들은 지방정부에서부터 중앙정부에 이르기까지 다양하며, 최근에는 정부기관에서 회의를 기획하는 사람들이 모여 정부회의기획가협회(SGMP : The Society of Government Meeting Planners) 같은 단체를 만들어 이들의 활동을 보다 전문화하려고 노력하고 있다.

정부회의기획가들이 당면하고 있는 문제는 예산상의 문제로서, 대부분의 정부부처는 여비와 숙박예산이 상당히 제한되어 있기 때문에 출장을 가야 하는 경우에 현지에서 활동할 수 있는 출장비가 충분하지 못한 경우가 있다. 따라서 정부회의기획가는 재정적으로 제한된 범위 내에서 회의를 기획하기 때문에 다른 회의기획가보다 많은 제약이 따르게 된다. 그러나 업무의 영역이 축소되는 것은 아니며, 공공부문이든 민간부문이든 업무의 성격은 비슷하기 때문에 정부회의기획가는 제한된 예산으로 보다 창의적이고 특별한 아이디어를 창출해야 할 필요가 있다.[3)]

5) 여행사

많은 여행사들이 여행일정을 기획해 주는 일 뿐만 아니라 기업고객을 상대로 하는 회의관련 여행을 기획하고 있다. 이러한 방법으로 여행매체로서의 여행사와 이미 밀접하게 연계되어 있는 기업에서는 여행관련 업무 이외에도 회의관련 패키지상품을 기획하며, 호텔, 교통기관, 식음료업체와 유기적인 협조를 하고 있다. 여행사를 통해서 여행서비스를 이용하는 기업이 점차 증가하고 있는 추세이다.[4)]

이들은 업무와 함께 관광을 즐기기를 원하는 회의참가자와 가족들을 위한 관광과 여가활동을 제공하기 위해 회의기획가와 공동으로 기획을 하게 된다. 가끔 회의참가자들은 회의가 끝난 후에 회의개최도시에서 관광, 휴양, 오락을 즐기기 위해 며칠 동안 머물게 되는 경우가 있기 때문이다. 그러므로 여행사는 참가자의 배우자나 고객 혹은 어린이들을 위해 여행패키지상품을 제공하게 된다.

---

3) Montgomery and S. K. Strick, 1995, *op.cit.*, pp. 170~171.

4) Montgomery and S. K. Strick, 1995, *op.cit.*, p. 171.

회의참가자 또는 배우자나 기타 동반자들은 회의가 진행되는 동안 주변의 유명관광지, 지역박물관, 문화유적지, 놀이공원, 테마파크, 동물원 등에 관광을 하기도 한다. 따라서 여행사들은 여행에 필요한 식사, 숙박시설, 입장권, 가이드와 수송수단을 제공하기 위해 지역관광 관련업체와 공동으로 기획을 하게 된다.

회의참가자들은 회의 전에 이러한 추가프로그램의 정보를 획득하기를 원하며 참가자와 배우자 및 어린이들은 관광비용을 포함하는 등록비를 한꺼번에 지급하는 경우도 있다. 회의참가자들은 또한 회의가 끝난 후 개최도시에 체류하면서 별도로 관광에 참여하기도 한다. 오늘날 회의에 가족을 동반하고 참가하는 사례가 증가하고 있어 여행사들의 역할은 컨벤션산업에 있어서 더욱 중요한 위치를 차지한다고 할 수 있다.[5)]

나. 회의기획가의 직무와 책임

회의기획가는 합리적으로 계획된 회의보다 더 많은 직무관련 책임이 있다. 회의기획가로서 개인과 단체참가자의 다양한 욕구를 수용하기 위해서는 많은 기술들을 결합시켜야 한다.

기획가들은 협상자, 회계사, 중재인, 전달자, 법률전문가, 프로그램 기획가, 그리고 마케팅경영자로서 능력을 가지고 있어야 한다. 기획가는 대형 이벤트뿐만 아니라 소규모회의일지라도 세부적으로 기획할 수 있는 능력을 가지고 있어야 한다.

회의기획가들은 여러 가지 의사결정에 대해 전적으로 또는 부분적으로 책임을 져야 한다. 개최지선정, 회의목적과 예산수립, 오락과 사회적 기능, 회의 의제의 개발, 항공과 지상수송, 그리고 무역박람회와 전시계획은 전문적인 경영지식을 필요로 하는 영역들이다.

능력 있는 회의기획가는 우수한 화술, 서면화된 의사소통기술 등을 갖추고 회의개최를 희망하는 개인과 조직의 요구사항을 효과적으로 수행할 수 있어야 한다.

---

5) 안경모·이광우, 전게서, 1999, pp. 30~31.

오늘날 회의기획가는 업무적인 중압감과 직업적인 요구를 해결할 수 있는 리더십을 증명할 수 있어야 한다.

또한 회의기획가는 계획과 스케줄의 변화에 신속히 대응할 수 있는 융통성을 발휘할 수 있어야 하며, 동시에 발생한 여러 가지 활동을 성공적으로 실행하는데 필요한 능력을 갖추고 있어야 한다.

다. 회의기획가의 조건

회의기획가는 컨벤션산업을 구성하고 있는 다양한 환경조건에서 맡은바 직무를 완수할 수 있는 인격적이고 전문적인 능력을 갖추고 있어야 한다.

1) 협상기술이 뛰어나야 한다

회의기획가는 다양한 호텔의 최고경영자, 하우스키핑 요원, 영선요원과도 접해야 할 때도 있고, 때로는 컨벤션시설의 마케팅담당자와 교섭을 해야 할 경우도 있다. 뿐만 아니라 전시회의 관리자나 노동조합 관계자, 식음료 지배인 등도 만나야 한다. 따라서 회의기획가가 갖추어야 할 자질 가운데 가장 중요한 것은 협상기술이 뛰어나야 한다.

2) 각국 문화에 정통해야 한다

기업회의든 전문가 단체회의든 컨벤션은 각국 대표들이 모여서 회의를 하는 것을 전제로 하고 있다. 따라서 회의기획가는 각국 문화에 정통해야 한다. 따라서 다양한 문화와 사회계층을 이해하는 것이 중요하다. 그렇기 때문에 회의기획가는 여러 가지 상황에 유연하게 대처할 수 있어야 하며, 또한 회의기획가는 국제적인 의전행사에 대해서도 능통해야 한다.

3) 외교적 자질이 있어야 한다

앞서 말한 두 가지 자질을 하나로 포용하는 자질이 외교적 자질이라고 할 수 있다. 여러 가지 교섭이 진행되는 상황하에서 특히 문화가 각기 다른 다양한 참가자들을 설득하여 성공적으로 회의를 진행할 수 있어야 한다.

4) 외국어 실력을 갖추고 있어야 한다

회의에 참가하는 외국인들은 한국말을 할 수 있는 사람들이 아니므로 이들과 함께 자연스런 대화를 할 수 있는가를 파악하여, 참가자들의 모국어를 구사할 수 있는 인원을 적재적소에 배치해야 한다.

5) 창의력이 있어야 한다

동일한 사람들이 동일한 회의에 참가하는 경우에는 동일패턴을 유지해서는 안된다. 오늘날과 같은 치열한 기업환경에서 전문가로서 회의의 목적을 홍보할 수 있는 능력이 있어야 한다. 그렇지 않으면 막대한 예산의 낭비를 초래하는 것이다. 그러나 실질적으로 회의기획가가 회의를 기획할 때 회의목적에 충실하면서 참가자들에게 유쾌하고 기억될 만한 회의가 될 수 있도록 해야 한다.

6) 서비스 마인드가 있어야 한다

회의업무는 참가자들에게 친절한 서비스를 제공하는 서비스업이므로 기업과 기업, 개인과 개인간의 강도 높은 서비스 마인드가 필수적이라 할 수 있다. 회의의 준비를 위해 용역업체 직원들이 회의 준비뿐만 아니라 사소한 업무까지 꼼꼼하게 챙길 수 있는 서비스 마인드가 필요하다.

7) 리더십과 대인관계가 좋아야 한다

회의기획가는 많은 사람들과 만나야 업무가 될 수 있기 때문에 폭넓은 대인관계가 필요하다. 왜냐하면 기획가는 외국의 저명인사로부터 현장의 진행요원, 회의준비를 위한 노동자들까지 다양한 유형의 사람들과 접촉을 해야 하기 때문에 참가자들에게는 화합을 할 수 있는 분위기를 조성해야 하며, 회의준비요원 및 진행요원들에게는 효과적인 준비와 진행을 할 수 있도록 독려를 할 수 있는 연출자로서의 기능을 해야 하기 때문에 탤런트적인 기질과 리더십을 겸비하고 있어야 한다.

4. 컨벤션기획사 국가기술자격제도

가. 컨벤션기획사 국가기술자격제도 도입

1) 컨벤션기획사 국가기술자격제도의 도입배경

오늘날의 관광산업은 고부가가치산업으로 인식되어 세계 각국이 이를 국가전략산업으로 육성하고 있는 추세인데, 이러한 관광산업 중에서도 국제회의산업의 부가가치가 특히 월등하다. 더욱이 21세기 국제화·정보화시대는 그 속성상 국제회의 개최가 활발해질 수밖에 없기 때문에 이 분야에서 후발국인 우리나라에서도 ASEM(아시아·유럽정상회의)과 World Cup 축구대회를 유치한 것을 계기로 이에 대한 대비를 본격화함으로써 국제회의산업을 진흥시킬 수 있는 기틀이 마련되기에 이른 것이다.

우리나라는 이미 1996년 12월「국제회의산업육성에 관한 법률」을 제정하여 국제회의산업의 육성을 위한 법적 장치를 마련하였고, 2000년 5월에는 우리나라 최초로 전문회의시설인 서울 코엑스(COEX)컨벤션센터를 개관하여 2000년 10월 제3차 ASEM을 그 곳에서 개최하였으며, 그 이후에도 2001년 4월 대구전시컨벤션센터(EXCO)와 2001년 9월 부산의 BEXCO 및 2003년 3월 제주국제컨벤션센터가 개관하였는가 하면, 2005년에는 경기도 고양시 한국국제전시장(KINTEX)이 개관되었다. 뿐만 아니라 4년제 대학교 학부과정에 컨벤션산업학과가 개설되어 전문인력의 양성도 본격화되기에 이르렀다.

이러한 여건성숙에 부응하여 2002년 4월에는「국가기술자격법 시행령」에 국가기술자격 중 사업서비스기술자격의 일종으로 컨벤션기획사(1급 및 2급) 자격을 신설하게 되었다. 그리고 2003년에는 컨벤션기획사 2급 자격시험을 처음으로 시행하였으며, 2007년에도 컨벤션기획사 2급 자격시험이 시행된 바 있다.

2) 컨벤션기획사 국가기술자격제도 도입에 따른 기대효과

컨벤션기획사의 역할은 국제회의의 유치·기획·준비·진행 등 제반 업무를 조정하고 운영하면서 회의목표 설정과 예산관리·등록·기획·계약·협상·현장관리·회의평가 등의 업무를 수행하는 국제회의 전문기획가로서의 소임을 다하는 것이다. 따라서 이 제도의 도입으로 ① 고부가가치산업인 국제회의산업의 육성기반 구축, ② 지식기반산업인 국제회의산업에서의 고용창출효과 거양, ③ 국제회의 전문가 확보로 국제회의 국내 유치 용이, ④ 국제회의의 기획·유치·운영 등의 전문인력 양성으로 국제회의산업의 경쟁력 제고, ⑤ 각종 국제기구 사무국의 국내유치 용이 등의 효과가 기대되고 있다.

나. 컨벤션기획사 국가기술자격

1) 컨벤션기획사 자격의 종류

국가기술자격에 관하여 규정하고 있는 「국가기술자격법」에서는 컨벤션기획사(convention planner)의 자격을 서비스분야 중 '사업서비스기술자격'의 일종으로 분류하고 있는데, 이러한 컨벤션기획사의 자격은 이를 1급과 2급으로 나누고 있다(동법 시행령 제10조). 그런데 여기에서 유념하여야 할 것은 컨벤션기획사는 「관광진흥법」에 의한 '관광종사원 국가자격'(동법 제38조 1항 참조)과 구별된다는 점이다. 따라서 이 자격증 취득자는 관광사업인 국제회의업분야에서 활동하게 되므로 관광전문인력으로 분류하게 되고, 따라서 이 자격시험을 관장하는 주무부장관도 문화관광부장관이 담당하고 있다.

2) 컨벤션기획사의 자격시험

(1) 시험의 시행 등

시험은 매년 1회 이상 시행하여야 한다. 다만, 자격취득자가 산업수요에 비하여 과다한 경우 등 특별한 사유가 있는 경우에는 그러하지 아니하다.

(2) 시험의 실시기관

한국산업인력공단은 주무부장관(문화관광부장관)의 권한의 위탁을 받아 필기시험문제 및 실기시험문제의 작성 · 출제 및 관리에 관한 업무를 담당한다.

3) 시험실시방법

컨벤션기획사의 자격시험은 필기시험, 실기시험, 면접시험의 순으로 실시한다. 앞 순위의 시험에 합격하지 아니한 자는 다음 순위의 시험에 응시할 수 없다. 다만, 실기시험을 주관식 필기시험으로 시행하는 경우에는 필기시험과 실기시험을 연속하여 실시할 수 있다. 이 경우 필기시험에 불합격한 자에 대하여는 실기시험 답안지를 채점하지 아니하고 불합격 처리한다.

4) 시험과목 등

컨벤션기획사의 자격시험과목(동법 제9조 및 동법시행규칙 제5조 관련 별표 4) 및 합격결정기준(동법시행령 제20조4항 및 규칙 제13조관련 별표 6)은 다음과 같다.

(1) 컨벤션기획사의 자격시험과목

자격종목	검정방법	시험과목
컨벤션기획사 1급	필기시험	1. 컨벤션기획실무론 2. 재무회계론 3. 컨벤션마케팅
	실기시험	컨벤션실무(컨벤션기획 및 실무제안서 작성, 영어프리젠테이션)
컨벤션기획사 2급	필기시험	1. 컨벤션산업론 2. 호텔 · 관광실무론 3. 컨벤션 영어
	실기시험	컨벤션실무(컨벤션기획 및 실무제안서 작성, 영어서신 작성)

(2) 합격결정기준

컨벤션기획사 1급 · 2급 다 같이 필기시험은 매 과목 100점 만점에 매 과목 40점 이상, 전과목 평균 60점 이상이어야 하고, 실기시험은 100점 만점에 60점 이상이어야 한다.

5. 회의는 왜 개최하는가?

회의는 발표자가 언어적 또는 비언어적으로 피드백되는 쌍방향 커뮤니케이션으로서 청중에게 빠르게 정보를 전달하게 된다.

쌍방향커뮤니케이션이 필요한 많은 이유 중 하나는 정보를 전달하고, 문제를 해결하며, 다른 관점을 보다 빠르게 이해하고, 참가자들에게 자극과 동기를 부여하여, 청중들에게 정보를 획득하게 하기 때문이다.

또한 개별적인 훈련, 신제품 소개, 직원의 동기부여, 직원들에게 인센티브를 제공하고, 기업활동을 주주에게 알리며, 판매관리자들에게 동기를 부여하기 위해 개최하게 된다. 이러한 회의계획은 전문가회의, 기술적인 회의, 위원회 회의, 경영워크숍 그리고 교육세미나로 구성된다.

회의는 또한 참가자들에게 정보공유의 기회제공과 서로를 위한 네트워크를 구축하기 위한 것으로 많은 사람들은 규칙적으로 회의에 참가하여, 동일한 문제를 가지고 있는 회의에서 다른 참가자들과 의견을 교환할 기회를 통해 가장 중요한 이익을 얻게 되는 것이다.

컨벤션은 참가자들이 관심을 가지고 있는 업무영역에 대한 새로운 동향과 개발된 정보를 알리기 위해서 개최된다.

이러한 회의는 특별히 전문적인 주제영역에 관심이 있는 사람들을 위해 전문적인 컨벤션에서 사회적인 집회들까지 다수의 주제와 범위를 다루게 된다. 컨벤션은 모든 참가자들이 함께 모인 가운데 가장 일반적인 세션에 주안점을 둔다. 컨벤션은 또한 수많은 세미나, 워크숍, 그리고 레크리에이션, 사회적인 활동을 포함한다.

무역박람회는 제조업자와 유통업자에게 짧은 기간 동안 수천명의 구매자를 만날 수 있는 기회를 제공하며, 제품의 진열과 설명 그리고 개별적인 전시와 함께 제품의 속성에 대해 토론할 할 수 있는 기회를 제공한다. 몇몇 중장비, 산업기계와 같은 품목은 수송이 쉽지 않아 잠재적인 고객에게 전시회를 통해 보여 줄 수 있다.

많은 무역박람회는 참가자들에게 흥미 있는 주제 영역들인 세미나와 워크숍 계획으로 사회적인 이벤트와 위원회 회의는 무역박람회의 일반적인 요소이다.

6. 누가 회의를 운영하는가?

기업과 협회는 주요 회의를 대표하는 후원자들로서, 교육훈련, 친목조직, 노동조합, 정당, 종교집단, 그리고 또다른 회의, 컨벤션, 무역박람회를 개최한다. 이와 같은 회의 후원자에 대해서는 뒷장에서 소개하기로 한다.

7. 누가 회의에 참가하는가?

회의, 컨벤션 그리고 무역박람회에 참가하는 수백만명의 사람들은 대체로 누구이며, 그들은 회의에 참가하기 위해 시간과 돈을 어떻게 사용하게 될까? 이러한 회의참가자의 유형은 3가지로 분류할 수 있다.

가. 비자발적인 참가자

이들은 고용주에 의해서 그들의 직무의 일부분으로서 참가하는 대표자들이다. 고용주는 참가자의 경험과 조직의 가치를 향상시킬 것으로 기대하게 된다.

나. 자발적인 참가자 : 정보지향

프로그램 요소 또는 네트워킹 기회를 갖기를 바라는 기초적인 배움의 욕구에 의해서 자발적인 의사결정으로 회의에 참가하는 사람을 말한다.

다. 자발적인 참가자 : 레크리에이션 지향

레크리에이션 지향의 대표적인 참가자들은 프로그램의 일부로서 제공되는 레크리에이션 또는 사회적인 기회를 제공하거나 회의개최지를 이용한다. 이러한 참가자들은 인센티브 관광여행으로 회의에 참가한다.

8. 왜 회의에 참가하는가?

회의에 참가하는 이유는 그야말로 회의참가 자체에 의미를 두고 있으며, 부분적으로 중복되기도 하지만 또다른 이유는 교육목적이다. 대부분의 회의참가자들은 그들이 참가한 회의에서 추가적인 지식, 기술, 또는 전문가의 의견을 획득하기를 기대한다. 그 외에도 회의참가자를 통해서 중요한 정보를 획득하기를 원하고 있다.

Keypoint

아래의 주요 용어의 개념을 기술해 보시오

1. 회의(Meeting)
2. 회의기획가(Meeting planner)
3. 회의후원자(Meeting sponsor)
4. 컨벤션(Convention)
5. 전시회(Exhibition)
6. 기업회의기회가
7. 협회회의기획가
8. 상호 의사소통
9. 네트워킹(Networking)
10. 회의참가자
11. 회의산업의 5가지 구성요소란?
12. 주요 "회의"의 5가지 범주는?
13. 회의가 왜 쌍방향 커뮤니케이션 형태인가?
14. 회의참가자들에게 네트워킹이 왜 중요한가?
15. 회의참가자의 3가지 범주란?

성인 학습의 목적

- **기존의 기술을 향상시키며 신기술을 습득** - 이것은 연수회나 논리적으로 증명할 수 있는 것을 포함한 교육환경을 통하여 성취되어질 수 있다.

- **전문적인 지식 습득** - 수많은 형태의 교육들이 강연을 통해 이루어진다. 그러나 성인학습자들은 광범위하고 실제적인 경험과 적절한 견해를 가지고 있는 경향이 있기 때문에, 그들은 세미나 혹은 토론그룹에서 서슴없이 질문을 할 것이다. 만약 계속적인 교육프로그램을 포함한 강연회라면, 토론그룹에서 빠져나가는 사람들을 고려하여 진행해 나가야 한다.

- **개선된 기술과 지식에 대한 인식 고양** - 이것은 어떠한 한 사람의 계속적인 교육성과로 인하여 상을 받거나 대중의 인지와 같은 입증할 만한 표시를 하여 개인적인 만족에 포함되는 실제적인 것이 모두 포함되며, 회의를 전문적으로 기획하는 것이 좋은 실례이다. 인정된 회의전문가(CMP), 회의관리자격증(CMM), 이벤트전문기획가(CSEP), 연회전문가(CPCE), 협회전문가(CAE)가 있다.

- **고용상황에 맞거나 실제적으로 실행할 수 있는 요구에 맞는 자격증이나 증명서를 취득** - 의료, 혹은 사회복지사 혹은 상담가와 같이 많은 전문직은 실제적으로 상황에 맞는 일정한 자격증이나 면허를 요구하고 있다. 증명서나 자격증의 갱신에 대한 요구는 특별히 정해진 시기 안에 계속적인 교육기관의 필요요건으로 포함된다. 또한, 어떤 의회, 협회, 단체, 조직은 종사원의 전문능력을 향상시키기 위해서 계속적인 교육을 받도록 하고 있다.

- **전문적인 향상 또는 변화하는 경력획득** - 수많은 전문가들은 경력을 향상시켜 목표를 구체화시킬 수 있다.

제2장 협회회의

학습목표

1. 협회의 기능 이해.
2. 협회후원자에 대한 이해
3. 협회회의 시장분류에 대한 이해
4. 협회회의의 종류 이해
5. 협회회의의 특징 이해

협회회의는 후원자회의가 가장 많이 개최가 된다. 기업은 회의 횟수나 참가자 규모면에서 가장 큰 시장인데 비해, 협회회의는 기업회의 시장보다 거의 2.5배 정도로 많은 시간이 소요된다. 협회에 의해 후원되는 대부분의 컨벤션과 무역박람회는 지역매체에 의해 자주 다루어지는 인상적인 행사이다.

1. 협 회

협회를 이해하기 위해서는 협회의 목적, 구조를 알고 그리고 회의 전에 정확한 계획을 수립하는 것이 필수적이다. 그리고 협회형태, 일반적인 성격에 따라 많은 차이가 있다. 협회는 유사한 관심을 가진 사람들의 모임으로 이러한 협회는 매년 수만 건의 회의를 개최하고 수많은 자금을 지출하게 된다.

가. 협회회의 시장규모

협회회의 시장은 컨벤션시장에서 가장 잘 알려져 있는 시장으로 협회회의의 모든 주제와 관심은 관련 협회에 따라 다르게 나타나고 있다.

협회회의 시장이 발달한 미국에서는 약 2만여 개의 협회 중 약 5천여 개가 전국적·세계적 규모이며 나머지 1만 5천개는 지역적 또는 주 단위 협회이다.

미국협회의 80% 이상이 매년 컨벤션을 개최하며, 많은 협회가 1년에 여러 번 회의를 개최한다. 각 협회는 회의와 동시에 수천 가지의 교육세미나와 워크숍을 후원하고 있다.

나. 협회회의 동기

협회가 회의를 개최하는 주요 동기는 다음 중 한 가지 또는 그 이상의 이유로 인해 개최가 된다.

1) 협회회원의 이익

첫째, 협회회원의 이익은 유사한 관심을 가진 다른 사람에게 개별적인 의사소통을 할 수 있는 기회를 가지기 때문에 협회가 후원한다.

둘째, 협회회의가 자주 기획되는 것은 회원들에게 변화에 대한 인식, 관련산업의 동향, 전문지식을 이해시키기 위해서이다.

셋째, 행사를 통해 사회적 레크리에이션 활동에 대한 동기를 부여한다.

2) 협회의 재정 확보수단

협회의 수입은 38%~42%가 회원들이 낸 연회비이며, 컨벤션, 전시 그리고 회의에서 30~37%를 확보하여 유지된다. 회의는 전시공간대여, 등록수수료, 그리고 교육용 테이프 판매, 필기도구, 소규모 아이템(티셔츠나 대형가방) 판매를 통해 수입을 창출한다. 프로그램 광고판매 또한 회의와 관련된 수입원이 되고 있다. 그러나 이것은 회의수입이라기보다는 광고수입이라고 할 수 있다.

3) 협회와 회원들의 인식

회의는 다양한 매체에 의해서 알려지게 되며 대부분의 컨벤션은 새로운 아이디어와 상품을 처음으로 선시하고 판매를 촉진시키는 장소를 제공한다. 이런 행사는 분명히 산업협회, 협회회원, 국내 또는 국제적으로 협회와 회원들의 인식을 제고시키는 데 기여하게 된다.

2. 협회회의

협회는 컨벤션산업의 대부분을 차지하고 있으며, 주로 컨벤션과 전시관련 협회회의가 여기에 해당한다.

가. 컨벤션

컨벤션은 대부분의 협회에 의해 정기적으로 계획되고 매년 개최가 되는 것으로, 최근 몇 년간 협회는 컨벤션에 대한 지출과 참가자 증가로 인해 더 많은 교육수요와 이들의 욕구에 부응하기 위해 많은 노력을 하고 있다. 협회의 90%가 회원 또는 일반인을 대상으로 공익적인 교육과 전문화된 교육을 실시하고 있다.

1) 컨벤션 일정

협회 컨벤션의 대부분은 일년에 1회 정도 개최되며 어떤 회의는 매년 1회 이상 개최하거나, 2년에 1회 개최되는 것도 있다. 무역박람회 순위를 정하기 위해 전시산업에 대한 조사를 하고 있는 CEIR(Center for Exhibition Industry Research)에 의하면, 회의의 모든 형태가 가장 인기있는 시기를 이용할 수 있는 것은 아니다.

미국에서 연중 개최된 무역박람회의 월별 개최 비율은 1월(10.5%), 2월(11.6%), 3월(13.2%), 4월(11%), 5월(8%), 6월(7%), 7월(4%), 8월(5%), 9월(8.5%), 10월(11.8%), 11월(7.5%), 12월(2%)과 같다. 그 중에서 무역박람회가 가장 많이 개최된 시기는 3월임을 알 수 있다. 우리나라에서는 주로 늦은봄과 늦가을에 많이 개최하는 것으로 나타났다.

2) 참가자

모든 연차회의가 대도시에서 회의를 개최하는 것은 아니다. 전시를 포함한 모든 컨벤션 중에서 1/4은 200명 미만이 참가하고, 거의 1/4은 수천명 이상이 참가한다(13.4%는 2,000명 이상 참가한다). 거의 11,000명이 매년 컨벤션에 참가하는 것으로 조사되었다. 이러한 숫자는 행사에 등록된 동반가족은 포함되지 않은 결과로 동반가족을 포함하게 되면 더 많은 인원이 컨벤션에 참가하게 됨을 알 수 있다.

나. 기타 회의

회의는 컨벤션이나 박람회로 한정하지 않고 “기타 협회회의”나 “소규모회의”로 구분하고 있는데 대개 임원회의나 교육세미나 등이 포함될 수 있다.

1) 전체적인 개최 횟수

수많은 협회는 매년 다른 컨벤션을 개최하고 있으며 미국의 경우에 개별 회의 기획가는 평균적으로 1년에 18개의 다른 회의를 기획하고 있는 것으로 나타났다.

2) 참가자

협회가 후원하는 세미나나 교육회의 참가자는 10명 미만이거나 100명 이상이다. 이런 행사의 평균 참가자는 매 행사당 약 61~72명 정도이다.

3. 협회회의의 종류

협회는 다양한 동기로 회의를 개최하기 때문에, 조직의 목적과 임무는 매우 다양하다. 그러나 대부분의 회의는 다음과 같이 분류된다.

가. 컨벤션

긴벤션은 매년 개최되는 협회회의의 전통적인 형태로서 이 행사는 회원들에게 개방되어 있고, 많은 협회들이 비회원의 참가도 허락하고 있다. 대부분 행사의 주제는 협회회원의 주요 관심거리이며 이러한 컨벤션의 특징은 일반적인 세션에 적어도 위원회 회의, 워크숍, 세미나, 그리고 참가자를 위한 다른 회의가 추가된다는 것이다. 전시회는 종종 컨벤션의 일부분으로 개최되며 컨벤션 참가자의 약 1/3이 다른 사람과 동행하게 된다. 무역박람회와 함께 협회컨벤션은 평균 3.6일 동안 지속되는 것으로 나타났다.

나. 교육세미나

세미나는 협회에 의해 개최되는 기타회의의 27%가 교육적인 목적으로 개최되며 때로는 규모를 제한하는 교육세션으로 분류된다. 평균 참가자는 25명 미만이다.

다. 임원회의

협회 임원회의는 정기적으로 자주 모임을 갖게 되며 임원회는 개최되는 협회회의의 1/4을 차지하고 있다.

라. 훈련회의

“기타회의”의 약 8%를 차지하며, 일정한 직업을 가진 회원들에게 정보를 제공하기 위해 개최되며, 협회의 후원에 의해 개최된다. 훈련회의는 교육적 세미나와는 달리 일반적으로 더욱더 명확하고 지정된 주제에 집중하게 되며 훈련회의는 혁신적인 기술을 제공하거나, 새로운 방법과 절차를 철저히 소개하기 위한 것이다.

마. 위원회 회의

위원회 회의는 협회회의 약 1/3인 소규모 회의로 평균적으로 25~50명이 참가하며 회의는 프로그램 개발, 장소선정 그 밖의 특별한 관심에 대한 주제를 다룬다.

바. 지역회의

지역협회 또한 지역적인 컨벤션과 회의를 개최하며 지역적인 컨벤션을 보충하기 위해 소규모 지역에서 참가자를 모집하게 되며 이들 회의는 지역이나 지역협회에 의해 기획된다.

사. 기타 회의

매년 협회는 수많은 회의를 후원하며 이들 회의들은 소규모 회의 산업으로 세분화되어 약 7%를 차지하는데, 대부분 워크숍이나 세미나 임원회의 등이 여기에 해당된다.

〈표 2-1〉 협회회의 종류

구 분	내 용
컨벤션	컨벤션은 매년 개최되는 협회회의의 전통적인 형태이다. 이 행사는 회원들에게 개방되어 있고, 많은 그룹들이 비회원의 참가도 허락한다.
교육세미나	세미나는 협회에 의해 개최되는 기타회의의 27%가 교육적인 목적으로 개최된다. 때로는 규모를 제한하는 교육세션으로 분류된다. 평균 참가자는 25명 미만이다.
임원회의	협회이사회는 정기적으로 자주 모임을 갖는다. 임원회는 개최되는 협회회의의 1/4을 차지한다.
훈련회의	훈련회의는 교육적 세미나와는 달리 일반적으로 더욱더 명확하고 지정된 주제에 집중하게 된다.
위원회 회의	위원회 회의는 협회회의 약 1/3인 소규모 회의로 25~50명이 참가한다. 이 회의는 프로그램, 장소선정, 그 밖의 특별한 관심에 대한 주제를 다룬다
지역회의	지역협회 또한 지역적인 컨벤션과 회의를 개최한다. 지역적인 컨벤션을 보충하기 위해 소규모 지역에서 참가자를 모은다. 그들 중 어떤 것은 지역에서 계획하거나, 지역협회에 의해 기획된다.
기타회의	매년 협회는 수많은 회의를 후원한다. 이들 회의들은 소규모 회의산업으로 세분화되어 약 7%를 차지한다.

4. 협회회의의 특징

조직의 다양성에도 불구하고, 협회회의는 다른 후원자들에 의해 개최되는 회의와 구별되거나 유사한 점이 있다.

가. 계 획

기획가는 협회회의가 요구하는 계획을 이해해야 하며 기획시 뚜렷한 양식과 몇 년의 리드타임이 요구되는 경우도 있다. 협회회의의 나머지 형태는 비정기적으로 개최되고 아주 짧은 기간 동안 개최되는 회의도 있다.

1) 주기

대부분의 컨벤션은 정기적으로 개최되며 어떤 협회회의는 좀더 자주 개최되거나, 때로는 불규칙적으로 개최된다.

2) 리드타임

매년 개최되는 컨벤션은 일반적으로 2~5년 전부터 계획되어진다. 그러나 국제적으로 개최되는 대형 컨벤션은 10년 전부터 미리 계획되는 회의도 있고, 아주 짧은 기간에 계획되는 것도 있다. 리드타임은 6개월 단위로 개최되는 것이 대부분이다.

3) 회의기간

일반적으로 컨벤션은 2~5일 정도 지속되며 임원회의 같은 것은 하루만에 끝나는 경우도 있다.

나. 참가자

협회회의 참가는 자발적이며 참가자들은 사회적 행사나 여가를 이용할 수 있는 정보를 얻으려고 하며, 참가자들은 회의에서는 정보지향적인 성향이 강하며 또한 회의 후에는 레크리에이션 지향적인 성격이 강한 겸목적 관광을 하는 것으로 나타났다.

다. 개최지 선정

개최지와 회의시설은 대부분 개최지 선정에서 고려되며 많은 협회들은 회의 장소 선정을 위한 확실한 가이드라인이 있다.

1) 개최지

회원들은 자발적인 참가를 하기 때문에 개최지 선정에 있어서 매력적인 개최지는 많은 참가를 유도하는데 매우 중요하다. 만약 참가자들이 레크리에이션 지향적이라면, 참가자들이 원하는 레크리에이션 시설과 지역적으로 매력적인 개최지를 선정하는 것이 많은 참가를 유도할 수 있을 것이다.

어떤 협회들은 지리적인 제한을 두어 지역의 일부분이나 특별한 지역의 범위 안에서 회의를 개최하도록 요구하고 있다. 이런 경우에는 개최지선정을 가장 먼저 요구하게 된다.

2) 시 설

회의시설은 전시공간과 일반적인 회의개최공간이 충분히 커야만 하며 행사를 위해 필요한 충분한 회의실, 휴식을 위해 이용 가능한 시설도 있어야 한다.

또한 전시공간은 매년 개최되는 회의와 컨벤션을 위해 특별히 고려되어야 하며 게스트 룸은 참가자의 재정수준과 미적기준에 적합해야 한다. 왜냐하면 대부분의 협회는 참가자들이 직접 비용을 지급하기 때문이다.

라. 전 시

전시는 협회회의의 주요한 역할을 하고 있는 것으로, 컨벤션의 50% 또는 그 이상이 무역박람회와 결합되어 개최된다. 전시 또한 협회회의의 일부분으로 개최되지만, 컨벤션과 동일한 행사는 아니다. 협회의 형태에 따라서, 전시판매는 협회의 큰 행사로 수입의 25%~50%를 차지한다.

마. 교통수단

협회회의 참가자 절반 이상이(58.5%) 500마일(800㎞) 이상의 항공기 또는 선박, 육상교통을 통해 여행하며, 많은 참가자들은 또한 여행을 하기 위해 개인적으로 전세차량을 이용하기도 하며, 개최지역에 도착해서는 렌터카나 지하철, 셔틀버스, 기타 교통수단을 이용하고 있다.

바. 참가비용

협회행사 참가자의 대부분은 자발적으로 참가하게 되며 때로는 경력과 관련된 회의의 비용이라면 그들 고용주가 전부 또는 일부를 지급한다. 협회회의에서 참가자의 평균지출은 1인당 760달러(약 80만원) 수준인 것으로 나타났다.

Keypoint

아래의 주요 용어의 개념을 기술해 보시오

1. 협회
2. 협회회의 시장
3. 기타회의
4. 교육세미나
5. 임원회의
6. 지역회의
7. 훈련회의
8. 위원회회의
9. 주기
10. 리드타임

제3장 기업회의

학습목표

1. 기업회의 시장 크기의 이해
2. 기업후원자의 이해
3. 기업회의의 종류 이해
4. 기업회의의 특성이해
5. 기업회의와 협회회의의 차이점 이해

앞서 제2장에서는 여러 협회—후원과 회의에서 지출했던 총 금액으로 회의산업의 크기를 분류하여—협회회의 시장의 규모를 이해할 수 있도록 소개한 바 있다. 제3장에서는 기업회의 시장을 확인하고, 가장 큰 산업을 세분화하여 참가자 수와 행사의 수에 의해 구분하고자 한다.

1. 기업회의

기업의 법인구조는 사업조직의 형태를 취하고 있으며, 기업회의의 목적은 이익을 추구하는 것이다. 거의 모든 회의는 법인기업의 후원이 필요하다는 것을 알 수가 있으며, 이러한 회의산업을 일컬어 기업회의시장이라 부른다.

가. 정 의

기업내부의 의사소통이 필요함에 따라 교육적 의사소통 수단으로서 회의에 대한 중요성을 인식하고 있다.[6]

기업에서는 다양한 회의가 필요함에 따라 컨벤션의 세분화된 시장 중에서 가장 급속히 성장하고 있는 회의분야중 하나이다.

나. 기업회의시장의 규모

매년 80만 건이 넘는 기업회의가 개최되고 있으며 회의의 수를 예측해보면 기업과 협회회의 시장이 전체 회의시장의 78.6%를 차지하고 있다. 참가자 수를 보면 수만명 참가자와 수백만의 후원자가 기업회의 후원자로 행사에 참가하는데, 이는 전체 회의시장의 65%를 차지한다고 볼 수 있다. 많은 기업들은 현지에서 교육훈련을 하게 되며 이러한 행사는 시설물 관리, 회의기획을 위해서 많은 사람이 필요로 하게 된다.

다. 기업회의 개최이유

기업은 매우 복잡한 구조와 경쟁적인 기업환경하에서 기업의 지속적인 성장과 발전을 도모하고 종업원들에게 새로운 지식과 기술을 향상시킬 목적으로 회의를 개최하게 된다. 뿐만 아니라 기업은 일반사회의 구성원과 소매업자, 유통

6) Penny C. Doston(1988), Introduction to Meeting Management(Professional) Convention Management Association, pp.29~36.

업자를 위해 회의의 필요성을 인식하고 있기 때문이다.

2. 기업회의 시장

일반적으로 기업들은 기업회의를 위해 매년 수많은 비용을 지출하고 있다. 이러한 비용 중에서 호텔, 음식, 참가비를 위해 57%가 사용되고 있으며, 19%가 항공료로 사용되고 있다. 그 나머지는 초청연사 접대(사교), 오디오, 비디오, 장비임대 그리고 그 외 아이템에 대한 형태로 지출되고 있다.

기업회의 시장은 광범위하므로, 절반 이상의 기업회의 기획가는 '회의와 컨벤션' 잡지의 설문조사에서 앞으로는 더 많은 회의가 개최될 것으로 기대된다고 밝히고 있다. 이 뿐만 아니라 기업회의의 규모도 지속적으로 성장하고 있으며 이러한 성장에도 불구하고 대부분의 기업회의의 규모는 소규모로 개최가 된다.

기업회의 참가자의 과반수 이상이 50명 이하이고, 82%는 100명 이하로 나타났다.

3. 기업회의의 형태

기업회의는 전술한 바와 같이 외부적으로 다양한 형태로 개최가 되고 있다. 다음에 제시되는 대부분의 회의는 가장 일반적인 예이다(회의기간과 참가자 수는 행사의 형태를 평균적으로 검토한 예이다).

가. 경영자회의

경영자회의란 그 조직의 경영자 또는 간부 임원들에 의해 개최되는 행사를 말한다. 경영자회의는 정기적인 일정으로 매달 재정을 재검토하는 회의를 하거나 현재의 변화는 상황에 대처하기 위해 개최가 되는 것이다. 경영자회의는 기업회의 기획가의 48%가 평균 43명의 참가자, 기간은 2.7일 정도로 계획한다. 이러한 회의의 대부분 참가자들이 회사의 간부들이기 때문에 최고의 숙박과 서비스를 기대한다. 특히 도심에서 멀리 떨어진 리조트에 위치한 고급호텔과 콘퍼런스센터가 적당한 장소로 각광받고 있다.

나. 교육훈련회의

교육훈련회의는 기업내부의 종업원들을 대상으로 한 새로운 장비의 사용이나 기술 그리고 절차에 관한 교육을 하는 것이다. 이 회의에서는 최고경영자, 영업사원, 비서진, 우편물 취급담당원 등 누구나 참여할 수 있다.

평균 2.6일간 지속되고 평균 67명이 참가하는 교육훈련회의는 기업회의 시장에서 48%를 차지하는 중요한 회의이다. 워크숍과 클리닉의 경우 참가자수는 보통 50명 이하이며 가장 적을 때는 10명 이하가 참가하는 경우도 있다.

장소는 교외의 소규모 리조트가 적절하며 특히 비수기에 개최하는 것이 좋다. 짧은 교육일정인 경우에는 회사근무지에서 접근하기 편리한 장소가 주로 선택된다. 그리고 우리나라 대기업에서는 각 기업별로 연수원에서 하는 경우도 있다.

다. 세일즈회의

세일즈회의는 영업사원들에게 신상품을 소개하고, 새로운 회사정책의 소개, 세일즈기법에 대한 토의를 하고 종업원들의 사기를 높이기 위한 목적의 회의이다. 이러한 회의는 지역적 · 전국적 행사로 개최가 된다.

기업회의기획가의 44%는 평균 2.9일 동안 64명의 참가자를 기준하여 세일즈회의를 기획한다. 세일즈회의의 장소는 매우 다양하며 어떤 경우에는 기업의 공장이 가까이 있는 호텔에서 개최되기도 한다. 이러한 경우에는 세일즈맨은 자사제품에 대한 제조과정을 보고 알 수 있는 기회를 부여받게 되며, 때에 따라서는 주요 시장영역에서 개최되기도 한다.

다. 인센티브여행

인센티브여행은 회의기획가의 44%가 회의와 레크리에이션 등을 복합적으로 구성하여 기획한다. 인센티브 프로그램 중 가장 오래 지속되는 기간은 평균 6.5일 동안 81명이 참가한다. 인센티브여행은 고객의 가치를 소중히 인식하고, 소매상 및 유통업자들에게 기업이 보상하는 후원기금으로 실시되며, 종업원들에게 보다 나은 상위 목표를 달성할 수 있도록 동기를 부여할 목적으로 실시된다. 인센티브 여행에 대해서는 다음 장에서 다시 소개하고자 한다.

라. 전문기술자회의

기업회의기획가는 회의일정의 1/3은 종사원들의 관심분야인 새로운 기술 소개와 종사원교육에 투자하는 것이 일반적이다. 이러한 회의는 평균 4.6일 동안 80~90명이 참가하게 되는데, 대체로 회의형태는 세미나와 워크숍형태로 개최된다.

마. 신상품 소개

새로운 상품에 대한 소개는 유통업자와 소매업자 그리고 기업의 상품 또는 서비스판매 책임자들에게 동기를 부여할 목적으로 실시하게 된다. 이러한 행사는 기업회의기획가의 14%가 평균 2.3일, 90~100명이 참가할 것을 기준으로 기획하게 된다.

바. 주주회의

주주회의는 1년에 한번 개최되는데, 기업회의기획가의 10%가 평균 1.6일 동안 82명의 주주가 참가하는 것으로 기획을 하게 된다.

사. 기타 기업회의

기업회의기획가의 7%가 이러한 계획을 회의의 범주에 포함시키지 않고 있다. 기업회의기획가들은 전 종업원들이 공적인 관계로 계획되는 행사만을 기업회의에 포함시키고, 기자간담회, 그리고 후원자를 위해서 필요한 부가적인 기업회의는 기타 기업회의에 포함을 한다.

4. 기업회의의 특징

기업회의는 협회회의와 매우 유사하면서도 또다른 특징을 지니고 있다.

가. 일 정

일정으로 볼 때 기업회의와 협회회의의 차이점은 거의 모든 분야에서 협회회의는 매년 같은 논제로 개최되지만, 기업회의는 다양한 목적으로 행사를 진행한다. 전체적으로 기업회의는 협회회의보다는 자발적으로 개최되는 경향이 있다.

1) 주기

기업회의는 일반적으로 회원제로 행사하는 협회와 다르게 대규모 회의로 일정을 잡지 않고 정기회의, 정기주주회의, 세일즈회의를 한다. 대부분의 회의는 몇 달에서 몇 주 전에 전화나 짧은 공고로 알려주는 형태로 기획된다.

2) 기획에서 완성까지의 시간

기업회의는 협회회의보다 적은 평균 5.1개월의 리드타임이 요구된다. 어떤 기업회의는 주주총회 같이 미리 일정을 정해 놓는다. 그러나 그 행사 자체가 오랜 기간의 계획을 필요로 하는 것은 아니다.

3) 회의기간

기업회의는 정기집회인 협회회의보다 기간이 짧은 것이 특징이며,. 인센티브 여행을 제외하고 기업회의의 기간은 1.6일에서 2.9일 사이가 대부분이다.

나. 참가자

기업회의의 참가자는 일반적으로 대다수 종업원들이 의무적으로 참가하며 주주총회, 신상품 소개, 그리고 그와 유사한 모임의 참가자는 지원자들로 구성되기도 한다. 정기적인 기업회의의 경우 대부분 참가자들의 비용을 기업에서 지원한다. 그러나 어떤 기업은 환대와 주류 접대 같은 것은 제한한다. 따라서 기업회의 지출의 대부분은 참가자들의 숙박료, 음식 그리고 여행경비로 지출하게 된다.

다. 장소선정

기업회의는 기발한 신상품소개 행사 및 종사원 교육훈련 세미나로 구성되며 회의장소는 다양하지만 방법은 대체로 유사한 경향이 있으며, 특별한 경우가 아니면 대부분 기업자체 소유인 연수원에서 진행하는 것이 관례이다.

장소선정 과정은 다음과 같다.

1) 목적지

대부분의 기업회의의 목적지 선정에서 가장 중요한 고려요소는 호텔보다는 다른 회의시설을 이용한다는 것이고, 그 다음으로 중요한 것이 참가자의 수송비용과 접근의 용이성을 고려해야 한다는 점이다.

2) 시설

기업회의 기획가들이 가장 중요하게 여기는 것은 양질의 음식서비스를 제공할 수 있는 시설을 선정한다는 것이다. 그 다음에는 회의실의 개수와 크기, 질적 수준으로 제공 가능한 음식과 음료, 객실가격 또한 아주 중요한 것으로 고려된다.

기업회의 장소선정 과정에 영향을 미치는 또다른 영향요인은 기업의 경영철학과 인센티브 또는 사기를 북돋기 위한 행사인지, 아니면 실리적인 모임인지를 고려해야 할 필요가 있다.

어떤 기업은 회의에 참가하는 종업원이나 참모에게 동기를 부여하기 위해 아주 쾌적한 시설에서 회의를 진행하는 경우도 있다. 하지만 기업들은 적은 비용으로 보다 값비싼 자산가치를 창출하기 위해 기업회의를 개최하는 것이 대부분이다.

일반적으로 시간과 여행경비는 기업에서 제공하기 때문에 기업회의기획가의 업무부담을 줄여주게 된다. 이러한 이유로 기업회의기획가는 종종 중소도시, 교외지역, 공항호텔을 이용하기도 하며 최근 기업회의 개최장소로서 콘퍼런스센터를 이용하는 기업이 증가하고 있는 추세이다.

다. 전시회

협회회의 시장은 전시회의 가장 큰 이용자이며 많은 기업회의 또한 전시공간을 필요로 하고 있다. 기업회의기획가의 44%가 전시회를 기획하고 있기 때문에 기업기획가는 전시회 과정에 친숙해야만 한다. 무역박람회는 전시자의 입장에서 전시에 관여해야 하는 의무가 있으며, 기업들은 또한 완벽한 무역박람회를 계획하기 위해 박람회 자체의 운영에서부터 장소선정까지 모든 준비를 해야만 한다.

라. 수 송

기업회의 참가자의 절반 이상(58.3%)이 회의참가를 위해 500마일(800㎞) 이상 여행을 하고 있다. 또한 국내회의일 경우에 자동차를 이용하는 경우도 많으며 많은 기업들은 종업원을 위해 여행사나 기업 내의 여행팀에게 여행준비를 맡기는 경우가 많다.

마. 대표자 경비

기업회의에 참가하는 대표자의 비용은 기업에서 지급하고 있으며 기업대표의 경비는 일반적으로 협회의 대표자보다 많은 것이 대부분이다.

바. 기타 특성

기업회의를 계획하기 위해서는 보안을 특별히 고려해야 한다. 기업회의는 일반적인 미디어 행사가 아니기 때문에 은밀하게 진행되는 경우가 많기 때문에 기획가는 동행하는 사람들에게 보안을 유지할 것을 강조하고 있다.

기업회의 참가비 결제방법은 기업에서 회의참가자들의 모든 비용을 지급하게 되며. 몇 시간의 기업회의를 위해 잠정적으로 시설을 재예약할 수 있다. 재예약은 장소선정과 함께 좋은 회의시설을 제공받기 위해서이다. 협회는 여러 지리적 장소에서 만나는 경향성 때문에 일반적으로 시설을 재예약하지 않는다.

Keypoint

아래의 주요 용어의 개념을 기술해 보시오

1. 기업회의시장

2. 경영자회의

3. 교육훈련회의

4. 세일즈회의

5. 신상품소개

6. 인센티브 여행

7. 주주총회

8. 수송

9. 보안

10. 재예약

제4장 기타회의

학습 목표

1. 후원자회의 이해
2. 기타회의 시장규모 이해
3. 인센티브회의에 대한 이해
4. 기타회의에 대한 욕구 이해
5. 이익창출 목적의 회의와 무역박람회 이해

협회와 기업은 해마다 수많은 회의가 기획되는데 기본적으로 회의는 후원자의 지원으로 가능하다. 이러한 협회회의 시장은 후원자와 참가자의 욕구의 다양성으로 인해 폭이 넓기 때문에 협회와 기업회의 분야는 서로 다른 분야로 이해해야 한다.

회의기획가로서 회의를 기획하는데 있어서 필요한 다양한 조직의 특성에 대해 인식하고 이해해야만 한다. 회의기획가는 이러한 조직의 특성을 이해해야 할 뿐만 아니라 적절한 서비스를 제공해야 한다. 인센티브회의를 제외한 이 장에서 논의될 회의후원자 대부분의 집단은 비영리조직이다.

1. 인센티브회의

인센티브회의는 회의와 레크리에이션이 결합한 공동기능의 형태를 말한다. 인센티브회의가 비록 회의산업에서 가장 작은 분야임에도 불구하고 연간 소비액이 수천만 달러에 이른다. 앞장에서 설명했듯이 기업회의기획가들의 40%가 각종의 인센티브회의를 기획하고 있다.

인센티브여행은 회의를 포함해야 하는 건 아니지만, 인센티브 회의기획가들은 여행에 회의를 포함하고 있다. 다른 기획가들은 교육기간과 전통적인 세미나 중에 인센티브회의를 포함하여 기획하게 된다. 회의나 인센티브의 결합은 복합적인 네트워킹 기회와 흥미를 함께 느끼게 되어 인기가 높은 상품이다.

가. 인센티브회의여행 목적

인센티브여행과 회의는 여러 가지 이유로 선호되고 있으며 전통적으로 인센티브여행 프로그램들은 각 기업이나 협회, 정부기관에서 제품의 판매증가나 새로운 기술의 발명, 협회에 대한 기여, 정부에 기여한 사람들에게 인센티브를 부여함으로써 이루어지는 것이다.

오늘날 인센티브 프로그램은 생산성 향상과 인적자원에 대한 관리수단이나 평가의 일환으로 이익이 발생되지 않는 분야에서 일하는 사람들도 선발되어 참가하고 또한 기업의 저소득 종업원들의 사기를 올리기 위한 프로그램으로 활용되기도 한다.

대부분의 인센티브 프로그램은 보상형식 뿐만 아니라 종업원들을 격려하는 차원으로도 계획되며 프로그램들은 특별한 업무를 수행하는 사람들에게 용기를 주는 동기부여 여행이라고 할 수 있다. 그러므로 모든 사람들에게 참가할 수 있는 기회를 부여하기 위해 일정한 자격요건과 변화를 위한 기준이 확정되어 있어야 한다. 이러한 기준이 충족되었을 경우에 인센티브를 부여하게 되는 것이다.

나. 인센티브 여행자

인센티브 여행자들은 구매자, 판매원, 공급자, 대리점사원 등이 있다. 한 잡지의 조사에 의하면 인센티브 여행을 한 사람들은 상급 관리자로서 평균 연령 38세 영업사원으로 조사되었다.

지난 몇 년 동안 개별 인센티브 여행이 증가하고 있는 추세에 있으며, 맞벌이 부부의 증가와 비영리부분의 후원을 겨냥한 프로그램이 늘고 있다. 다수의 인센티브 기업들은 그들의 사업 중 35~40%를 넘게 차지할 것이라고 전망하고 있다.

다. 인센티브 여행의 후원자

인센티브여행은 기업의 후원을 받아야 한며 특히 인센티브를 중요하게 생각하는 기업 예를 들면, 보험사, 자동차회사, 자동차부품사, 전자산업 분야의 회사들이 대개 인센티브여행 이용자목록에서 가장 큰 비중을 차지하고 있다. 그리고 인센티브를 장려하는 기업들이 제조업에서 서비스기업으로 확대되고 있는 추세에 있다.

라. 인센티브 목적지

인센티브 여행에서 목적지의 선택은 가장 중요하게 고려해야 할 요소중 하나이다. 참가자들은 목적지에서 즐기게 될 것이고 보상을 받기 위해 원하지 않는 계획을 일정에 포함시키게 될 것이다.

목적지의 매력성과 유용성은 인센티브 목적지를 선택하는 가장 중요한 기준이 된다. 그리고 목적지에 대한 평판, 친밀감, 기후, 이미지, 활동성, 지리적 위치 등이 중요하다. 회의기획자의 55%가 인센티브 여행지로 리조트를 선택하는 것으로 나타났다.

마. 인센티브 기획가

인센티브 여행시장은 거의 세 집단에 의해 운영되고 계획되어진다.

1) 회사를 후원하는 내부의 직원
2) 인센티브 기업(인센티브 여행에서 특별하게 요구되는 여행과 관련한 서비스들을 모든 범위에서 제공하는 조직)
3) 인센티브 사업과 분리된 부서를 가지고 있는 여행대리점

물론 여행대행회사와 컨설턴트기업 내부의 기획가 활용은 줄어들고 인센티브 기업대행사, 여행대리점에 의존하는 경향이 증가하고 있는 추세에 있다.

2. SMERF시장

회의산업에서 SMERF이란 사회(가끔 사회보다 스포츠), 군, 교육, 종교, 친목조직을 말한다. 폭넓은 SMERF시장의 분류로 볼 때 유사성이 있는 동종의 모임도 포함된다. SMERF시장은 산업의 중요한 시장인 회의산업에서 15~25%로 추정된다.

SMERF조직은 대형회의는 아니지만 여름이나 휴가기간 동안 개최된다. 이런 형식은 비어있는 회의실을 이용함으로써 회의시설을 활용한다. 일반적인 요금보다 저렴한 것이 특징이다.

파트타임이나 자발적인 지원자들인 SMERF기획가는 그들의 회의개최지에서 가치를 찾는다. 참가자들은 비용을 개인이 지급하기 때문에 기업회의 시장보다 개인비용이 적다. SMERF참가자 역시 가족을 동반하는 경우가 많으며, 체류기간 연장과 참가자 수 증가를 위해 매력적인 지역에 방문하기도 한다.

가. 사회집단

사회집단은 비정부기부, 자동차동호회, 와인 맛 감별사들로부터 사소한 인형수집가에 이르기까지 다양한 취미를 가진 사람들이 포함된다. 다양한 집단의 대표자

들은 배우자와 어린이들을 동반하게 되며, 이들 집단들은 서로가 그들의 사회적 교류를 포함하여 가치 있게 기획된 사회프로그램을 선호한다.

나. 군사집단

미국에는 10,000개가 넘는 주요 군사집단들이 있다. 평균적으로 군사 집단들은 대개 2.5일 동안 체류하며, 평균인원 125명 정도가 참가한다. 몇몇 군사목적의 잡지와 안내서는 이벤트기획가(대개 지원자)를 후원하고 있다. 이러한 행사를 하는 사회집단처럼 이들의 이벤트는 사회적 활동을 하고 기념하며, 회원을 확보하기 위해 정성스럽게 프로그램을 기획한다.

다. 교육집단

교육사로 구성된 조직으로 교육자들은 각 전공교수 등의 집단 또는 초·중등학교 선생님을 말한다. 학기 중이 아닌 방학기간 동안 교육적 모임회의가 개최된다. 이 모임에서는 사회적인 요인보다는 휴식에 더 큰 비중을 두고 기획을 한다.

라. 종교적인 집단

교회와 관련된 집단들을 포함하여 종교적인 명목으로 조직된 회의이다. 종교적인 집단은 특별한 이해관계를 포함하는 컨벤션과 회의를 요구하게 되며, 이들 집단은 회의기획가와 회의시설을 소유하고 있는 경우가 많다. 일반적인 행사들은 매우 규모가 크며, 종교적인 집단은 종교적인 회의, 그리고 워크숍, 세미나, 캠프, 묵상회 등이 포함되어 실행된다. .

마. 친목집단

친목집단은 사회적인 상호영향과 친목을 위해 조직된 집단들이다. 이들은 두 개의 범주로 구분된다. 첫째는 대학이나 대학교 심지어 고등학교 수준까지의 교육학회 범위 내에서 형성된 조직이다. 이 조직 중 몇몇은 국가적·지역적·종교적인 회의로 국가적인 친목회와 여성단체들이 포함된다.

친목집단 시장의 두 번째 부분은 대학생 회원과 사회적·민족적 혹은 다른 이유에서 친목을 위해 형성된 조직이다. 이 집단은 클럽 지부 그리고 다른 명칭들을 다양하게 사용한다.

이 친목단체가 생긴 이후로 "단체정신" 이라는 일체감을 불러일으키기 위해 구성되어 회의를 하게 된다. 국가적·지역적 기준에서 이러한 조직들은 수천명이 참가를 희망하게 되며, 대표자들은 가족을 동반하게 된다.

참가비율이 높은 배우자와 아이들은 방학기간 동안 친목회의에 참가한다. 볼거리와 레크리에이션의 활동의 이용도 매우 중요하다. 회의는 탁월한 리더십을 가진 회장이 주도하는 것이 대부분이다.

이러한 단체는 기술적·사업적·전문적인 일보다는 사회적인 이벤트, 레크리에이션, 오락에 주안점을 두고 있다.

3. 기타 조직

가. 정부주관회의

정부주관회의는 개인적인 고용주보다도 중앙정부나 지방정부에서 일하는 사람이 더 많다. 이런 기관들은 매년 수백 건의 회의를 개최하며 많은 조직들은 기획가를 직원으로 두고 있다.

공무원들이 기본적으로 참가하는 회의를 기획할 때 공무원들은 하루에 드는 비용에 대해 제약을 받고 있다는 것을 기억해야 한다. 참가자들은 정해진 일일 한도 금액 내에서 추가되는 경비를 부담해야 하기 때문이다. 기획가들은 하루에 쓸 수 있는 비용을 초과하지 않는 범위에서 목적지와 시설물을 선택해야 한다. 정부집단을 위한 사회적인 프로그램은 대체적으로 낮은 비용으로 기획된다.

나. 서비스조직

일반적으로 서비스조직은 지역사회의 시민들의 지원에 의해 유지되고 있다. 이들 집단은 젊은이들 모임, 병원, 공익개선 그리고 비슷한 목적의 달성을 위해 자금모금을 위해 일을 한다. 사회서비스의 목적을 가지고 동류의식과 연대감 고취를 위해 일하는 사람들이다. 이 조직들은 지역, 주, 국가 그리고 국제적 임무를 띠고 회의와 컨벤션을 전적으로 후원한다.

이들은 가끔 대규모행사를 개최하기도 하는데, 회의 운영시 사회적인 감각과 흥미 있는 프로그램 기획이 대표적인 특징이며, 대체로 회의에 가족을 동반하고 있다.

다. 노동조합

노동조합은 지역, 주, 국가, 국제적 수준으로 조직되어 있으며 개개의 수준에서 회의와 컨벤션을 개최한다. 노동조합은 기본적 회의를 위한 컨벤션센터가 요구되는 주요 행사들이다. 국가적 회의는 각종 매체와 커뮤니케이션 수단을 이용해 보도를 함으로써 참가의 수를 증가시킬 수 있도록 기획되고, 접근하기 쉽고, 볼거리가 많고 매력있는 지역에서 개최가 된다. 노동조합회의는 소규모이지만 회의산업의 구성요소에서 매우 중요한 위치를 차지하고 있다

라. 정치적 정당

정치적 정당은 중요한 정치적 정당에 의해 개최되는 대규모의 전국적인 컨벤션까지도 포함된다. 국가의 정치적 컨벤션은 주최도시에 수많은 가치를 창출하게 되며, 이 회의는 행사를 지원하는 시설을 갖추고 있는 도시간의 유치경쟁이 치열하기도 하다.

컨벤션의 수많은 위원회 회의를 위한 공간은 상당히 가치 있는 컨벤션활동무대를 요구하며 또한 안전은 주최자를 위해 중요하게 고려해야 하는 요소이다. 또한 주최자는 정치가, 대표자, 수천명의 미디어 대표들에게 숙박, 음식, 교통, 흥미를 제공해야 한다.

마. 친목회(각종 연합회)

동창생, 가족 그리고 다른 형태의 비군사적 친목회는 해마다 개최가 된며 군사

적 친목회회의기획은 전문잡지와 서적들이 기획가에게 도움을 준다. 친목 회의기획가 양성은 친목회 기획자들이 독립적으로 양성하고 있다.

바. 개별적으로 후원되는 행사(이익을 위해서)

독자적으로 개인의 이익을 위한 이벤트들은 무역박람회와 개별회의가 가장 대표적인 두 가지 범주이다.

1) 무역박람회

다수의 무역박람회는 산업에서 지정된 것으로부터 개인적인 조직, 협회와 기업의 구성원들, 대표적인 조직에 의해 후원이 된다. 이러한 회의를 소비자 또는 대중전시회라고 부른다. 참가자들은 명목상의 입장료를 지급하거나 무료입장을 한다. 이 행사는 각종 레크리에이션, 모터쇼, 각종 기업의 제품의 판매를 촉진하기 위한 유사한 활동범위들을 포함한다.

2) 개별회의

세미나, 워크숍에 수백 명의 후원자가 있는 조직은 교육적 주제, 기술에 필요한 출자와 관리세미나, 그리고 일반대중이 제공하는 다른 이익의 주제까지 포함하고 있다. 이들 회의의 대부분은 하루 내지 이틀 동안 개최되며 참가자는 일반적으로 참가비 내지는 수업료를 지급하고 참가하게 된다.

Keypoint

아래의 주요 용어의 개념을 기술해 보시오

1. 다른 회의의 시장

2. 교육집단

3. 정부기관들

4. 친목집단

5. 인센티브 여행

6. 노동조합

7. 정치집단

8. 종교집단

9. 서비스집단

제5장 컨벤션뷰로(CVB)와 협회

학습 목표

1. 회의기획가에게 도움이 되는 다양한 사항 이해
2. 관광 컨벤션뷰로에서 이용할 수 있는 서비스 이해
3. 회의기획가를 위한 교육기회 이해
4. 회의기획 조직들이 활동적으로 관여하는 중요성 이해
5. 회의, 컨벤션, 무역박람회산업과 관련된 잡지 이해

CVB(Convention and visitors bureau)들은 개최지선택 과정에 있어 절대 빼놓을 수 없는 파트너이다. 독특한 목적을 가진 비영리기구로써 CVB들은 호텔, 회의 그리고 컨벤션센터, 비전통적 집합체 그리고 회의에 이바지할 수 있는 공급업자 뿐만 아니라 그들이 속한 도시에 대한 전문지식을 가지고 있다. 또한 전문적 기술을 전달하고 성공적 회의를 위한 개최지 선택과정에 도움을 주는 조직이다.

일반적으로 회의기획가에게 도움을 주는 조직은 여러 가지 형태가 있다.

- 직접적 : 개최지에 대한 정보를 제공하는 컨벤션뷰로
- 간접적 : 기술교육의 향상
- 회의기획가에게 필요한 지식을 제공하는 여러 가지 출판물
- 부수적으로 이용가능한 것들과 이용방법

1. 컨벤션뷰로(Convention and visitors bureau)

CVB는 회의개최지 여론의 주도자로써 개최지에서 회의를 주최하는 기업들을 위해 도움을 주는 기관이다. CVB는 전형적으로 컨벤션 및 콘퍼런스센터, 호텔, 모텔, 레스토랑, 관광매력물, 기획자, 지역수송회사와 같은 여행 및 관광관련 사업을 지원해주는 기관이다.

다시 말하면, 이들 기관과 유기적인 협조를 통해 상호지원을 해주는 것이다. CVB는 휴가뿐만 아니라 비즈니스(회의와 컨벤션을 포함하여), 지역회의, 컨벤션, 산업박람회를 유치하도록 단체나 조직을 촉진시키기 위해서 설립된 기관을 말한다.

그러므로 회의주최자에게 회의장소의 선정이나 개최시설의 선정에 중요한 역할을 하게 되는데, CVB는 회의기획가들이 이용 가능한 보조기관이자 중요한 가치를 제공하고 있는 정보원 중에 하나이다.

CVB의 기구와 재정은 다양하게 구성되어 있는데, 어떤 CVB들은 단일도시를 대표하거나, 목적지의 단위의 다양한 행정단위로 구성된다. CVB의 운영기금은 공공자금의 투자에 의해서 마련되거나, 회원의 지원, 그 외에 복합적인 자금에 의해서 운영되기도 한다. CVB들은 휴가와 비즈니스회의를 위한 부서로 구분된다. 그 외에 모든 비즈니스는 하나의 판매사무실로 운영된다. CVB는 마케팅기능을 수행하는 조직으로 상공회의소와 같이 독립된 기구이다.

모든 CVB들은 그 지역의 방문자 수의 증가를 목표로 하는 비영리적인 기구로, CVB는 회의참가자들에게 직접적으로 도움을 주는 기업과 회의기획가 사이에 연락기능을 수행한다. 기업들은 회의시설(호텔 혹은 컨벤션센터) 레스토랑, 수송회사, 비즈니스(서비스 계약자) 그리고 또다른 특별한 서비스를 포함한다.

CVB의 주된 임무를 소개하면 다음과 같다.

(1) CVB가 대표하는 해당 도시에서 회의, 컨벤션, 산업전시회를 개최하도록 여러 단체의 회의를 유치.

(2) 회의준비를 위한 이들 단체의 지원과 회의 전반에 필요한 지원요소 제공.

(3) 해당 도시가 제공하는 역사와 문화, 레크리에이션 지역을 방문할 수 있도록 관광편의 제공.

(4) 해당 CVB가 대표하는 지역사회의 이미지 개선과 촉진.

위에 언급한 사항을 종합해서 간단히 말한다면 CVB는 도시를 홍보(판매)하려는 목적을 지닌 조직이라고 할 수 있다. 현재 미국 내 각 도시에는 CVB가 있으며, 프랑스, 영국, 독일, 일본도 지역을 대표하는 CVB가 있으며, 우리나라의 경우 한국관광공사(KNTO)내 국제협력처의 국제회의부가 국가의 CVB 역할을 수행하고 있으며, 부산광역시와 대구광역시에 CVB가 탄생되기에 이르렀다.

2. 정보(Information)제공

CVB의 역할 중 가장 중요한 기능은 회의기획가들에게 필요한 정보를 제공하는 것이다. CVB는 지역의 정보와 서비스를 위해 one-stop서비스를 하고 있다. CVB의 이점은 사이트에 미리 접촉하여 지식과 전문적인 기술을 미리 검색할 수 있다는 점이다. 적절한 개최장소를 찾는 과정은 29개의 나라에서 470개의 회사로부터 1000명 이상의 전문적인 회원을 가지고 있는 IACVB를 찾으면 효과적이다. IACVB는 1914년에 설립되었으며 회의와 컨벤션에 대한 전문적인 서비스를 제공하고 있다. IACVB의 회원사무국은 지역적·종교적으로 중요한 여행 및 관광사업을 수행한다. 그들은 또한 회의를 주최하려는 조직과 개최지를 근본적으로 연결하는데 초점을 두고 회의, 컨벤션, 전문적인 여행에 관련된 전반적인 것을 제공한다.

IACVB의 웹사이트에서 전문적인 회의를 위한 서비스를 제공받을 수 있고 개최지 웹사이트와 연결이 가능하며, 선택한 도시에 제안서를 보낼 수 있다.

예를 들면, 회의나 전시회 개최에 필요한 개최시설에 대한 정보, 참가자들이 투숙하게 될 숙박시설, 회의, 전시회 기간 중과 회의 전후에 즐길 수 있는 레크리에이션 시설과 관광을 할 수 있는 지역의 다양한 매력물의 현황소개, 참가자들이 개최지까지 도착할 수 있는 교통수단과 개최지에서 이용할 수 있는 교통수단에 대한 정보, 각종 이벤트, 쇼핑시설, 지역의 특산품, 특별한 서비스, 회의진행에 필요한 기타 목록, 지역내 산업시설에 대한 정보를 수집하고, 이들 회의를 개최하고자 하는 개인이나 협회에 효과적으로 제공하기 위한 정보제공 등이 포함된다.

이러한 정보는 회의 및 전시회에 참가하는 참가자 뿐만 아니라 일반관광객들에게도 유용한 정보가 될 수 있다. CVB는 협회가 특별한 목적지를 신중하게 고려할 경우 적절한 지역을 조사하여 정보를 제공하게 된다.

그리고 CVB사무국은 회의기획가가 그 지역을 평가하기 위해 방문하는 동안 무료숙박을 제공하기도 한다.

3. 서비스(Service)

CVB들은 회의기간 동안 참가자들에게 필요한 서비스를 제공하게 된다. 이러한 서비스는 개인등록 관광가이드, 배지, 팸플릿, 그리고 특별프로그램 등 CVB에서 이용가능한 아이템과 서비스 등이 포함되며, 또한 참가자들이 이용할 수 있는 개최지의 지도, 식당안내, 쇼핑안내, 호텔안내, 지역의 관광지 소개 등의 서비스를 제공하고, 또한 회의기획가가 회의 개최시설을 선정하는데 필요한 시설의 목록, 회의에 필요한 각종시설, 서비스 제공목록 등을 제공하게 된다.

이외에도 회의운영에 대한 상담, 각종 지역에 대한 정보제공, 숙박시설에 대한 수배와 예약, 조정업무를 수행하게 되고, 이러한 정보에 대한 서비스는 각종 협회와 회의기획가, 참가자와 잠재적인 참가자들에게 제공하게 된다.

따라서 CVB의 서비스는 각종 협회나 회의기획가, 참가자들이 개최지에서 활동에 불편함이 없도록 도와주는 각종 서비스를 제공하게 된다. 이러한 서비스는 기획가에게 무료이지만, 수수료가 포함되어 있는 것도 있다. 그러나 CVB가 비영리조직이므로 명목상의 수수료를 말하는 것이다.

CVB의 정보와 서비스에 포함되어야 할 것

- 도시에 관한 최초의 정보
- 호텔 및 콘퍼런스, 컨벤션센터의 회의시설 이용가능 여부
- 회의를 위한 지역공급자의 목록, 협회의 요구사항을 제공
- 셔틀서비스와 항공정보
- 개최지 정보(음식점, 매력물 등)
- 관광과 이벤트계획 지원
- 회의참가자들을 위한 숙소 예약
- 회의에 영향을 미칠 수 있는 법적인 제도 및 지방자치에 관한 정보
- 종사원 및 교환원의 존재 여부, 친절성, 안내데스크 및 다른 컨벤션서비스 인원 확보
- 회의에 필요한 지도, 전화기, 관광관련 책, 비디오와 같은 시설이 기재되어 있는지 여부

4. 숙박(Housing)

회의개최지에서 다양한 호텔을 이용할 경우 CVB 또는 숙박사무국(Housing bureau)으로부터 숙박서비스 및 참가자의 예약을 할 수 있다. 참가자가 예약을 할 때 CVB는 숙박사무국 역할을 수행하면서 개별적으로 숙박할 호텔과 협상을 하는 조정자의 역할을 수행하며, CVB는 등록을 할 때 자주 사용되는 문서를 제공한다. 그리고 호텔에 예약을 하여 참가자들이 불편함이 없도록 자신이 원하는 호텔에서 숙박을 할 수 있도록 제반조치를 취하게 된다.

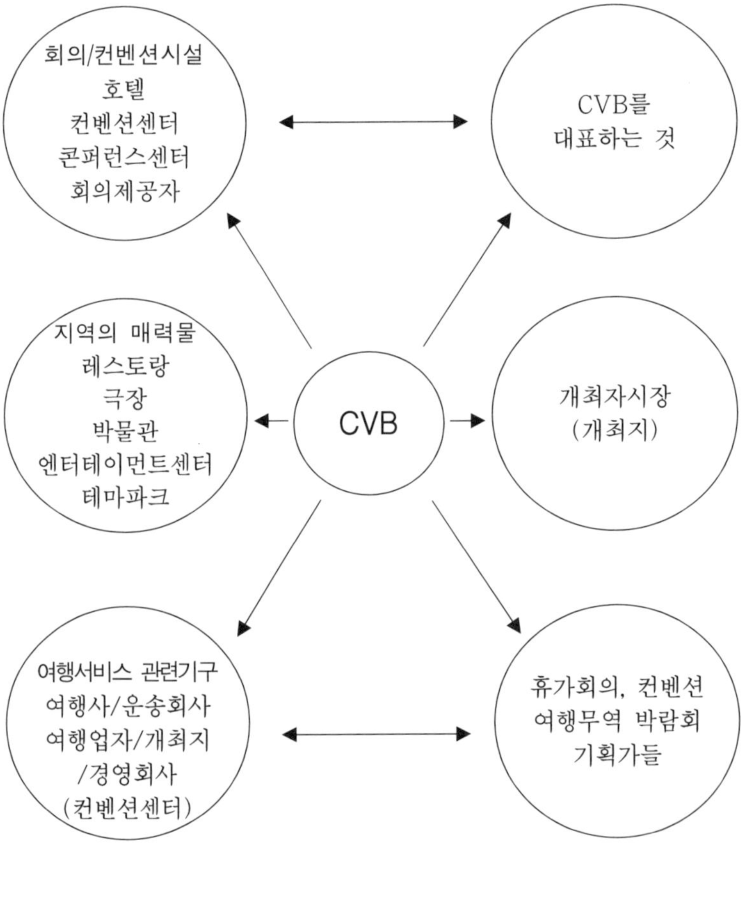

5. 관련기구

회의기획가에게 도움을 제공하는 기구는 컨벤션협력기구(CLC), ASAE, IAEM, MPI, PCMA 등이 해당된다. 이들 기구는 어떤 경우에는 서비스를 이용하는 회원들이 필요로 하지 않는 경우도 있다. 회의기획가를 위해 교육적인 서비스를 제공하고 있는 유관기구에 대해서 소개하면 다음과 같다.

가. 컨벤션 협력기구(CLC) : Convention Liaison Council

컨벤션협력기구(CLC)는 25개의 컨벤션산업기구들을 대표하는 기구로써, CLC는 컨벤션산업의 모든 구성요소를 포괄하고 있으며, 일반적으로 실행할 수 있는 발전적인 형태를 취하고 있다.

이 기구의 목적은 다음과 같다.

(1) 성공적인 회의 개최를 위한 컨벤션 관계자들과의 긴밀한 협력

(2) 연구와 교육프로그램을 통해 컨벤션 운영절차와 실행을 위한 안전하고 철저한 기본계획 마련

(3) 조직을 후원하기 위해 상호 관심 있는 교육과 기타 활동을 관리

(4) 산업, 경제, 지역사회, 국가의 컨벤션실행을 위한 기본적인 역할을 일반대중에게 홍보

나. 미국협회의 간부회(ASAE) : American Society of Association Executives

회원들은 비영리적인 협회들의 집행부로서, 협회의 관리능력 향상, 자생적 협회의 발전과 진흥을 위한 회원교육을 실시하고 있으며, 'Association Management'라는 잡지를 발간하고 있다.

다. 전시관리 국제협회(IAEM)
International Association for Exposition Management

회원들은 박람회, 전람회, 전시회를 감독하거나 관리하며. 컨벤션 후원기구, 전시관리자교육, 세미나와 일년에 10번 'EXPO'라는 잡지를 출간한다. IAEM후원자들과 IAEMNet은 전시회산업을 위해 특별히 구성된 온라인 통신 네트워크를 구축하고 있다.

라. 국제회의 전문가단체(MPI)
Meeting Professionals International

MPI는 회의기획가들에게 회의상품과 서비스를 제공하고, 회의기획의 기본적인 수수료서비스를 제공하는 단체로 풀타임 회의컨설턴트를 포함한 모든 기획가들을 위한 전문적인 단체이다. 이 단체는 월간으로 온라인 컴퓨터서비스를 하기 위한 MPINet를 발간하고 있으며, 컨벤션은 6월에 지도하고, 교육적인 회의는 12월에 지도한다. MPI는 또한 기획가를 위한 교육적인 기회를 더 많이 제공하기 위해 매년 여러 번의 학술서비스를 한다.

마. 컨벤션전문 경영자협회(PCMA)
Professionals Convention Management Association

PCMA의 구성원들은 의료관련기획, 엔지니어링, 과학, 교육분야를 포함하고 있다. 이 협회는 전문적인 회의기획 능력을 향상시키는 활동을 하고, 또한 이러한 교육적인 기초하에 PCMA는 회의관련 커리큘럼과 컨벤션관리를 향상시키기 위해 후원하며, 매년 교육목적 세미나와 콘퍼런스를 통해 전문적인 기술을 향상시키고 있다. 또한 회의관련 주제의 여러 가지 서적들과 월간지 『Convene』을 발간한다. PCMA는 또한 자체 학습법의 개발, 기획가와 공급자들의 교육을 위한 수업 실시, 실질적인 온라인 서비스(V-PCMA)를 병행하고 있다.

6. 유관산업의 이익을 최대화하는 방법

첫째, 컨벤션산업과 관련된 다양한 기구들의 활동과 긴밀하게 협조하는 것이 중요하다. 각 협회의 구성원과 목적에 대해 알고, 협회의 중요한 회의와 이벤트에 가능하면 참가해야 한다. 다른 회의기획가와 공급자를 만나 컨벤션산업에 대한 의견을 교환함으로써 관련산업에 대한 이해를 높일 수 있다.

둘째, 위에서 언급한 기구에 가능한 한 회원으로 가입되어 있어야 하는데, 그 이유는 이러한 기구들을 통해 기구의 홍보지, 교육프로그램, 네트워킹에의 접근기회를 가질 수 있다. 회의기획가 협회에서 만남을 통해 다른 회의기획가의 경험과 장점을 학습할 수 있는 적절한 기회를 제공받을 수 있다.

7. 회의 출판물

관련된 무역잡지들을 주의 깊게 읽어봄으로써 전문분야에 대한 간접적인 경험을 축적하게 된다.

다음은 회의기획가와 관련된 잡지들을 소개하고 있다.

Association Meetings

Business Travel News

Corporate Meetings & Incentives

Corporate & Incentives Travel

Meetings and Convention

Successful Meetings

Travel Show & Exhibit Manager

이 잡지들은 회의기획가에 관련된 많은 기사와 당면과제를 포함하고 있고, 후원기구 회원들이 이용할 수 있으며, 비회원들은 협회로부터 구입하면 된다.

Association Management: American Society of Association Executives에서 출판

Convene: Professionals Convention Management Association에서 출판

Expo: International Association for Exposition Management에서 출판

Meeting Manager: Meeting Professionals International에서 출판.

8. 관련 출판물을 통한 이익 최대화 방법

컨벤션산업에서 많은 출판물을 구독하는 것은 회의기획과 관련된 여러 가지 활동들을 자유롭게 접함으로써 많은 것들을 배울 수 있기 때문이다.

컨벤션산업은 기획가들의 외부적인 영향요인에 의해서 많은 영향을 받게 되는데, 노동자 파업, 악천후, 항공요금의 경쟁, 정부의 규제, 경제적 상태는 일반적으로 직면하게 되는 영향요인들이다. 관련 출판물은 현재 직면하고 있는 여러 가지 사건들에 대해 가장 좋은 해결방법을 제공한다.

예를 들면 직면하고 있는 회의개최에 대한 정보와 기획의 힌트를 제공하기 때문이다. 그러나 관련 잡지와 출판물의 주요 기사를 열심히 읽는다고 해서 모든 것들이 해결되는 것이 아니다. 특별한 상황하에서는 주요 주제를 생략해야 되는 경우도 고려해야 하기 때문이다.

Keypoint

아래의 주요 용어의 개념을 기술해 보시오

1. 컨벤션뷰로(CVB: Convention and Visitors Bureau

2. 비영리기구(Non-profit organization)

3. 회의공급자(Meeting Suppliers)

4. 컨벤션협력기구(Convention Liaison Council)

5. 미국협회 간부회(ASAE: American Society of Association Executives)

6. 국제회의 전문가단체(MPI: Meeting Professionals International)

7. 컨벤션 전문경영자협회(PCMA: Professionals Convention Management Association)

Convention

제2부 컨벤션 프로그램 기획

제6장 컨벤션시장의 이해

학습 목표

1. 회의기획에 대한 참가자 이해
2. 후원조직과 참가자 관점에서 본 회의의 필요성 이해
3. 참가자 측면에서의 가치 이해
4. 참가자 정보출처 확인
5. 회의 특징과 이익분석

회의기획을 하기 전에 회의에 참가하는 사람들에 대한 이해가 필요하다. 이러한 참가자를 이해를 하기 전에는 회의의 목적과 프로그램의 설계, 개최지 선정 또는 영리적인 회의에 대한 많은 기능을 수행할 수가 없다.

1. 참가자지향 마케팅

오늘날과 같이 경쟁이 치열한 환경하에서 성공적인 컨벤션서비스를 제공하기 위해서는 참가자지향적인 관점에서 컨벤션이 개최되어져야 한다. 참가자들이 회의에 대한 필요성을 느끼지 못하고 있다면 아무리 좋은 회의라고 하더라도 참가가 이루어지지 않을 것이다. 잠재적인 참가자에 대한 욕구를 제대로 파악하지 못하고 충족시키지 못하는 마케팅을 하게 되면 회의에 참가하지 않으려고 할 것이다.

참가가 필수적인 기업회의의 경우, 회의가 참가자의 기대를 충족시키지 못한다면 참가자는 실망하게 되고 행사는 성공적인 행사가 되지 않을 것이다. 그 결과 그 회의에 실망한 참가자는 다음 회의에 불참하게 되는 것은 자명한 일일 것이다.

〈표 6-1〉 참가자 지향적인 마케팅(이 회의가 과연 필요한가)

참가자 욕구	후원자 욕구(기업)	후원자 욕구(협회)
학 습	참가동기	업무교환
정보교환	주주와의 만남	회원정보와 교육
사회화	오리엔테이션(기업정책과 절차)	전시욕구 충족
친목도모	새로운 상품소개	수입발생
레크리에이션	고용의 기술적인 해결	사회적 이미지 유지
일상생활의 변화	판매기법교육	

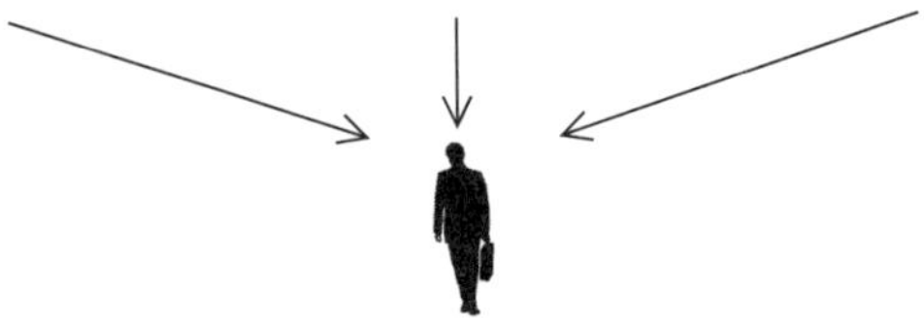

회의기획가

2. 회의의 필요성

회의주최자는 조직에 필요한 회의가 무엇인가를 분석하고 조직이 확신을 갖도록 회의에 대한 필요를 분석해야만 한다.

아직까지 목표수립에 대한 준비가 되지 않았다면, 후원자들은 왜 회의를 고려하고 있는지 그리고 왜 잠재참가자들이 참가하길 원하는지에 대한 이유를 알고 이에 대한 고려를 해야 할 것이다.

이러한 사전 기획단계를 통해서 참가자의 욕구를 충족시킬 수 있도록 해야 하며, 회의기획에 대한 기초를 염두에 두고 후원조직을 생각해야 한다.

가. 참기자의 욕구

사람들은 새로운 학습, 정보의 교환, 사회화, 친목도모, 레크리에이션을 즐기기 위해 회의에 참가한다. 이러한 이유들은 상호 긴밀하게 연계되어 있으며, 이러한 행사에 많은 사람들이 여러 가지 이유들 때문에 참가를 하게 되는 것이다.

나. 후원조직의 욕구

기업회의는 종사원들이 기업의 정책과 판매기술 생산라인, 새로운 기술, 혹은 새로운 변화에 적응하기를 원한다. 기업은 종사원들이 경영기술을 연마하고 동기를 부여하고, 격려하거나 주주들과의 만남을 주선해야 할 것이다.

협회는 사업에 대한 업무를 관리하고, 회원들에 대한 교육과 정보교환을 할 수 있는 여건을 조정해야 할 것이며, 공급자들은 회원들에게 새로운 상품을 소개할 수 있는 기회를 제공하길 원한다. 회의는 또한 협회의 주요한 수입을 발생시키게 된다.

다. 참가자의 욕구충족은 다른 의사결정에 영향을 미친다.

후원하는 조직에 대한 욕구와 참가자의 욕구를 파악하여 충족시키는 것은 성공적인 행사를 위해 사전에 인식되어야 한다.

기획가들이 참가자의 욕구를 사전에 파악하지 못했다면, 회의의 필요성에 대해 신중하게 고려해야 한다.

기획가가 어떤 것에 대한 관심을 가지고 있는 그 자체만으로 참가자의 욕구와 기대를 파악하는 것은 불가능할 것이다.

예를 들어, 참가자가 네트워킹과 사회화에 관심이 있다고 가정해서 회의를 기획하여 진행하는데, 참가자들이 실제로 상호 정보를 교환하길 희망할 때 행사는 성공하기 어렵게 된다. 따라서 기획가들은 참가자들의 욕구를 직접적으로 확인하고 이해해야 한다.

3. 참가자

회의기획가들은 잠재적인 참가자들에 대한 정보를 가능하면 많이 수집해야 한다. 지리적, 인구통계적 그리고 참가자의 생활양식(라이프스타일)을 파악하여 이들의 욕구에 부합된 회의 프로그램을 개발해야 한다.

가. 참가자들은 어디에서 왔는가?

참가자들의 출생지 또는 고향에 초점을 맞추는 것은 손쉽게 이용할 수 있는 정보들이다. 이러한 정보는 어떤 교통수단(비행기, 자동차, 기차)을 참가자들이 선택하게 될 것인가에 대한 방법을 알려주게 될 것이다. 그리고 또한 기후로 인한 여행시에 발생되는 예측가능한 문제점들을 파악할 수 있다.

이러한 요소들은 참가자들이 접근하기 쉬운 편리한 회의개최지를 선택하게 하는 것이다. 지리학적으로 출생지는 회의가 형식적 혹은 비형식적 프레젠테이션의 방법을 선택할 것인가에 대해 판단하는데 도움이 된다. 특정 지역에서 온 참가자들은 비형식적 프레젠테이션을 선호하는 반면, 다른 지역의 참가자들은 구조화된 형식에 더욱더 만족하게 된다.

나. 누가 참가할 것인가?

이 질문에 대답하기 위해서 기본적인 정보는 인구통계학적인 것과 관련이 있으며, 인구통계학적인 것은 시장의 분석과도 관련이 있다.

이러한 것을 파악하기 위해서는 참가자들의 연령, 수입의 정도, 교육수준, 직업을 알아야 한다.

또한 참가자들이 협회의 회원인지, 기업의 지도자인지, 클럽회원들인지, 혹은 일반적인 기관의 대표자로서 참가한 사람들인지를 확인해야 한다. 참가자들이 대도시 출신인지, 시골지역 출신인지, 그들이 통상적으로 선호하는 것은 무엇인지를 파악해야 한다.

다. 왜 참가를 원하는가?

참가자들이 참가경험을 통해 얻고자 하는 기대는 참가자들의 관심사항과 욕구를 이해해야만 한다. 생활양식(라이프스타일)을 통해 확인하거나 대표자의 개인특징을 이해해야 한다. 이러한 필요와 욕구파악은 매우 어려운 것으로 참가자들을 위한 지역적 매력과 문화적 기회, 레크리에이션활동에 대한 중요성을 이해할 필요성이 있다. 참가자들은 프로그램내용(정보지향) 혹은 개최지선정(오락지향) 중 어떤 것을 가장 중요하게 생각하는지를 파악해야 한다.

라. 기타문제

회의기획과정 중 다음단계로 넘어가기에 앞서 수집된 더 많은 정보가 필요하다. 즉 대략 얼마나 많은 대표자가 참가할 것인가? 신체적인 장애가 있는 사람들을 위한 시설과 같은 대규모 특수 서비스들을 요구하고 있는가? 정보지향적 성격의 회의에서 전시회나 무역 전시에서의 비정보적 세미나들이 얼마나 중요한가? 이러한 의문에 대한 대답과 참가자들에게 관련된 다른 질문들은 가장 적합한 행사를 기획하는데 도움을 제공하게 된다.

마. 참가자 신상명세서와 프로필 준비의 필요성

회의기획 중 이 단계가 왜 중요할까? 하는 것은 참가자 프로필과 신상명세서가 없다면, 집단의 욕구를 정확히 파악하지 못할 것이다.

프로필은 대표자를 확인할 수 있고, 신상명세서는 참가자의 과거 참가유형을 알 수 있게 한다.

참가자 분석은 회의목표를 정하고 프로그램을 구상하고 개최지를 선정하는데 도움을 줄 것이다. 음식(좋아하는 것과 싫어하는 것)에서부터 레크리에이션 활동(테니스, 골프, 조깅, 휘트니스 클럽, 수영)에 이르기까지 행사의 일부분인 모든 연회와 활동들을 기획할 때 이런 참가자 분석은 도움을 줄 것이다.

바. 참가자 정보출처

가능성 있는 참가자에 관한 정보를 얻을 수 있는 몇 가지 출처가 있다. 이러한 정보는 무엇보다도 회의기획가에게 도움을 줄 뿐만 아니라 유용한 정보출처이다.

1) 조직파일

기업회의에서 조직파일은 최고의 정보자료이다. 참가자에 의한 출처 부문과 회의를 후원하는 부서에 이르기까지 필요한 데이터의 대부분을 얻을 수 있기 때문이다.

협회회의는 이전에 어떤 회의가 개최되었는지, 이용가능한 정보의 형태에 따라 이러한 출처는 매우 유용한 정보를 제공하게 된다. 회원에 대한 과거 회의파일들을 통해 엄청난 양의 정보를 얻을 수 있다.

이번 회의가 처음이라면, 기록이 없을 것이고, 또한 여러 차례 반복된 회의일지라도 자세히 기록이 보존되어 있지 않다면, 부가적인 정보를 찾아보아야 할 것이다.

기록을 통해 장래에 개최되는 회의를 성공적으로 개최하기 위해서는 잘 보존된 정보는 가치를 발휘하게 될 것이다. 훌륭한 기록보존과 현재 진행 중인 과정을 평가해 보면, 그것은 다음에 개최되는 회의를 훨씬 쉽게 기획하게 해 줄 것이다.

2) 다른 조직

협회나 다른 집단으로부터 참가자들의 구체적인 정보를 기대한다면, 유사한 회의를 개최한 다른 조직에서 이용가능한 정보를 제공해 줄지도 모른다. 또한 자신의 협회참가자만을 기대한다면 협회회의와 비슷한 회의를 실행했던 회의가 유용한 정보를 제공할 것이다. 이 정보는 가능성 높은 시장을 이해하는 데 큰 도움이 될 것이다.

3) CVB

몇몇의 CVB는 지역도시에서 개최한 회의에 대한 광범위한 기록들을 가지고 있다. CVB에서 지난 개최지의 테이터 특히 세부적인 도착패턴과 호텔객실의 요구사항 등의 유용한 데이터를 가지고 있을 것이다.

4) 등록양식

현재 회의 예약자들에게 사용되어지는 양식들을 통해 회의기획가가 예약이 이루어질 수 있도록 등록양식을 만들어야 한다. 특히, 처음으로 개최되는 회의일 경우 등록에 대한 모니터는 등록이 가까워질수록 강화되어져야만 하며 마지막 순간까지 수정할 준비를 해야 한다.

4. 상품분석

회의산업은 유형의 상품보다는 무형의 서비스를 판매하는 것이다. 하지만 어떤 프로그램이 참가자들로부터 좋은 반응을 얻게 되는지에 대한 철저한 분석을 통해서 좋은 프로그램 구성이 가능하게 된다.

가. 특 징

상품(서비스)분석은 회의의 주요 장면이나 핵심적인 특징들을 확인하기 위해서 필요하게 된다. 이러한 것들은 가능한 철저하게 후원조직의 시각에서 평가해야 한다. 예를 들면, 이러한 확인은 몇 가지 원하는 특징들을 연설자, 교육목적의 세미나, 레크리에이션기회, 전시회, 고급호텔 등 가능한 완벽한 리스트를 작성해야만 한다.

나. 이 익

이익분석은 참가자의 시각에서 이루어져야 하며 각각의 특징들을 살펴보고 그것이 참가자들에게 어떻게 이익이 되는지 알아보아야 한다. 예를 들어, 전시장을 20,000 평방피트의 공간을 확보하는 것은 주최자 입장에서 자랑할 거리가 되지만, 참가자들에게는 큰 의미를 부여하지 못한다. 참가자들은 전시회가 그들의 관심사항, 관련있는 특정지역인가에 대해 더 많은 의미를 부여하게 된다. 참가자들에게 이익을 줄 수 있는 전시장의 수치를 생각해 보아야 하며. 얼마나 많은 전시회들이 다양한 범주 내에서 기대되어지는지를 측정해 보고 이것이 참가자들에게 적용되었을 때 정보를 평가할 수 있을 것이다.

'그 곳에는 내가 원하는 무엇이 있는가?'라는 참가자의 질문에 대답할 능력을 갖추어야 한다. 기업회의의 참가자들은 회의가 그들에게 어떠한 이익이 되는지에 대해 관심을 가지게 된다.

참가자들은 그들이 모르는 무언가를 배우게 될까?, 참가자들은 동기부여를 받게 될까?, 또는 그들이 참가의 선택권을 가지고 있지 않기 때문에 참가자들의 기대가 확인되지도 충족되지도 못할 가능성이 있다.

이러한 특징들 중 충분한 정보의 양이 참가자 이익으로 확인되지 못한다면 잘못된 것이다. 이러한 특징들과 이익들을 다시 한번 리스트로 작성해 보아야 한다. 참가자 신상명세와 프로필을 참고하면 정확한 집단에 대한 배려와 욕구를 확인할 수 있게 된다.

〈표 6-2〉 상품분석

특 징 회의에 대한 후원조직의 핵심관점	이익의 창출	이 익 내가 원하는 것이 무엇인가? (참가자의 관점)
교육적인 세미나		고용주로부터의 홍보기회 전문적인 자격증 개인적인 성장
전문전시회		시장점유를 유지하고 증가시키기 위한 신상품 분석
고급호텔		휴식, 욕구충족
공항호텔		편리함
지역의 매력성		레크리에이션
사회적 이벤트		네트워킹의 기회
주제파티		레크리에이션, 일상생활의 변화
유명한 연사		지식, 환대, 동기부여

회의기획을 하면서 지속적으로 회의의 특징과 이익분석을 수정해 나가야 한다. 회의대상과 목적을 발전시키고 프로그램을 기획하고 장소를 선정하기 위해서는 몇 가지 특징들로는 불가능하며 다른 몇 가지를 더 추가해야 한다는 사실을 깨닫게 된다.

예를 들면, 주최자들은 값비싼 장소를 선택하고 싶어 할지도 모르지만, 참가자들은 그곳에 체류할 재정적 여건을 갖추고 있지 않을 수도 있다. 이러한 철저한 분석을 하지 못하고 회의장소를 선정하게 되면 그 장소는 사용되지 않을 가능성이 높다고 보아야 한다.

필요하다면 변화를 추구해야 한다. 진일보된 이익분석은 프로그램 기획에 참고가 되고, 촉진활동에 기초적인 자료를 제공하기 때문이다.

Keypoint

아래의 주요 용어의 개념을 기술해 보시오

1. 참가자 지향
2. 지리학적 특성
3. 인구통계적(생활양식) 특성
4. 참가자 신상 내역
5. 참가자 특성
6. 상품분석
7. 회의의 특징
8. 회의의 이익

제7장 목표수립과 예산의 설정

이장의 주요 내용

1. 참가자 조사의 이해
2. 교육적인 목적의 이해
3. 목표와 목적, 계획의 이해
4. 회의의 취지 이해
5. 훌륭한 목표수립을 위한 지침이해
6. 예산수립 준비를 위한 개념 이해
7. 예산에 포함되는 다양한 지출과 수입항목 이해
8. 회의관리 예산의 중요성 이해

회의를 계획하는데 있어, 첫 번째 단계는 수행할 업무와 그 회의를 지원해줄 자금출처를 결정하는 것이다. 회의는 정보, 교육훈련, 레크리에이션, 동기부여 등 많은 이유로 개최된다. 이러한 이유들은 계획과정의 나머지 부분을 위한 지침이 되며, 계획이 성취될 수 있도록 취지와 목표에 적합하도록 편성해야 한다.

1. 회의목표와 목적의 수립

회의의 명확한 목표, 그리고 적절한 교육적 목표를 수립하는 것은 회의기획의 첫번째 단계이다. 이러한 회의계획은 세부계획을 수립하는데 도움을 주기도 하며, 회의의 개별적이고 세부적인 사항에 대한 결정을 할 수 있도록 의사결정을 하는데 도움을 줄 것이다. 이러한 목표에는 회의와 관련된 참가자 뿐만 아니라 회의운영자, 위원회, 현장운영자, 컨벤션 관련업자, 공급업자, 납품업자, 판매업자, 전시업자 그리고 발표자까지 모두를 포함시켜야 한다. 회의참가자의 필요와 흥미요소를 파악하고 결과를 알아내어 목표와 목적을 결정하는데 교량적 역할을 하게 되는 것이다. 목표는 프로그램 내용을 위한 기초자료로 참가자의 필요와 관심사를 파악하여, 목표와 목적을 수립하기 위한 것으로, 계획상의 흐름을 통합하는데 초점을 두어야 한다.

2. 조사활동

회의를 위한 조사활동에는 접근성 또는 실제적인 행사에 모든 사람들이 참가하기 위한 당위성을 명시하는 것이 필요하다. 회의의 목표와 목적은 장래의 잠재적인 참가자의 목표와 목적을 반영시켜야 한며 전략계획은 세부적인 계획을 수립하기 전에 조사하는 첫 번째 단계로 회의참가자를 유인하기 위한 유인요소를 결정하기 위한 것이다.

이러한 조사활동은 프로그램 내용과 네트워킹 기회로 위치와 비용에 대한 모든 질문에 응답할 수 있는 요소를 포함시켜야 하며, 세부적인 내용은 다음과 같다.

- 인구통계적 특성
- 교육과 산업경험
- 참가이유(교육, 접근성 등)
- 교육적인 필요(인증된 증명서, 새로운 기술습득 등.)

- 이전의 회의경험(교육내용, 형식, 발표자, 접촉기회 등)
- 회의 개선을 위한 제안
- 예산
- 누가 요금과 비용을 지급하는가(개인, 고용주, 조직기구)

이러한 정보를 획득하는 방법은 다음과 같다.

가. 중점조사대상

관광에 대한 욕구와 흥미, 잠재적인 참가자, 정보, 회의주제 그리고 내용에 대한 아이디어의 필요, 근로동향의 문제점, 관심사에 대한 통찰력을 갖게 되는 좋은 기회이다.

중점조사대상은 참가자로 첫번째 단계이지만, 어느 하나의 중점대상에서 모이는 정보 및 의견이 모두 필요하고 대다수 참가자의 의견을 고려해야 한다. 대표성이 있는 집단과 그렇지 않는 집단에 대한 더 많은 정보가 있을 수 있다. 중점조사대상은 전문적인 도우미를 이용해서 정보를 획득하는 것이 최선의 방법으로써 제안과 추천을 위해 현지 대학의 심리학, 사회학 또는 마케팅기관과 접촉을 통해 중점조사 대상을 선정해야 한다.

나. 조 사

조사는 인터넷, 방송매체 또는 인쇄물에 의해 수행할 수 있으며, 또한 회의중이나 회의종료 후에도 할 수 있다(또는 사전에 새로운 회의를 위해서). 조사는 조직의 모든 사람 또는 무작위로 표본을 추출하여 할 수 있다(예 : 십분의 일 또는 백분의 일). D/B로부터 정보를 활용하기 위해 조사원은 목표대상을 무작위로 선택하기도 하고, 조직기구내의 우편번호, 연령, 연도별, 또는 그 밖의 수많은 범주에 기초해서 조사가 이루어져야 한다. 각종 전파매체를 사용하기 위한 계획을 수립하기 위해서, 전문가의 조언 또는 도움을 얻어 사용할 수 있도록 해야 한다. 정보수집은 많은 회의의 공통적인 특징에 해당되는 컴퓨터와 컴퓨터간의 가상공간과 회의장에서 시행할 수 있으며, 부가적으로 참가자에게 정보를 제공하기도 하며, 조사와 평가를 통해서 정보를 수집할 수 있다. 조사는 참가자가 친밀하게 이용할 수 있도록 구성되어야 하고, 또한 친밀하게 응답할 수 있도록 자판대신에 터치스크린으로 응답할 수 있도록 해야 한다.

다. 표 본

표본추출을 위한 모든 정보가 포함될 수 있도록 회의의 모든 기능과 범위에 대해 조사를 해야 하며, 일반적으로 참가자, 종사원에게는 직접적인 질문을 하여 백분율로 표시하게 된다. 프로그램 작성, 위치선정의 제안은 가장 최근 회의의 성공적인 사례와 실패한 사례에 대해 설명을 해야 한다. 기술적으로 이용할 때 중요한 것은 표본을 추출하여 얻은 결과는 전체대상을 유추할 수 있는 집단이어야 한다.

라. 교육프로그램 위원회

교육프로그램을 수립하기 위해 교육프로그램 위원회가 일반적으로 이용된다. 이러한 집단은 자발적인 대상이고, 프로그램 내용에 관심을 가지고 있는 사람이다. 위원회 선택을 위해서는 공동의 목표와 개인적인 동기부여 등 모두를 이해하는 것이 중요하다. 교육프로그램 위원회의 장점으로는 중점대상, 조사 및 표본추출에서 얻는 정보이다.

마. 교육목적의 이용

회의기획가가 미래 참가자의 필요성과 흥미를 파악했다면, 교육프로그램을 계획하는 기초자료로 활용할 수가 있다. 또한 교육목적을 위해 측정할 수 있는 프로그램을 개발할 수 있다.

개별적인 목적은 다음 3가지 요소가 포함된다.

- 참가자가 세션에 참가하여 어떤 기술을 숙달하거나 배우는 것이다(예를 들면, 새로운 소프트웨어 시스템 사용, 판매기술의 개선).
- 형식, 발표자, 길이, 자원, 기술 등을 포함한 발표기술의 향상이다.
- 증명서, 면허증 또는 산업적인 관심사에 대한 더 좋은 이해를 포함한 형식

적인 결과에 대한 성과의 측정이다.

바. 목표, 목적, 계획

회의목표는 기획과정의 모든 단계를 통한 지침이 되어야 하며 이러한 지침을 회의에 관련된 모든 사람이 이해할 수 있어야 한다. 이는 참가자 뿐만 아니라 종사원, 각종 위원회, 지방공무원, 컨벤션서비스, 공급원, 판매인, 전시자와 발표자를 포함한다. 또한 프로그램 내용을 개발하고, 연설자를 선택하는 기초적인 정보제공, 시설의 선정, 회의실의 설치와 시청각장비의 설치, 다른 기술적인 필요에 이르기까지 회의기능의 전반적인 범위에 영향을 미치게 된다.

3. 취지(Purpose)

회의기획 중 가장 먼저 해야 할 일은 회의의 취지를 결정하는 것으로 회의의 취지는 먼저 참가자들의 관점에서 분석되어져야 하며 그 후에 후원하는 조직의 관점에서 분석이 이루어져야 한다.

가. 참가자(The Attendees)

앞장에서 회의참가자의 욕구와 기대의 중요성에 대해 언급한 바 있다. 따라서 회의취지를 설정할 때 참가자에게 어떤 영향을 미치게 될 것인지를 가장 먼저 고려하여야 한다. 대부분의 회의는 정보를 제공하거나 교육 및 동기부여를 위해 노력하게 되는데 기업회의 기획가일 경우, 고용주는 참가자들에게 회사방침과 변화를 알리고, 새로운 회계절차를 사용하도록 훈련시키거나, 업무를 향상시키기 위한 동기부여를 위한 회의가 기획되기를 희망하게 될 것이다.

협회회의기획가는 협회회원들이 관련산업에 미치는 영향, 새로 개정된 법률, 경제적인 요인 등에 대해 알 수 있는 기회가 될 수 있도록 해야 할 것이다. 또한 회원들에게 새로 개발된 기술의 장점을 알려주거나, 강연자와의 네트워킹을 통해 회원들이 직무수행을 위한 동기를 부여받을 수 있도록 노력해야 할 것이다.

회의의 취지를 목록으로 작성하면서 한번 더 참가자들의 필요와 욕구가 행사를 통해 어떻게 충족될 수 있을 것인가에 대해 세밀하게 검토해야 할 것이다.

나. 후원조직(The Sponsoring Organization)

회의참가자들의 욕구를 가장 먼저 고려하면서, 후원조직의 욕구 또한 명확하게 충족시킬 수 있어야 한다. 이를 위해 참가자들의 욕구를 파악한 뒤, 후원조직의 관점에서 회의의 취지가 정해져야 한다. 후원조직은 회의나 전시회를 통해 수익을 창출하려고 할 것이다. 또한 전문적인 지식을 얻거나 언론매체의 관심을 유발하는데 관심을 가지게 될 것이다. 따라서 후원조직의 관점에서 요구되는 회의의 취지를 정리하여 참가자의 관점과는 달리 별도의 목록을 작성해서 관리해야 한다.

4. 목표(Objectives)

일단 회의의 취지가 결정되면 목표수립을 할 수 있는 준비가 된 것이다. 목표를 수립하는 것은 대다수 기획가에게 어려운 일이지만, 회의의 목표는 전체 기획과정의 나머지 과정을 위한 기초자료로 이용된다. 훌륭하고 성취될 수 있는 목표를 수립하기 위해서는 시간의 배분을 적절하게 해야 한다. 또한 회의를 통해서 얻고자 하는 계획을 명확하게 정하는 일련의 직무기술서를 작성해야 한다. 목표를 수립하는 것은 효율적인 시간의 배분이 필요한 작업이고, 한번 결정된 목표는 장기적으로 그 성과를 가져다 줄 수 있도록 작성되어야 한다.

일부 회의기획가들은 단지 회의의 취지를 다시 한번 확인하는 것만으로 회의의 목표를 결정했다고 생각한다. 또 다른 기획가들은 회의의 취지를 계획하고 난 뒤, 목표를 완전히 누락시키기도 한다. 회의의 목표가 없거나 명확하지 않다면 회의가 성공적으로 개최가 되었는지 실패를 했는지에 대해 평가할 수 있는 방법이 없기 때문에 이것은 치명적인 실수가 될 수 있다.

예를 들어, 회의취지가 참가자들에게 정보를 제공하는 것이라면, 참가자들이 어떠한 정보를 새롭게 획득했는지에 대한 판단을 어떻게 할 것인가? 조직이 그 행사로부터 이익을 얻을 수 있도록 계획을 세웠는가? 구체적인 이익이 정해지지 않았다면 약간의 이익만으로 회의의 목표가 달성되었다고 할 수 있을 것이다.

가. 준비사항(Preparation Guidelines)

회의목표를 정의하는데 도움이 될 몇 가지의 요소들은 다음과 같다.

첫째, 실행 가능하며, 둘째, 문서화될 수 있고, 셋째, 측정이 가능해야 한다. 넷째, 숫자로 표현될 수 있고, 다섯째, 시간을 효율적으로 관리할 수 있어야 한다. 이러한 각 요소들의 앞 글자를 따서 만든 PLANS는 기획가가 목표를 수립하는 세부적인 사항들에 대한 기억을 용이하게 해 준다.

- 실행가능성(Possible) : 목표는 실행가능하고 구체적이어야 한다. 너무 높은 수준은 목표는 도달할 수 없기 때문에 현실성이 없는 목표는 정하지 말아야 한다. 반면에 회의기획가나 조직이 이전보다 낮은 수준의 목표를 세울 경우에도 문제가 발생하게 된다.
- 문서화(List It In Writing) : 참모, 간부 등 회의와 관련된 다른 사람들은 회의의 목표를 알 수 있어야 하고, 그것에 대해 평가할 수 있어야만 한다. 회의목표를 문서화함으로써 불필요한 오해를 방지할 수 있고, 다른 조직의 회원들에게 그 목표를 평가할 기회를 줄 것이다.
- 측정가능성(Assessable) : 다양한 행사의 진행과정을 배분하기 위해서 여러 가지 활동들을 측정할 수 있어야 한다. 희망하는 성과를 측정하는 몇 가지 방법에는 평가, 참가기록, 세미나와 관련된 도구 등의 수단을 이용하게 된다.
- 정량화(Numerical) : 목표의 양을 정한다는 것은 목표가 숫자의 형식으로 나타나야 한다는 뜻이다. 훌륭한 회의개최를 원하는 것은 단지 희망일 뿐이며, 그 결과가 정확하게 달성되었는지 여부를 판단할 만한 수단이 없기 때문에 그것 자체가 훌륭한 목표가 될 수 없게 된다. 따라서 회의평가에서 우수, 최우수 응답을 비율로 기록하는 목표를 설정하는 것이 회의의 성공여부를 판단하는데 더 좋은 수단이 될 수 있다.

• 시간의 개념(Span of Time) : 목표를 시간의 개념으로 나타내어야 한다. 회의 그 자체는 많은 경우 시간적인 요소를 가지고 있다. 하지만 어떤 시기까지 접수된 사전 등록건수와 같은 다른 항목도 있는데, 이런 항목 역시 회의목표에 포함되어야 한다.

나. 1차목표와 2차목표(Primary and Secondary Objectives)

목표에는 두 가지 수준의 목표가 있다. 1차목표는 회의의 전반적인 성공을 결정하는 가장 중요하고 변화하지 않는 부분이 모두 포함된다. 이러한 1차목표에는 참가자와 조직의 주요 관심사가 포함되어 있다.

회의의 주요취지, 등록, 전시 등 이와 유사한 항목을 포함하는 목표들은 모두 1차목표에 해당될 것이다. 모든 1차목표는 PLANS 요건을 충족시켜야 한다.

2차목표는 1차목표보다 결정적이지는 않지만 중요하며 회의에 포함된 기능들이다. 이러한 것들에는 칵테일파티, 레크리에이션행사, 소규모의 연구토의 등이 포함된다. 또한 목표는 대부분 회의 그 자체의 특정한 부분과 관련 되어 있기 때문에, 회의 목표를 정할 때 시간의 개념을 빠뜨릴 수도 있다. 어떤 항목을 빠뜨리거나 차후에 회의를 평가할 때 쓸모가 없을 정도의 미약한 목표를 세우지 않도록 주의해야 할 것이다.

5. 예산(Budget)

예산계획을 수립하는 것은 수입과 지출을 추정하고 지출할 비용을 예상수입과 맞추는 것이다. 예산은 업무의 도구이며, 회의는 하나의 업무로써 운영되어야 한다. 명확하게 수립된 예산안은 회의의 전반적인 의사결정에 중요한 통제체계를 구축할 수 있다. 예산계획을 수립하는 것 역시 회의기획가가 개발할 수 있는 가장 중요한 기술 중 하나이다.

가. 시기(Timing)

예산안을 마련하기 전에 시간계획을 작성해야 한다. 만약 5년 뒤의 협회회의를 계획 중이라면, 몇 년 뒤에 수입이 발생된다 할지라도 당장 지급해야 할 비용이 있을 것이다. 만약 6개월 후에 기업회의를 기획중이라면, 외부로부터 얻게 되는 수입은 없겠지만, 회의기간 중 예상되는 비용을 지급하기 위해 얼마나 많은 예산을 할당해야 하는지 분명히 알고 있어야 한다.

나. 임시예산안(Preliminary Budget)

일단 시간계획이 수립되면 임시예산안을 위한 준비가 된 것이다. 예산안은 회의기획가에게 하나의 지침서이자 통제에 도움을 주는 요인임을 명심해야 한다. 특별한 기준은 없지만 예산은 유동성을 지녀야 한다. 끊임없는 지출, 등록자수, 출품작품 수와 같은 항목의 상태를 살펴보고 조절해 나가야만 한다.

다. 지출항목(Expense Item)

예산안 작성준비는 지급해야 할 비용의 분석에서 시작된다. 만약 유사한 회의가 이전에 개최되었다면 그 회의의 재정기록은 예산안 작성 준비에 사용될 정보를 제공해 줄 것이다. 만약 이러한 기록들이 없다면 회의가 개최되기 전 요구되는 모든 지출비용을 예측할 수 있어야 한다. 복잡한 회의에는 복잡한 회계분석이 필요하다 하더라도 대부분의 회의기획가들은 고정비용, 변동비용의 2가지 지출범주로 훌륭한 예산안을 마련할 수 있다.

1) 고정비용(Fixed Expense)

고정비는 참가자 수의 변동에 따라 변하는 것이 아닌 고정적으로 사용되는 비용을 말한다. 즉, 오디오, 비디오 공급업체와의 계약과 직원들의 임금이 고정비용의 예가 될 수 있다. 어떤 비용은 한 회의에서 고정비가 되고 다른 회의에서는 변동비가 되기도 한다. 회의장을 더 큰 회의장으로 바꾸어야 한다면 그것에 필요한 과외비용을 지급하기도 하고, 지급하지 않는 경우가 있는데, 경우에 따라 고정비가 되기도 하고 변동비가 되기도 한다.

2) 변동비용(Variable Expenses)

변동비는 참가자 수에 따라 변하는 비용을 말한다. 즉, 식사, 손님접대 공간, 등록설비, 유인물 등이 포함된다. 대부분의 회의지출의 많은 부분이 여기에 해당된다.

고정비와 변동비를 구분하여 어떤 항목을 조절하고 예상 참가자의 변화에 따라 무엇을 변경해야 하는지에 대해 아는 것은 매우 중요하다. 식사비용에 세금과 봉사료를 반드시 포함해야 한다. 이러한 세부 사항을 누락하게 되면 예상지출과 실제지출 간에 엄청난 오차가 발생하게 된다.

다. 수입항목(Revenue Items)

지출예산을 계획한 후 조금이라도 수입이 있다면 수입항목을 결정해야 한다. 수입의 출처는 몇 군데가 있는데 등록비, 카세트테이프와 교육자료 판매, 전시장대여, 사전등록에서 얻는 이자 등이 모두 수입원이 된다.

우선 지출예산안을 마련하면 등록비와 그 외의 요금확정과 부합되는 예상지출을 분석할 수 있다. 지출분석은 비영리 행사나 행사를 위해 필요한 자금을 확보하기 위한 프리젠테이션을 준비하는데 도움을 주게 된다.

라. 예산안 작성 준비지침(Budget Preparation Guidelines)

예산안 작성을 위한 한 가지 유용한 방법은 예상지출란, 실제지출란, 그리고 예상보다 많든 적든 간에 실제와 예상비용의 차이를 알 수 있도록 별도의 난을 만들어야 한다. 그렇게 함으로써 다음 번 회의가 개최될 때 어떤 부분이 문제가 있으며, 어떤 부분을 조절할 수 있는지를 쉽게 알 수 있게 한다.

다음은 예산안을 작성할 때 회의기획가가 고려해야 할 사항들이다.

- 누가 회의에 참가할 것인가?: 특정한 집단의 사람들은 다른 집단보다 더 나은 즐거움과 서비스를 기대하고, 그리고 기꺼이 그 대가를 지급할 준비가 되

어 있다.

- 누가 비용을 지급할 것인가?: 협회회의와 기업회의의 차이점을 명심해야 한다. 협회회의의 경우 참가자들은 자신들의 비용을 직접 지급하기 때문에 숙박료, 교통비, 식비와 같은 개인적인 비용은 회의기획가의 예산안에 포함되지 않아도 된다.
  하지만 기업회의의 경우 대부분의 참가자비용은 예산안에 포함되어야 한다. 만약 기업회의기획가가 술과 오락 같은 개인적인 비용을 참가자가 지급할 것인가, 아니면 기업이 지급할 것인가를 기업의 방침에 따라 결정해야 한다.
- 후원조직의 철학이 무엇인가?: 몇몇 협회와 기업은 조직의 명성을 높이고 근로자나 회원들에게 인센티브 투어를 제공할 목적으로 정성을 다하여 회의를 준비한다. 다른 조직들은 행사를 계획하는데 있어 핵심적인 접근을 하기도 한다.

예산안 작성과정에서는 항상 정확하고 치밀한 자세로 임해야 한다. 회사의 통제 속에서는 수입을 과대평가하고 지출을 과소평가하는 경향을 지양하고, 실현가능하고 현실적인 예산을 마련할 수 있어야 한다.

마. 최종 예산안(Final Buget)

다음으로는 몇 가지 유형의 최종 예산안을 작성해야 한다. 회의기획 과정을 계속 진행시키기 전에 필요한 임시예산안을 작성했지만 아직 회의장을 결정하지 못했고, 회의내용을 진행시키지도 않았으면 회의가 끝날 때까지 필요한 모든 과정이 끝나지 않았다. 만약 숙소, 식사, 강연자, 교통 등 행사에 필요한 다른 항목들의 실제 가격을 알게 되면 예산에 변화가 생기는 것은 당연한 일이다.

몇 번의 예산안 수정이 필요하다. 회의를 위한 예비준비기간이 길수록 예산안을 변경해야 할 일이 많아지게 된다. 따라서 여러 지표를 표로 만들어 계산을 용이하도록 해야 한다. 또한 컴퓨터프로그램을 사용하면 예산준비와 수정과정을 매우 편리하게 처리할 수 있다.

바. 회의관리로서의 예산안(The Budget as a Meeting Control)

앞에서 언급했듯이 잘 준비된 예산안은 매우 귀중한 관리요인이 된다. 지출을 감사하기 위해 예산안을 이용할 수 있다.

만약 어떤 항목이 걷잡을 수 없게 되면 합리적인 수준으로 지출을 맞추기 위해 경영기법을 이용해야 한다. 예산안은 건전한 재정업무의 지침이 되기 때문이다.

6. 계산예정표

계산예정표는 Master account의 지급은 18개월 전부터 회의진행 예산을 설명하고, 현금 흐름을 체크하는 것이다. 예상지출을 계산하는 것은 회의를 반복해서 하게 될 때 쉽게 해 주는 역할을 한다. 왜냐하면 회의관련 비용지출 또는 이전회의에서 가치 있는 비용지출을 어떻게 결정하였는지에 대한 회계기록을 이용할 수 있기 때문이다. 만약 새로운 회의를 한다면 계산예정표로 현금흐름의 원리를 사용할 수 있다. 전문적인 회의를 위해 기입할 수 있는 예정표 제안이 바로 이것이다. 회의의 일정에 맞추어 이러한 예정표를 사용하면 편리한 계산이 가능하다.

- 18개월 이전 : 지출 현금흐름의 예정표를 결정할 수 있는 견적서를 작성해야 한다.
- 1년 전 : 교육과 필요물품에 대한 계산서를 개최예정지로 보내야 한다.
  참가자의 숙소예약을 위해 통보보고서를 제출하고 확정된 예산을 준비해야 하며 만약 직접적인 계산서가 요구된다면 개최예정지에 신용신청을 완료해야 한다.
- 6개월 전 : 계산서작성교육, 객실, Master account 필요물품 객실확정체계를 재검토하기 위해 개최예정지의 회계대표자를 만나야 하며 컨벤션서비스 관리자는 모든 신용부분과, 모든 계산에 대해 책임감 있고 믿을 수 있는 관리자를 소개해야 한다.

또한 실내장식과나 위탁관리회사와 같은 다른 서비스 제공자와 함께 회계에 대한 토의를 해야 한다.

- 3개월 전 : Master account 필요물품을 켄벤션서비스관리자 또는 판매관리와 함께 검증해야 하는 데 이때 협회의 실내디자인 계산서 또는 신용관리자를 위한 정보를 중계할 것이다. 또한 컨벤션서비스관리자 또는 판매자로부터 쓰여진 보증을 요청해야 한다.
- 1개월 전 : 객실비율과, 식음료의 요금 그리고 다른 요금(수락할 수 없는 것과 수락할 수 있는 것)을 계산절차에 대해 재검토해야 하며 또한 개최예정지가 아닌 공급업자의 항목과 가격, 발간물을 검토해야 한다.
- 회의기간 동안 : 회계대리인 또는 컨벤션시스템 관리자와 함께 Master account의 기간을 재검토해야 한다.
- 회의가 끝나기 전 : Master account계산서 그리고 독자적 또는 요금을 첨부한 사진복사물에 대해 재검토해야 하며 올바른 요금에 대해 토의되어진 것을 확인하고, 잘못된 가격 또는 연기되어진 것을 승인해야 한다.

  또한 협상된 가격을 해결할 수 있게 시도해야 하며, 잘못되거나 지급연기, 그리고 최종적으로 결정되었거나 논의된 것을 계산서에 기록하기 위한 자료를 만들어야 한다.

  그리고 개별 판매업자의 요금 또는 꽃가게, 시청각업자, 또는 다른 공급업자로부터 손실되어진 요금계산을 확인하고 해결해야 한다.

  이러한 요금은 아마도 잡다한 요금과 Master account 에서 ≪지급이 끝나버린≫것으로 확인될 것이다. "Paid out"은 돈이 이미 지불된 것으로 호텔에서 지불되어진 것을 의미한다.
- 회의 후 : Master account 계산서가 완료된 것을 받았을 때 작성된 영수증을 확인하고, 수표 또는 지시된 지급자료를 동봉하고, 문제가 된 요금과 해결된 자료를 재확인해야 한다.

  몇몇 시설의 모든 Master account는 회의가 종결되고 나서 30일 이내에 지급하도록 기입해라. 체크아웃시 Master account의 지급에 할인이 적용될지도 모른다. 회의기획가는 계획에 앞서 이러한 정책에 관한 조사를 확실히 해야 한다.

7. 회계(Checklist)

구 분	내 용
가. 조직이 어떠한 계산방법을 사용할지 결정해라.	- Cash accounting(현금회계) - Accrual accounting(증가회계)
나. 계획된 현금흐름표를 만들어라.	- 행사 전에 지급되어야 할 항목 - 행사 동안에 지급되어야 할 항목 - 행사 후 지급할지도 모를 항목(자료를 포함한)
다. 필요한 회계를 개최예정지와 함께 재검토해라.	- 만약 직접 계산을 요구하는 것을 확립하여라. - Master account 필요한 것을 확정하고 전달 - 음식제공, 시청각, 사업센터 등이 필요할 경우 Sub-master account를 요청하여라.
라. 개최예정지를 위한 체크리스트를 준비하여라.	- 30일 이전에 완벽히 해라. - 계산서 교육의 특징을 제안하라. - 위탁한 사람의 서명을 위해 Master account의 목록을 만들어라.
마. 개최예정지로부터 관련된 물품과 행사주문을 재검토해라.	- 당신의 체크리스트 초안에서 잘못된 것을 확인. - 모든 행사의 가격들을 확인. - 예정되어진 가격을 준비. - 행사를 위해 도착한 필요물품에 대한 모든 계산서 재확인. - 지출한 항목에 대하여 누가 대리인으로 서명을 했는지 재검토. - 식음료에 대한 개런티를 주기 위해 미리 준비. - 이익에서 밖의 상인과 함께 설정한 모든 것을 정리 정돈하여 확인. - 체재의 처음부터 끝까지 Master account 시간표를 재검토.
바. 출발전 Master account를 세심히 검토해라.	- Mmaster account에 대해 책임감 있게 모든 요금을 확인. - 위임을 하지 않은 요금에 대해서 논의. - 이익에서 서비스상품으로 만들어졌던 것에 대한 지급과 수납을 확인. - 요금의 해결과 논의되어지지 않은 요금의 지급을 위한 자료를 확인.
사. Master account 계산서를 받았을 때	- Master account로 작성한 영수증과 동봉된 지급 또는 지급자료로 나타난 것을 확인. - 합의된 요금과 해결자료의 재확인. - 요금의 지급연체피해로 인한 정해진 시간 내에 Master account의 지급 완료.

Keypoint

아래의 주요 용어의 개념을 기술해 보시오

1. 참가자들로부터의 정보수집형태
2. 조사방법
3. 특별한 목적기술방법
4. 목표와 목적을 공유를 함께 해야 할 사람
5. 취지
6. 목표
7. 1차목표
8. 2차목표
9. 예산안 작성
10. 고정비
11. 변동비
12. 수입항목
13. 통제
14. 지출항목

제8장 프로그램 기획

이 장의 주요내용

1. 회의프로그램 내용에 대한 이해
2. 프로그램 형식의 이해
3. 연사의 선정 이해
4. 성공적인 회의일정 기획을 위한 다양한 요소 이해
5. 회의 성공을 위한 전반적인 활동의 중요성 이해
6. 초청연사 선정시 고려해야 할 기본적인 사항 이해
7. 전시회가 회의프로그램에 포함할 고려사항 이해

프로그램 개발은 참가자와 후원단체의 욕구를 인식하고, 회의 취지와 목적을 분석하는 것에서 시작된다. 회의기획가는 프로그램을 기획할 의무를 지닐 뿐 아니라 초청연사도 선정해야 한다. 회의기획가는 또한 회의프로그램에 전시가 포함될 경우에는 전시계획도 동시에 수립해야 한다.

1. 프로그램 내용 기획

이번 장에서는 회의목표와 관련되는 주제선정, 프로그램의 목차수립과 참가자들에게 적합한 회의기간들에 대해 알아보고자 한다. 회의프로그램은 교육적인 소개와, 협의를 위한 분과회의, 사교행사, 오락, 동반자 프로그램, 레크리에이션활동, 초청연사와의 부담 없는 자리 마련을 포함할 수도 있다. 회의기획가는 프로그램에 대해 독자적으로 책임을 질 수도 있으며, 많은 협회에 의해 개최된 경우에는 프로그램 위원회와 협의하여 프로그램을 계획할 수도 있다.

가. 요구사항

프로그램에 반영할 요소는 앞장에서 논의되었던 목적에 기초하여 정보전달, 교육적 동기부여를 위해서 수립되어야 하며 얼마나 많은 개별적인 요소들을 이용하며, 어떻게 고려할 것인가를 결정하여야 한다.

1) 일반세션

일반세션은 모든 참가자가 동일 장소에 모이는 것으로 보통 개 · 폐막식 때와 모든 집단이 관심을 가지고 있는 것을 소개할 때 실시하게 된다.

2) 집중세션(Breakout Sessions)

집중세션은 소규모 집단을 위해 구성되어 있기 때문에 특정집단을 위한 소개를 한다. 대부분 대규모 행사는 일반세션과 집중세션을 포함하고 있다. 대부분의 세션은 한 세션 뒤에 다음 세션이 이어지거나 동시 다발적으로 진행된다.

나. 프로그램 목차 수립

컨벤션참가자들로부터 조사된 데이터와 회의기획가의 목표, 목적들을 토대로 하여 프로그램 목차를 수립해야 하며, 회의참가자들로부터 조사된 정보를 통합하여 회의관련주제와 교육기관들의 범위를 설정해야 한다.

범위를 설정할 때 고려사항은 무엇이 참가자교육에 대한 필요와 기대인가? 그리고 참가자들은 이 분야의 초보인가?, 전문가인가?, 경력, 경험, 교육은 어느 정도인가? 참가자들이 동반하고 있는 인원이 있는가? 등 참가자들에 대한 많은 정보를 알고 있어야 회의기획가는 참가자들의 필요와 욕구, 기대를 접목시킨 프로그램을 기획할 수 있을 것이다.

또한 회의에 참가하는 사람들에 대한 다양한 형태를 파악하여 참가자들 간의 네트워킹을 통해 세부목적을 수립하고 또한 참가자와 동반자를 위한 여가활동기회들을 제공할 수 있어야 한다.

위의 세부적인 사항들을 참가자들의 조사와 이전회의의 경험을 통해 조사하여, 참가자들의 필요와 욕구, 기대에 부합된 프로그램을 기획해야 하며, 참가자들을 위한 교육기관, 협회와 유기적인 협조를 통해 참가자를 위한 교육프로그램과 여가 및 관광프로그램 시간을 고려해야 한다.

다. 프로그램 형식개발

프로그램을 단순한 강의형식에 의존해서는 안되며, 또한 참가자들의 참여정도에 따라 참가기간을 확정하여야 한다. 발표자는 좋은 아이디어와 뛰어난 통찰력만 가지는 것이 아니라 참가자들로부터 이 프로그램은 "광산에서 금을 찾는다"는 마음으로 전개하여 참가자들의 관심을 유도할 수 있어야 한다.

- 참가자 반응 팀－4 내지 5명의 관계자들이 참가자들의 반응을 확인할 수 있도록 해야 한다.
- 청중(Buzz)그룹－다수의 청중은 같은 세션에서 작은 그룹으로 나눠지고 지정된 연구과제를 청취하게 된다.
- 콜로키움(Colloquium : 전문가회의)－3 내지 4명의 두 집단 사이에서 한쪽은 청중을 대표하고 다른쪽은 전문가적 해답을 제공하는 상호작용을 하는 것이다.
- 토론(Debate)－2개의 팀은 2 내지 3명으로 구성해서 한쪽은 찬성 편에서

논쟁하고 한쪽은 반대쪽에서 논쟁한다.

- 피쉬보울(Fishbowl: 사방이 보이는 장소) – 안쪽에서 논쟁하는 서클과 외부에서 관찰하는 것으로서 서클 사이에 상호교대가 있으며 개인들은 가끔 한 서클에서 다른 서클로 이동하기도 한다.
- 인터뷰(Interview) – 발표자는 청중을 대표하는 발표자로부터 질문을 받는다.
- 세미나(Seminar) – 세미나는 대개 15~30명의 관계자들이 세부적인 주제를 선정하여 토론하는 것으로 전문가가 회의를 주도한다.
  왜냐하면 집단의 규모상 참가자들 간의 중요한 상호작용이 있을 수 있기 때문이다.
- 워크숍(Workshop) – 이것은 집중적이고, 주로 실습경험을 할 수 있는 것으로 제한된 수의 참가자들이 새로운 기술이나 문제점을 논의하기 위해 직접 참가하는 것이다.
- 심포지엄(Symposium) – 여러 발표자로부터 단일 문제점을 토의하는 간단한 발표로 이루어진다.
  각각의 발표자는 다수의 관점들을 이야기할 수 있기 때문에 시간제한을 둔다.

2. 초청연사

초청연사는 행사에 있어서 매우 중요하다. 훌륭한 연사는 기획가가 기획한 행사를 기억에 남도록 도움을 주게 되지만, 그렇지 않은 초청연사는 아무리 잘 기획된 행사라도 그 행사에 부정적인 인상을 남겨주게 될 수도 있다.

가. 취지(Purpose)

이제 회의기획가가 이전에 개최된 행사와 동일한 취지로 각각의 프로그램을 평가하기 위해 각 강연회와 취지를 결정할 때 기능을 조사해야 한다. 만약 일반세션이라면 정보를 제공하거나 동기를 부여하는 것이 우선일 것이고, 집중세션이라면 교육목적이 우선되어야 할 것이다.

또한 집중세션이라면 정보제공 목적으로 열릴 때도 있고, 인센티브연회일 경우에는 동기부여나 여흥 목적일 수도 있다.

나. 목표(Objectives)

회의기획가가 행사프로그램을 결정하고, 각 활동의 목표를 수립하게 되면 각 분과의 목적을 이해하고 다시 한번 검토해 보아야 한다.

정보를 제공하기 위해 또는 동기를 부여하기 위해 어떻게 계획되었는가? 얼마나 많은 사람이 각 활동에 참가할 것으로 예상되는가? 모든 행사에 대한 목적을 기록하고 발전시켜야 한다.

다. 출처(Sources)

이제까지 취지와 목표를 철저히 분석하였다면 제안서를 완성해야 한다. 제안서가 완성이 되면 발표자와 초청연사를 결정할 준비가 된 것이다. 초청연사의 출처는 다음과 같다.

1) 연사사무국(Speaker Bureau)

연사사무국은 기조연설이나 특별한 경우를 위한 전문적인 연사를 제공하게 되며 사무국의 고객리스트는 유명한 인사로부터 여러 분야의 전문가까지 각기 다양하며 초빙비용은 시간당 대략 20만원에서 30만원 또는 그 이상도 있다. 저명한 연사는 연사비가 비싸지만 그 만큼 많은 참가자들을 유인하게 되고 행사에 호의적인 평가를 받을 수 있기 때문이다.

2) 기타출처

다른 연사들로는 대학, 기업, 정부 관리, 그리고 후원단체의 구성원이 될 수 있다. 이 들 대부분은 자발적으로 참여(volunteer)하지만 약간의 보상을 기대하기도 한다.

※ 필요한 연사 선발방법

전체적 프로그램은 유명인사 혹은 산업내부의 인사, 인기작가, 스포츠인사, 혹은 전문발표자 중 누가 제일 이득이 될 것인가? 경험 있는 전문적 연사는 청중조사, 취지 맞추기, 회의장배치를 적절하게 하고, 최고의 발표기술, 청중을 끄는 능력을 가지고 있다.

회의 프로그램의 성격에 따라 프로그램 촉진자들을 선택할 수도 있다. 촉진자는 프로그램에 적합한 분야에 박식하며 청중들에게 다양한 지식과 경험을 제공하게 되며, 전문가로서 발표의 가치를 높일 수 있는 사람이다.

라. 연사초청 업무

회의기획가는 초청연사와 여러 번의 서신을 교환해야 하는데, 먼저 정중한 초대장 발송에서부터 회의관련 계획에 대한 자세한 내용을 안내하는 문서, 초청연사에게 재확인 문서, 그리고 감사편지를 포함하게 된다.

프로그램에 적절한 발표자, 연사 그리고 다른 관계자들을 선발하는 것은 회의 성공의 열쇠로서 신중하게 선정해야 한다. 이를 위해 참가자들의 필요와 욕구를 파악해야 하며, 가능한 지원자들의 조사과정에서 회의의 교육적 주제를 먼저 살펴보아야 한다.

회의 메시지가 그 주제들과 어떻게 관련되는가? 참가자들은 세부적이고 기술적인 정보를 기대하는가? 아니면 만찬 후 연회에서 메시지 전달을 생략할 것인가?

회의와 프로그램, 참가자에 대한 정보를 제공하고 발표자가 행사의 스케줄을 알 수 있도록 해야 한다. 만약 비전문적이고 자발적인 발표자라면 발표에 대해 힌트를 주어야 한다.

그리고 시청각 자료의 사용과 유인물 제공을 권장해야 한다. 또한 시청각 자료를 이용하여 발표할 경우에는 보조요원을 활용하여 유인물을 준비해야 한다.

마. 연사를 위한 준비

연사가 확정되면 회의기획가와 발표자가 확실히 이해할 수 있는 동의서나 계약서를 작성해야 하며, 발표자 패킷에는 다음이 포함되어야 한다.

- 항공과 지상수송수단에 대한 여행준비
- 발표날짜, 시간, 장소
- 숙박과 식사
- 연사료, 배상 그리고 지급조건
- 연사가 사회적 이벤트 참가를 원하는가? 여부확인
- 연사가 제품을 팔아도 되는가? 만약 그렇다면 어떻게 핸드링 해야 하는가?
- 광고와 자료준비를 위한 절차
- 발표시 오디오, 비디오 제작에 대한 동의여부
- 취소시 정책
- 오디오 비주얼 장비사용 여부
- 계약시 법적 제한사항

계약을 하기 전에 연사 동의서를 회의가 개최되는 90~120일 전에 미리 확보해두어야 한다. 회의참가 여부와 발표가 약속대로 잘 진행되는지 여부를 확인하는 것은 매우 중요한 업무이다.

바. 날짜, 시간, 예산의 수립

대다수의 발표자들은 1년 전이나 그 이전에 미리 계약을 해야 한다. 따라서 회의 일정이 정해지기 전에 연사를 초청할 수 있는 준비를 시작해야 하며 연사에게 얼마나 많은 시간을 할당할 것인가?, 발표시간은 전체적인 프로그램 중에 언제가 적당한지를 고려해야 한다. 연사에 대한 예산은 연사의 등급결정에 있어서 중요한 요소가 되므로 개별예산에 따라 적절한 연사들을 선정해야 한다.

그리고 어떤 연사들은 다중예약이나 제품판매와 같은 다른 고려사항들을 포함하여 연사비를 협상할지도 모른다.

사. 지역자원

개인적으로 선정된 사람은 연사선정에 대한 조사를 좁히는 좋은 방법이므로, 지인을 통해 추천을 받거나 조언을 구할 수도 있다.

연사사무실은 세부사항들을 예산에 따라 지정하고 예약해야 한다. 연사사무소는 연예인, 스포츠맨, 또는 유명저자 등의 세분화된 연사 타입에 따라 전문적인 집단을 많이 확보해 두어야 한다.

연사사무소는 지역 전화번호부의 연사사무소나 기관 내에서 찾을 수 있다. 인터넷과 전문적 기관 역시 또 다른 좋은 자원이다.

아. 연사지원자 선택과 인터뷰

연사의 일대기, 추천장, 증명서들을 요구하여 가능하다면 연사가 발표한 비디오를 요구하면 연사선정시에 도움이 될 것이다. 만약 연사지원자가 다른 곳에서 발표할 기회가 있다면 강의내용을 관찰할 수 있는지를 질문해 보고 연사지원자가 제출한 이력서에서 유사한 것이 있는가를 확인해야 한다. 연사지원자들의 자격증명서들은 무엇이 있는가?, 그들이 전문기관에 소속되어 있는가?, 과거에 발표에 대한 수상 또는 어떤 증명서를 가지고 있는가?, 그리고 발행된 신문기사나 잡지의 투고내용 등이 있으면 발행한 기사나 책들을 요구해야 한다.

국제발표자협회(NSA)는 전문발표자에 대한 평가를 위임받아 심도 있고, 문서화된 발표경험과 의뢰자의 만족도를 조사하여 전문발표자증명서(CSP)를 수여하고 있다.

자. 이전의 경험정보 제공

연사가 준비한 발표에 대한 이해를 돕기 위해 협회와 참가자에게 정보를 공유해야 하며 간행물 혹은 중요 인물이나 전문업, 기업내부의 뉴스가 될만한 것들 중에서 어떤 것이든 보내라. 참가자의 수나 규모에 대해 철저히 조사해야 한다.

연사에게 프로그램의 내용과 다른 연사의 발표내용에 대해 사전에 알려주어야 한다. 이러한 배려는 발표자로 하여금 발표준비를 할 수 있는 기회와 다른 발표자가 발표하는 것과 중복이 되지 않게 하기 위한 배려이다.

차. 회의실 세팅

회의장의 최적의 효과를 위해 노력해야 하며 의자의 수와 배열상태를 고려하여 회의실의 적정온도와 조명, 오디오와 비주얼 장비들의 위치와 작동이 잘 되는지를 확인해야 한다. 또한 연사들은 회의기획가에게 간략한 자신의 소개와 주제에 대해 제공할 수 있어야 한다.

카. 결과 평가

회의기획가는 청중(참가자)들에게 연사들의 발표에 대한 완벽한 평가를 하게 해야 한다. 이러한 평가는 다음 회의를 위한 준비차원에서 이루어져야 하며, 또한 연사에게 평가내용을 복사해서 보내주어야 한다.

3. 식음료행사

식음료는 행사의 중요한 부분으로서 회의기획가는 전체적인 행사기획과 식음료가 조화를 이루는지 확인할 필요가 있다.

가. 휴식(Refreshment Breaks)

참가자들은 오전이나 오후 중간에 휴식을 원하고 있으며, 간단한 휴식을 제공하지 않는 행사일 경우 참가자들은 회의기획가에게 괴로움을 호소하기도 한다.

그리고 휴식을 위한 충분한 시간을 주어야 하며 식음료 대행업체(caterer)가 휴식과 관련된 준비를 하고, 깨끗이 치울 수 있는 충분한 시간을 주어야 한다.

나. 식사(Meals)

식사는 간편한 유럽피안 스타일 또는 호화롭고 값비싼 연회까지 다양하며 어떤 식사의 경우에는 식사 자체가 특별한 행사이고 흥미를 제공하기도 한다. 프로그램을 기획할 때, 참가자들이 좋아하는 예산에 적합한 식음료 메뉴를 선택하는 것은 그렇게 쉬운 일이 아니다.

4. 사교와 여흥 프로그램

사교와 여흥이 곁들여진 행사는 꽉 짜여진 회의일정으로 피곤한 몸과 긴장감을 해소할 수 있도록 참가자들에게 부가적으로 제공하게 된다. 어떤 행사의 경우 식음료가 제공되는 경우도 있고 그렇지 않은 경우도 있다.

1) 리셉션(Receptions)

리셉션은 보통 음료와 스낵 혹은 전채요리(Table D'hôte)를 제공한다. 그리고 회의를 위한 얼음조각(아이스카빙: Ice Breaker)도 인기가 있다. 이런 몇몇 행사는 주최자에 의해 후원되기도 하며, 협회에서 지원하기도 한다. 누가 지원을 하든지 리셉션은 전체 회의프로그램에 있어 인기가 높은 프로그램이다.

2) 레크리에이션(Recreation)

계획된 오락행사는 보통 프로그램에 다양성과 흥미를 더하기 위해서 실시되는 것으로, 여기에는 테니스, 골프 토너먼트, 육상경기, 그리고 다른 신체적 활동이 포함될 수 있다.

이런 활동들은 보통 공식행사 시작 전 날에 행해지며, 만약 행사프로그램에 이와 같은 행사가 포함되어 있지 않더라도 개최지에서 이와 같은 활동이 가능한지 여부를 참가자들에게 알려 주어야 한다.

3) 특별행사(Special Events)

특별행사는 주제만찬, 민속행사에서 카지노의 밤, 보물찾기까지 모든 것을 포함하고 있으며 이러한 행사는 회의기획가의 기획력과 예산문제상의 한계가 있다. 회의가 기억에 남게 되고 참가자들이 다음에도 오고 싶게 만드는 것은 이러한 특별행사 때문이다.

5. 기타활동

행사 전과 후 그리고 진행 중에 많은 활동들이 있다. 이런 활동들은 참가자의 흥미를 유발시킬 수도 있고 다른 행사에 방해가 되는 것을 피할 수 있다.

■ 침가자활동 : 참가자들의 많은 수가 동료나 가족을 동반한다면 회의기획가는 이들을 위한 프로그램을 계획해야 하며 이런 동반자들이 대부분 남자인지 혹은 여자인지 여부를 파악해서 참가자의 구성에 따라 프로그램을 기획해야 한다.

동반자(guest)를 위해 너무 과도한 계획을 해서는 안되며, 이런 동반자들은 짧은 휴가동안 참가자와 동행한다. 동반자의 일부는 공식회의에 참가하는 것을 선호하기도 하며 많은 협회들이 이들의 요구를 만족시키기 위한 비용을 늘리고 있다.

■ 사전 · 사후회의 관광 : 어떤 참가자들은 일찍 도착하거나 늦게까지 머무르면서 후원단체가 제공하는 관광을 즐기기도 한다.

보통 이런 행사에 대한 특별요금을 받을 수도 있으며, 이는 참가자들에게 이외의 인센티브를 제공하게 되며 일부 회의는 참가자들의 사전 · 사후 관광의 수준이 우수한 것으로 알려져 있기도 한다. 이런 활동들을 계획할 때 회의기획가는 참가자들의 욕구뿐만 아니라 그들의 도착 패턴과 과거 행사에 대해 충분히 이해해야 한다.

회의기획가는 참가자들이 그들의 동료나 가족을 동반하는지 알아야 하고, 만약 그렇다면 그들이 무엇을 원하고 행사가 진행되는 동안 그들이 무엇을 선호하는지 알아야 한다.

6. 일정표

〈표 8-1〉 회의프로그램(예)

<table>
<tr><td>07:30 ~ 08:00</td><td>아침식사</td></tr>
<tr><td>08:00 ~ 09:00</td><td>일반세션 - 기조연설</td></tr>
<tr><td rowspan="2">09:10 ~ 10:30</td><td>동시 워크숍 - 세션1</td></tr>
<tr><td>Room1~3</td></tr>
<tr><td>10:30 ~ 10:45</td><td>휴 식</td></tr>
<tr><td>10:45 ~ 12:00</td><td>동시 워크숍 - 세션2</td></tr>
<tr><td>12:15 ~ 13:30</td><td>중 식</td></tr>
<tr><td>13:45 ~ 15:00</td><td>패널 토의 - 일반세션</td></tr>
<tr><td>15:00 ~ 15:15</td><td>휴 식</td></tr>
<tr><td rowspan="2">15:15 ~ 17:00</td><td>동시 워크숍 - 세션3</td></tr>
<tr><td>Room1~3</td></tr>
<tr><td>18:30 ~ 19:30</td><td>리셉션</td></tr>
<tr><td>19:45 ~ 21:30</td><td>연회(Award Banquet)</td></tr>
<tr><td>21:30 ~ 23:10</td><td>댄스 또는 자유시간</td></tr>
</table>

회의제안서를 기획할 때 다양하게 계획해야 한다. 강연 뒤에 동일한 방식으로 연이어 연결되는 방식보다는 Panel discussion, Workshops, 휴식시간을 적절하게 반영할 필요가 있다.

음료제공, 커피 브레이크, 오찬, 저녁, 연회 등 필요한 프로그램을 추가해야 하며 회의기획가는 일정표에 정확한 행사내용을 시간대별로 계획을 하되 시간적인 여유가 없도록 기획해서는 안된다.

참가자들에게 다른 세션에서 다음 세션으로 이동할 수 있는 충분한 시간을 배려해야 하며, 만약 전시회가 있다면 각 부스를 둘러볼 수 있는 충분한 시간을 고려해야 하며, 만약에 회의실의 배치가 바뀌었다면 이를 충분히 알 수 있도록 게시해야 한다.

7. 전시회

행사에 전시가 중요한 부분이라면 전시서비스 업체와 접촉을 통해 이 분야의 전문가로써 전시행사로부터 최대한의 이익을 얻을 수 있는 방법을 강구해야 할 것이다.

다음은 전시를 포함하고자 하는 기획가를 위한 내용이다.

가. 전시자

참가자들에 대한 충분한 이해뿐만 아니라 참가업체에 대해 고려해야 하며 행사를 전시참가업체들에세 촉진하려면 그들의 욕구를 파악해야 한다. 기획가로서 역할은 잠재적 소비자와 잠재적 판매자를 연결시켜 주는 장이기 때문에 행사기간 동안 실질적인 구매가 이루어지지 않아도 된다.

나. 제한(Restrictions)

전시업체, 상품, 부스의 크기와 디자인에 어떠한 제한을 둘 것인지 결정해야 한다. 누가 무엇을 전시할 것인가에 대한 결정에 실패하게 되면 전시업체와 참가자간에 잘못된 만남이 발생할 수 있다. 이는 장기적으로 행사에 장애가 될 수도 있으며, 전시업체 장애(barrier)는 법적 분규까지 갈 수 있음을 명심해야 한다. 따라서 전시 서비스업체는 이 분야에 많은 지식을 제공할 수 있어야 한다.

다. 전시공간요구

얼마나 많은 전시참가 업체가 예상되는가? 얼마나 많은 전시공간이 필요할 것인가? 행사장소를 결정하기 전에 필요한 공간을 알아야만 한다. 행사와 큰 전시를 함께 하고자 한다면 전시 서비스업체와 함께 해야 한다. 행사의 성공에 또 다른 변수인 전시회가 업체들을 인식하고 다른 사람들 뿐 아니라 그들을 충족시키기 위해 노력해야 한다. 전시제한, 욕구공간, 시간 그리고 참가업체와 다른 모든 참가자들에 대한 요금을 논의하도록 해야 한다.

〈그림 8-1〉 전시공간 계획

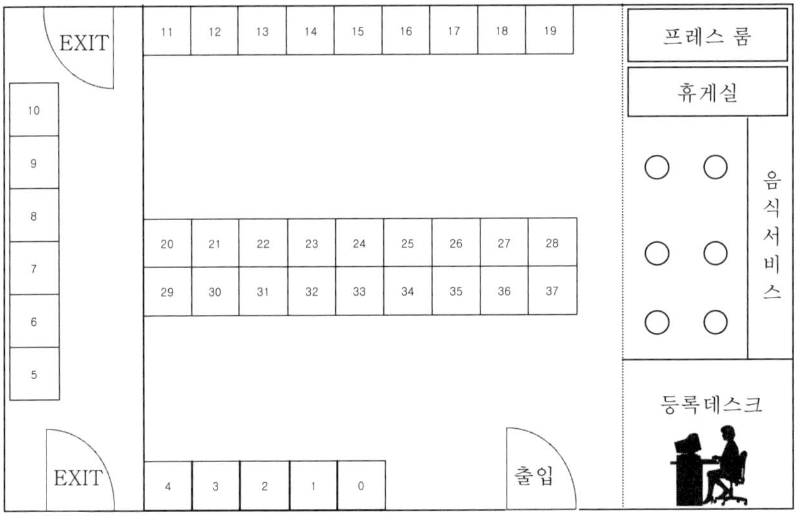

라. 전시시간

언제 전시회를 개최하는가? 회의 중, 회의 전, 또는 회의 후에 할 것인지를 기억해야 한다. 참가업체, 참가자, 그리고 주최자의 명확한 요구를 만족시켜야 하기 때문이다.

마. 전시비용

참가업체들에게 얼마의 요금을 부가할 것인가? 전시공간의 비용은 대체적으로 ㎡와 위치에 따라서 부과되거나, 모든 부스에 공통적으로 적용된다. 전시수입은 전시예산을 준비하기 위해 측정되어져야만 한다. 만약 전시가 회의공간에 들어갈 부스보다 많다면 전시에 대한 예산을 따로 수립해야 한다. 전시가 행사의 수익성에 얼마나 기여할 수 있는지 정확히 결정해야 한다.

8. 회의프로그램 운영시 기술적인 문제

가. 참가자 촉진을 위한 기술

발표자와 함께 회의의 흥미를 자극하기 위해 인터넷과 E-mail을 이용해야 한다. 참가자들에게 발표자의 자격증명을 웹사이트에 추가함으로써 알게 해야 한다.

- 세션의 주제와 내용
- 연사 웹사이트 연결
- 연사들이 발표했던 기사 중 참가자들에게 흥미로운 주제기술
- 연사들이 발표한 오디오나 비디오 자료
- 연사들이 저술한 책에 대한 정보를 어떻게 전달할 것인가?

E-mail은 연사와의 관계를 촉진할 수 있는 좋은 도구이다.

- 참가자들에게 온라인 등록과 연사의 정보를 링크해 E-mail로 보내야 한다.
- 연사들은 E-mail 질문서를 등록한 참가자들에게 보내고 질문의 결과를 강연 중에 설명한다.
- 연사는 환영 E-mail을 개별등록자에게 보내주어야 한다.

9. 웹캐스팅 프로그램 내용

회의 프로그램을 알리기 위해 많은 웹사이트를 통해 영역을 넓히는 것을 고려해야 한다. "미디어의 흐림"이라 불리는 기술을 이용하는 웹 캐스팅은 웹사이트를 통한 실시간 혹은 수요에 따른 관점에서 접근해서 프로그램의 오디오 혹은 비디오 내용을 전달해준다.

이 강력한 기술은 발표의 중요사항을 청중(참가자)들에게 전달하고, 훈련기

간에 참가하는 사람에게 온라인 교육내용을 전달할 때 사용되어진다.

가. 웹캐스팅의 특징과 편익

웹캐스팅의 목적은 웹을 기초로 한 미디어의 특징과 방송미디어의 강력한 성질을 합치는 것이다. 웹캐스트는 이용자의 주의를 끄는 것으로, 이것은 회의에 참가하는 표적참가자에게 중요한 정보를 주고, 기업시장의 지역인지도를 넓혀주는 역할을 한다.

왜냐하면 웹캐스팅은 어떤 지리적 · 시간적 장벽이 없기 때문이다. 또한 효과적인 비용으로 사업의 교류를 가능하게 해준다.

웹캐스팅의 정보내용

- 지리적 접근성의 확장
- 타임 존 마찰 해결
- 내용을 24시간 일주일 내내 전달한다.
- 개개의 맞춤내용을 제공
- 사업거래 기회의 증가

오디오 비주얼 형식이나 디지털 신호의 어떤 내용도 가상적인 웹 캐스팅으로 할 수 있는데, 다음과 같은 내용이 포함된다.

- 콘퍼런스, 회의, 세미나
- 훈련세션
- 실제적인 트레이드쇼와 부스활동
- 제품 진열장을 위한 선전용 제품
- 위원회 CEO나 사장, 주주, 맴버 혹은 의뢰자들에게 메시지발송
- 협회 비디오
- 인터뷰

• 콘서트와 특별행사

나. 라이브행사 절차

라이브 웹캐스트를 위해 스튜디오 내부이든 현장이든 비디오카메라는 라이브 행사 장면을 받아 변환장치(Codec)를 가진 컴퓨터로 보내준다. 컴퓨터는 들어오는 이미지를 선택해서 웹서버로 보내지는 디지털 신호로 변환시킨다. 이렇게 하면 보는 이가 웹사이트에 접속할 때 멀티미디어 플레이어를 이용해 그들의 브라우저에서 신호를 다운받거나 볼 수 있다.

소비자 입장에서 웹캐스트 접근을 고려하여 그 디지털 신호는 웹사이트 데이터 파일 안에 저장한다. 관심이 있는 사람은 언제나 파일을 선택해 다운로드할 수 있도록 해야 한다.

웹캐스트 전개시 필요사항들

• 비디오 작업자

• 사운드 요원

• 좋은 방송 조명과 오디오 장비

• 변환장치

• 컴퓨터 기술자

• 웹서버

청중들이 웹캐스트를 보기 위한 필요사항

• 인터넷이 연결된 컴퓨터(최소 1초에 56kb)

• 웹 브라우저

• 사운드 카드

• 스피커

• 멀티미디어 플레이어(리얼플레이어, 윈도우미디어 플레이어, 퀵타임)

주파수 폭이 낮은 곳에서는(예를 들어, 56kb모뎀 연결) 웹캐스트는 오디오와 비디오가 싱크를 벗어나 고르지 못함을 보여준다. 고 주파수 폭으로 연결된 사람들은(ISDN or DSL) 고품질의 경험을 할 수 있을 것이다. 주파수 폭이 커짐에 따라 미디어 흐름기술은 향상되어 디지털 텔레비전에 가까운 멀티미디어의 경험을 하게 할 것이다.

그리고 웹에서의 라이브행사를 공공장소에서 볼 수 있도록 행사를 위한 효과적인 비용으로 프로그램 내용을 전달해야 한다.

Keypoint

아래의 주요 용어의 개념을 기술해 보시오

1. 집중세션(Breakout Sessions)
2. 협력세션(Tandem Sessions)
3. 동시세션(Concurrent Sessions)
4. 동반자 행사(Guest Events)
5. 사전회의 관광(Pre-meeting Trips)
6. 사후회의 관광(Post-meeting Trips)
7. 일정표(Scheduling)
8. 연사사무국(Speakers Bureaus)
9. 전시서비스 계약자(Exhibit Service Contractors)
10. 프로그램 소개자(Program Presenters)
11. “Required Program Elements”를 설명하시오
12. Nnon-Required Program Elements의 역할을 평가하시오
13. 프로그램 개발을 할 때 고려해야 할 사항에 대해 논하시오
14. 초청연사나 Program Presenter와 해야 하는 최소한의 의사소통을 설명하시오
15. 전시참가업체에 대한 제한이 필요한 이유와 이로 인해 발생할 수 있는 문제를 논하시오

제9장 개최지선정

학습 목표

1. 기획가가 이용할 수 있는 여러 개최지 이해
2. 개최지 선정목록에 대한 이해
3. 개최지결정에 관련된 후원자 및 참가자 욕구이해
4. 개최지선정 과정이해
5. 개최지 선정단계에서 수송수단의 이해

회의개최지는 회의목표와 목적에 맞는 주위의 상황을 조성함으로써 회의분위기를 결정한다. 올바른 개최지선정은 접근가능하고 참가비가 적절한 지리적 지역인가를 확인하고, 또한 사업 또는 레저활동 프로그램인지, 그렇지 않으면 회의개최의도에 적합한 편의를 제공할 수 있는 도시, 시외 또는 리조트를 선택하는 것을 의미한다.

회의에 필요한 조건인 적절한 서비스를 제공할 수 있는 장소를 찾아야 한다. 개최지선정은 회의성공 또는 실패를 좌우하는 중요한 요인이다. 기초계획을 완성하면 기획가는 이에 대한 책임을 져야 한다. 기획가는 회의시장(참가자와 출품자)이 달성하고자 하는 것이 무엇인지 알아야 한다.

그리고 재정적자원(예산)에 대해 알아야 하고, 개최지에서 요구하는 물리적 요소를 결정하기 전에 프로그램의 내용을 확인해야 한다.

1. 회의개최 장소

회의의 목표와 목적은 개최지 선정과정과 관련이 있으며, 확정된 회의의 목표와 목적을 바탕으로 회의공간, 날짜, 비율, 서비스에 대한 회의 필요조건을 규정할 수 있다.

이러한 과정은 참가자의 인구통계적 특성, 임시프로그램 그리고 개략적인 예산에 대해 알고 있어야 한다. 개최지가 '어디'인가를 검토하기 위해서는 우선 2가지 문제를 검토해야 한다. 그 첫 번째는 회의개최를 위한 지리적 위치이며, 두 번째는 회의를 개최할 수 있는 물리적인 시설이 고려되어야 한다.

가. 지리적 위치

컨벤션개최를 위한 유력한 후보지는 대도시와 중소도시, 리조트 등이 위치한 곳이다. 이들 도시들은 대부분의 개최 예정지와 동일선상에서 고려해야 한다.

많은 회의기획가는 가격과 시설면에서 다른 후보도시와 경쟁에 앞선 두 세번째 도시를 선정한다. 기획가는 또한 다양한 개최지역을 순회하는 것을 힘들어 하고 있는 참가자들에게 새로운 개최지를 제안한다.

기획가는 회의를 위한 개최지의 지리적위치 선정을 돕는데 익숙한 몇 가지 요인으로는 협회규정에 의해서 지역이나 공간적 상황이 제한될 수도 있다.

대부분의 참가자들이 편리한 목적지가 선정되길 바라며, 어떤 협회는 따뜻한 기후의 회의를 선호할 수도 있고, 다른 한편으로는 활동적인 겨울 스포츠가 가능한 곳을 원할 수도 있다.

지리적 위치선정은 어떤 협회가 회의개최지를 선정하는 위원회를 구성하여 개최지를 결정하기 때문에, 기획가에게 전적으로 개최지를 결정하는데 위임이 되지 않을 수도 있다. 또 다른 경우에는 기업의 간부가 다음 회의장소로 희망하는 장소가 있거나, 선택의 권한을 가질 수도 있다. 그러나 이런 경우에도 기획가는 전문지식을 제공하여, 의사결정자에게 올바른 선택이 될 수 있는 기회를 제공하게 된다.

나. 회의시설

회의시설의 선정은 신중하게 고려해야 하는데 회의시설로 고려되는 장소로는 공항, 교외, 시내 또는 리조트 호텔, 그리고 콘퍼런스나 컨벤션센터를 선정할 수 있다.

회의는 대학이나 크루즈, 그리고 어떤 지리적인 여건이 허용되는 범위내의 인도어와 아웃도어에서 개최할 수 있다.

회의시설에 따라 단기간의 회의나 당일회의에 적합한 곳이 있는가 하면, 다른 시설은 장기간의 회의에 적합하도록 설비가 되어 있는 시설이 있다.

개최지와 시설은 동시에 선정할 수도 있으며, 회의를 성공시키기 위해 모든 필수조건을 제공하는 일정한 지역시설을 신정하기 선에 지리적 위치를 선택해야 하는 것은 아니다.

회의개최지의 아래와 같은 선택기준을 충족할 수 있는 장소를 선택해야 한다. 개최장소는 전용 컴퓨터교육실을 포함한 인터넷 접속이 되는 다양한 컴퓨터 설비를 갖추어야 한다.

또는 도시외곽 교외의 장소를 고려해 봄으로써 전형적으로 큰 도시에 제공되는 더 저렴한 항공요금으로 이용할 것이다.

그리고 감소된 예산, 철저한 풀 서비스, 큰 도시에 주어지는 것은 오직 비성수기 동안만 적합할 것이다. 이러한 선택기준을 바탕으로 다음과 같은 회의시설을 선정해야 할 것이다.

1) 호 텔

참가자들이 당일회의로 끝나는 경우 이외에는 숙박은 모든 회의에서 고려되어야 한다. 호텔은 참가자의 객실을 정확히 예측하기가 어렵지만, 참가자들은 스스로 숙소를 선정하는 경우도 있다.

많은 호텔들은 회의와 컨벤션을 개최하기에 적합한 시설적인 조건을 갖추고 있으며, 회의실과 연회실에 몇 천명을 수용할 수 있는 조건을 갖추고 있는 호텔도 있다.

호텔의 위치에 따라서 분류하면 다음과 같다.

(1) **시내/도심호텔** : 도시의 중심에 위치하고 있는 호텔들은 일반적으로 사업에 관련된 회의장소에 적합하다. 많은 도시들은 극장과 문화적 여건은 참가자들이 즐길 수 있는 기회를 제공한다. 그리고 음식점들과 대중교통이 아주 좋다. 그러나 어떤 도시들은 그 도시에 삶의 질을 저하시킨다고 해서 단체행사를 위한 적합한 서비스를 제공하지 않을 수도 있다.

(2) **공항호텔** : 대부분 회의와 컨벤션개최지로 고려되는 요소는 최근에 설립된 공항이 있는지, 아니면 주변에 주요공항이 위치하고 있는지 여부가 중요하다.

공항호텔들은 시간적인 압박을 받고 있는 참가자들에게는 매우 중요하게 고려되는 장소이며, 특히 회의기간이 짧은 회의에 적합하다. 공항의 위치에 따라 여가의 기회가 제공되기도 하지만, 대부분의 공항호텔이 여가기회를 제공하지 못한다. 또한 소음은 위치 결정 전에 평가되는 요인이다.

(3) **교외호텔** : 교외의 호텔들은 대부분의 참가자들이 자동차로 도착할 수 있을 때 유리하게 고려된다. 이들 시설들은 도심보다 개최지로서의 선정확률이 낮게 되는데, 그 이유는 호텔의 주위환경이 시내 지역에 비해 집중된 음식점과 문화적 활동을 제공할 수 있는 여건이 미흡하기 때문이다.

(4) **리조트호텔** : 리조트는 회의시설과 마찬가지로 기획가가 휴양의 기회로 제공하는 장소를 찾을 때 훌륭한 장소이다. 리조트의 위치는 외딴 교외로부터 변화를 주고 있으며, 훌륭한 정원을 갖추고 있는 것이 특징이다. 어떤 시설들은 대형 회의를 개최할 수 있다. 그러나 대부분은 소규모 행사에 가장 적합하다.

(5) **콘퍼런스센터** : 콘퍼런스센터 국제협회(IAAC)는 시설과 회의를 후원하는 환경을 제공한다는 하나의 목적을 위해 존재하는 협회이다.

IAAC의 회원은 오직 콘퍼런스를 위해 소규모 회의공간이 지정된 시설을 갖추어야 한다. 이러한 시설은 이브닝 리셉션 같은 다른 목적을 위해 사용할 수 있으며, 스키나 골프 같은 오락을 할 수 있도록 되어 있다. IAAC 콘퍼런스센터는 회의실의 쾌적함과 서비스가 모범적인 회의장소이다. 그들은 소규모 회의에 적합하다.

(6) **컨벤션센터** : 컨벤션센터는 전형적으로 대규모회의와 넓은 전시공간을 갖추고 있다. 참가자들은 현지에서 숙박하지 않고, 행사에 참가하려면 교통이 혼잡한 거리를 이동해야 한다.

컨벤션센터나 콘퍼런스센터의 회의실 가격은 호텔보다 비쌀 수 있고, 시설이용료는 객실비용과 함께 회의실 비용들을 차감할 수 없는 단점이 있다.

그러나 다루 시설과 회의장소처럼 아주 적합한 시설들을 이용할 수 있다. 컨벤션센터의 수는 최근 들어 증가하는 추세에 있으며, 우리나라에서도 최근 들어 컨벤션센터의 설립의 증가하고 있는 추세에 있다.

컨벤션센터는 참가자들이 회의와 전시회를 개최하는 중요한 공간이다. 따라서 컨벤션센터는 적극적인 마케팅을 실시하고 있으며, 아주 작은 행사에도 훌륭한 서비스를 제공한다.

최근 들어 컨벤션센터에는 과거에 비해 소규모 회의를 하기에 적합한 시설이 마련되는 곳이 증가하고 있다.

(7) **기타장소** : 앞에서 언급한 것처럼, 회의는 어디에서나 개최할 수 있다. 많은 행사들은 값싼 숙박을 제공할 수 있고 회의실 사용이 가능한 대학캠퍼스에서 개최되기도 한다.

이외에도 회의가 가능한 장소는 크루즈나 철도는 인센티브 회의시 인기가 높은 장소이다. 이외에도 여러 가지 장소가 회의장소로서 고려될 수가 있는 것이다.

이러한 개최시설은 여러 형태가 있는데, 전통적 개최시설과 비전통적 개최시설로 구분할 수 있다. 개최시설의 종류는 <표 9-1>과 같다. 그리고 개최시설

은 컨벤션 행사를 지원하는데 필요하며 여기에서 필요시설과 서비스를 제공하게 된다.[7]

〈표 9-1〉 개최시설의 종류

구 분	종 류
전통적 개최시설	컨벤션센터, 콘퍼런스센터, 컨벤션 호텔, 호텔, 리조트, 특수화된 미팅센터, 기업의 회의실 등
비전통적 개최시설	크루즈, 철도, 일반 숙박시설(콘도미니엄, 대형모텔, 모터호텔), 대학 등

이상에서 살펴본 바와 같이 개최지는 참가자들이 편안하게 회의에 참가할 수 있는 시설과 서비스를 제공해야 한다.

따라서 개최지 선정시 과거에 어떤 곳에서 회의가 개최가 되었는지, 회전주기의 적당성 여부 및 사전·사후 관광의 제공은 어떻게 할 것인지, 회의가 개최되는 동안 셔틀버스의 운행과 원활한 교통소통이 가능한지 등에 관하여 관심을 가져야 하고, 또한 개최지를 상징할 수 있는 볼거리를 제공해야 한다.

참가자들이 세계 각국에서 참가하게 되므로 기후에 적응하지 못하는 경우가 있을 수 있으므로 모든 사람들이 쾌적하게 느낄 수 있는 봄과 가을에 개최하는 것이 적절하다.

그리고 회의진행기간 동안 참가자들을 수용할 수 있는 회의공간과 숙박시설을 충분히 고려해야 할 것이다. 따라서 우리나라의 경우 봄과 가을이 기후는 적절하지만 관광의 성수기이기 때문에 교통량이 혼잡하고 외국인의 방문이 많은 시기이므로 이러한 여러 가지 조건을 고려한 상태에서 컨벤션이 개최되어야 할 것이다. 그리고 개최시설도 중요한 고려사항이며, 또한 참가자의 성격에 따라 도심지에서 개최할 것인지 교외에서 개최할 것인가를 신

7) 안경모·이광우, 국제회의 기획경영론, 백산출판사, 1999, pp. 48~49.

중하게 고려해야만 한다.

2. 개최지 선정이전에 고려사항

첫 번째 과제는 장소를 조사하기 위해 바로 정보수집에 착수하는 것이다. 수집된 모든 관련정보(시장과 참가자 분석, 예산, 목적과 목표, 그리고 프로그램)를 분석하는 등 장소에 관한 사항을 정리하여야 한다.

가. 시장분석

참가자의 이력과 프로그램을 통합하여 시장분석을 실시해야 한다. 아이템 목록을 개발하는 것은 참가자들의 욕구와 회의시설에 대한 기대를 충족시켜 줄 수 있는 회의장소를 찾아내기 위한 것이다.

나. 취지와 목적 검토

훈련회의나 기술세미나에 요구되는 장소는 일선경영에서 은퇴한 사람들의 요구와는 다를 수 있다. 만약, 회의목적이 단지 정보제공이나 교육목적이라면 동기부여나 인센티브 회의와 똑같은 장소가 아닐 수 있다.

이러한 취지와 목적, 목표의 예는 다음과 같다.

〈표 9-2〉 취지와 목적 검토의 예

목 적	목 표
▪ 각각의 참가자는 새로운 경영 소프트웨어 프로그램을 교육받게 될 것이다. ▪ 직원은 내년 사업을 위한 전략들과 중요한 목표들을 결정할 것이다. ▪ 증명교육은 참가자들이 적절한 지속적인 교육체계를 얻을 수 있도록 할 것이다.	▪ 금년 중반의 30%에서 하반기 60%로 소프트웨어의 이용을 증가시킬 것이다. ▪ 행동항목 목록, 마케팅전략, 판매목표 그리고 광고캠페인이 시행될 것이다. ▪ 적어도 80%의 참석자들이 CEU를 얻을 것이다.

다. 예산검토

시장분석을 재검토할 때 참가자들의 지출수준을 고려해서 평가해야 하며, 또한 단체의 예산을 분석해야 한다. 단체가 최소한의 오락을 원한다면 가능한 장소목록에서 호화로운 고급호텔과 리조트는 제외해야 한다.

라. 프로그램 검토

프로그램을 정밀하게 분석해야 한다. 일반회의, 수시(임시)회의, 연회, 그리고 사회적 행사가 계획에 있는가를 미리 검토해야 할 것이다.

마. 특별한 고려대상 분석

장소선정시 특별히 고려하는 관점은 회의장소 선정에 영향을 줄 수 있는 기업경영 철학처럼 회의시설, 단체의 의견, 그리고 기타사항을 고려하여 이러한 요소들을 고려해야 한다.

바. 참가자의 욕구분석

회의를 개최하기 이전에 개최된 회의를 검토해야 한다. 과거에 얼마나 많은 참가자들이 있었는가, 도착과 출발의 패턴은 어떠했는가, 얼마나 많은 객실이 이용되었는가이다. 이번 회의가 첫 번째로 개최되는 회의라면 모든 정보를 이용해서 회의에 요구되는 개최지와 시설의 목록을 만들고, 회의개최지와 시설에 만족할 수 있도록 해야 한다. 참가자, 취지와 목적, 예산, 프로그램, 그리고 기타사항을 고려해서 적용해야만 한다.

참가자의 욕구를 파악하기 위해서는 확실한 참가자에 대한 파일로서 회의참가가 가능한 참가자 자료를 편집하고 다음과 같은 기본적 질문에 대답할 수 있는 참가자파일을 만들어야 한다.

참가자파일의 주요내용은 아래와 같다

- 참가 가능한 최대한의 참가자의 수는?
- 대부분의 참가자들이 거주하고 있던 곳은 어디인가?
- 외국에서 오는 참가자가 있는가?
- 회의가 몇몇 지역에 교대로 개최하는 것이 현명하고 필수적인가?
- 참가자의 흥미나 기대치는 무엇인가?
- 참가자들은 집단 레크리에이션, 스포츠, 밤의 유흥 또는 관광을 좋아하는가?
- 참가자들은 교외장소나 리조트를 선호하는가, 컨벤션센터를 선호하는가?
- 회의 전·후 관광을 할 것인가?
- 배우자와 가족이 참가하는 것을 권할 것인가?
- 집단참가자들이 육제석인 피로를 풀기 위해 특별한 숙박장소를 요구하는가?
- 어떤 종류의 숙박장소를 이용할 수 있는가?

각각의 질문에 대답하는 것은 회의기획가가 적절한 장소를 확인하고 부적당한 위치를 배제하기 위한 것이다.

사. 외부지원

외부의 다른 지원을 받게 된다면 장소선정시 도움을 받을 수 있게 된다. 개최도시의 컨벤션과 CVB를 이용하게 되면 요구에 적합한 호텔과 컨벤션, 그리고 콘퍼런스센터의 이용가능성과 회의 이미지를 높일 수 있게 된다.

이러한 것들을 필요로 하는 공급자 목록을 제공할 수 있고, 실제 장소조사에 대한 정보를 제공하게 된다.

또한 경험 있는 회의기획가는 가치 있는 지원을 할 것이다. 그들은 도시나 호텔을 찾아내어 어떻게 이용하는지 그곳의 문제가 무엇인지, 시설들을 어떻게 운영하는지에 대한 조언을 해줄 것이다.

많은 회의시설들은 인터넷의 홈페이지에 회의시설에 대한 정보가 비주얼하게 기록되어 있다.

MPI의 MPINet과 PCMA에서는 전망 있는 회의실의 위치 사진과 정보는 데이터 은행의 실례이다. 많은 호텔들과 도시들은 이러한 홍보를 할 수 있는 온라인 홈페이지를 가지고 있다. 많은 회의전문가들은 가까운 미래에는 컨벤션개최지와 시설을 실질적인 정보를 인터넷 홈페이지를 통해 수집할 수 있을 것이라고 한다.

3. 장소선정

장소선정을 하기 전에 회의시설을 개인적으로 방문하여 개최지와 시설들의 상세한 목록과 기본적인 체크리스트를 장소 조사기간 동안에 사용할 수 있도록 요구해야 한다.

모든 공공 및 개별시설은 회의참가자들이 이용할 수 있도록 해야 한다. 이러한 것들은 객실, 레스토랑, 라운지, 회의실, 휴게실, 음식의 질, 행사에 부수적인 공간, 수영장, 테니스 코트, 다른 여가시설들을 포함해야 한다. 만약 협회에서 중요한 것이 관광이라면, 흥미를 끌 수 있는 관광지를 살펴보아야만 잠재적인 참가자의 참가를 효과적으로 유도하여 참가자의 수를 증가시킬 수 있기 때문이다.

회의장소 선정을 위해서는 회의목표와 목적, 그룹의 프로파일, 과거자료 제시, 미래자료, 비율, 공간 요구확인을 분명히 해야 한다.

다음에 제시된 것을 포함한 세부적 회의설명서를 준비해야 한다.

- 선호하는 자료와 임의의 자료
- 객실 수와 형태
- 장비설치시간을 포함한 참가자들이 필요할 것이라고 생각되는 예측시간과 회의실의 실용성과 수와 규모
- 임시의 프로그램 스케줄
- 사무실과 저장공간 필요조건
- 만족스러운 요금의 범위
- 날짜와 음식, 음료 이벤트의 형태

- 전시를 비롯한 다른 특별행사나 활동
- 불리한 조건을 가진 사람들을 위한 접근하기 쉬운 특별한 조건
- 시청각 자료의 필요(화면 영사기 설치를 위한 공간 또는 초고속 인터넷 접속가능)

그리고 다음의 과거자료는 회의설명서에 포함되어 있어야 한다.

- 과거시설과 단체에 의한 서비스이용
- 과거 CVB 및 시설에 의해 제공되는 장려보조
- 과거 회의참석자 수
- 과거 객실의 이용
    - 싱글과 더블의 파손과 다양한 수용능력
    - 결석자들의 수
    - 룸의 구획에서 벗어나 예약된 방들의 수
- 식 · 음료의 보증과 실제 소비
- 회의와 사용된 전시공간
- A/V 필요조건
- 등록양식
- 발착경향
- 등록과 티켓판매 그리고 주차 같은 서비스장소

이 정보는 참가자들이 과거에 이용했던 시설들로부터 얻을 수 있다.

4. 수 송

참가자들이 이용하게 될 수송수단은 장소 선정시 중요한 기준이 된다. 개최지 내에서 지상교통의 편리성을 요구하는 것처럼 참가자가 회의장소에 어떻게 도착할 것인지도 세심하게 고려되어야 한다.

어떤 장소는 참가자 대부분이 항공기로 도착하기에 아주 편리하지만, 한편으로는 참가자의 대부분이 운전을 직접하는 것을 계획에 반영하지 않게 된다면 혼란을 초래하게 된다.

가. 회의장까지의 수송

대부분의 참가자는 항공기나 자동차 두 가지를 이용해서 여행을 하게 되며, 일부지역에서는 기차여행도 고려되게 된다. 대표적으로 항공기가 공식적인 수송수단으로 지정되면 항공사는 아이디어와 지원을 하게 된다.

그리고 선정된 회의와 수송규모에 적합하게 항공사는 부수적인 서비스를 제공하게 된다. 항공사는 행사에 그들 항공기로 여행하는 사람들의 수에 따라서 회의기획가와 진행요원들에게 저렴한 가격으로 수송을 제공하게 된다.

또한 승객을 위한 운임, 광고지원, 특별운임, 장비를 포함하게 된다.

어떤 항공사는 도착과 출발 패턴, 렌터카 사용, 그리고, 호텔예약정보를 시스템적으로 함께 제공하기도 한다.

나. 지상교통

지상교통은 회의의 한 부분으로 호텔과 회의장, 컨벤션시설과 지역 공항간의 셔틀 서비스 이용을 고려해야 한다.

대부분의 회의시설은 지상교통수단을 필수적으로 제공하고 있으며, 어떤 호텔들은 공항에서 도착과 출발 때 셔틀버스를 제공한다.

Keypoint

아래의 주요 용어의 개념을 기술해 보시오

1. 시내/도심 호텔

2. 공항호텔

3. 교외호텔

4. 리조트

5. 콘퍼런스센터

6. 컨벤션센터

7. 장소조사

8. 육상교통

Convention

제3부 컨벤션 실무(개최전)

제10장 시설의 협상, 계약, 보험

학습 목표

1. 협상과정의 중요성 이해
2. 협상이 시작되기 전 목록에 대한 이해
3. 협상의 중요성 이해
4. 협상이 가능한 가격 이해
5. 협상과정의 결과 이해

어느 시설이든 가능성이 있는 회의개최지라고 판단될 경우에는 협상을 시작할 수 있다.

하지만 회의 그 자체와 참가자들 욕구, 전시회장, 참가 프로그램을 위한 물리적인 장비들에 대한 지식이 있어야만 협상과 계약을 시작할 수 있는 준비가 된 것이다.

1. 협상이란 무엇인가?

회의계획에서 협상은 개별적으로 관심이 있는 다양한 관심사항들에 대해 상대방과의 합의를 찾아 도출해 나가는 과정이다.

협상은 다른 상대방의 요구들을 개별 참가자들에게 논의한 후에 달성시키는 것이다. 협상에서 얻은 다양한 결과들은 회의기획가를 위한 가장 훌륭한 사례 목록이다. 이러한 협상은 훈련과 실전적인 연습을 통해서 개발할 수 있는 기법이다.

협상은 "나는 이기고 그들은 실패한다(I win, they lose)"는 계획이 아니다. 회의기획가는 최고의 회의를 실행하기를 원하고 시설제공자들은 지속적인 이익을 원하기 때문이다.

회의 개최장소는 그곳의 명성과 관련이 있다. 회의기획가가 이용한 편의시설에 만족한다면 스스로 그곳을 다시 이용하거나 다른 기획가에게 그곳을 추천할 수 있기 때문이다.

2. 협상은 누가 하는가?

협상은 조직의 후원에 의해 실행되거나 회의기획가, 서비스의 제공자, 일반적인 호텔 또는 컨벤션센터의 판매자에 의해 실행된다. 다른 사람들과 계약을 한다면, 전시 서비스의 계약자들과 같이 회의기획가 개별적인 상대방과 협상을 할 수 있을 것이다.

3. 욕구를 알아야 한다.

회의에 참가하는 모든 사람들의 욕구를 완벽하게 이해할 수 없다면 협상기간 동안 조직이 기대하는 것을 알 수 없다. 따라서 기획가는 이들의 욕구를 확인하고 업무를 한다면 업무를 통해 정보를 얻을 수 있게 되며, 이러한 욕구로 인해 회의시장을 알 게 되는 것이다(Know the meetings market).

협상을 하기전에 회의의 목적에 해당하는 회의시장의 상태를 알고 있어야 한다. 예를 들어, 만약 호텔사업의 경기가 침체되어 있다면, 협상이 쉬워질 것이다. 반대로, 호텔이 일상적으로 해왔듯이 비즈니스를 외면한다면 호텔의 비용과 면적, 회의장소 등 협상하는 것이 힘이 들게 될 것이다. 호텔회의 시장의 또 다른 부분은 회의가 개최되는 계절이다. 대부분 회의의 특성은 3개의 계절로 구분된다.

- 성수기 - 호텔이 대략 90% 또는 더 좋은 점유율이 있는 기간.
  성수기 동안에는, 호텔이 융통성이 없기 때문에 회의기획가가 양보를 해야 한다.
- 틈새 기간 - 이 기간은 호텔이 70에서 89퍼센트 정도의 점유율을 보이는 기간으로 틈새기간을 이용하는 것이 좋다. 왜냐하면 유리한 협상을 할 수 있기 때문이다.
- 비수기 - 비수기는 호텔이 70퍼센트 이하의 점유율을 보이는 기간이다. 호텔이 회의산업을 적극적으로 유치하기 위해 교섭해야만 하는 시기로 이때 회의가 개최되면 보다 유리한 조건으로 회의를 개최할 수 있다.

이러한 기준을 기초로 해서 표를 작성해 보면 다음과 같다.

〈표 10-1〉 시즌별 협상 내용

구 분	성수기〈High Season〉	틈새 시즌〈Should Season〉	비수기〈Low season〉
방의 가격〈Room Rates〉	더 높은 가격을 지급해야 한다. 그리고 호텔은 설사 세금의 특혜가 있다 하여도 협상이 쉽지가 않다.	호텔은 당신의 사업을 원한다. 그리고 세금의 특혜를 줄일 것이다. 그러나 호텔에서 많은 특권을 받는 것을 기대하지 마라.	비용의 특혜 중 가장 큰 부분은 비수기에 발생한다. 이 점에서 경쟁은 필수적인 것이다. 호텔은 사업을 잃는 것을 원하지 않는다.
무료 방〈Comp Room〉	50개의 방을 지급하면 1개의 방은 무료.	호텔과 당신의 사업 규모에 따라 달라진다. 아마 40개의 방을 이용하면 1개의 방은 무료일 것이다.	적어도 45개의 방을 이용하면 1개의 무료방을 얻을 수 있고 40개를 지급해도 1개의 무료방이 가능하다.
〈Suites and Upgrades〉	당신이 만약 성수기에 적어도 100개의 방을 사용한다면 거의 대부분의 시설은 당신에게 무료로 제공될 것이다. 스위트룸 1개도 무료로 제공되며 스위트룸을 평상시 가격으로 구입하는 것은 더 어렵다.	당신이 만약 성수기에 적어도 100개의 방을 가진다면 거의 대부분의 시설은 당신에게 무료로 제공될 것이다. 대규모 집단을 데려오면 호텔에서 스위트룸을 제공할 것이다. 호텔측에서는 지급이 다된 방을 추가요금 없이 스위트로 업그레이트가 가능하다.	비수기동안 거의 모든 스위트 룸이 팔리지 않았을 경우 당신의 VIP를 위해 최고 스위트룸 사용을 위해 협상을 해야 한다. 추가 비용 없이 당신의 무료 방을 얻을 수 있다.
식음료〈Food & Beverage〉	호텔은 비용의 할인을 하지 않을 것이다. 어떤 작은 할인 혜택을 만들 것이다.	호텔에서 제공하는 스페셜 메뉴가 무엇인지 물어봐야한다. 조금의 가격 혜택을 볼 수 있다. 그러나 큰 혜택을 기대해서는 안된다. 무료커피나 VIP대우는 가능하다.	식음료의 가격이 한정적이지만 더 저렴할 것이다. 적어도 10%정도 더 많은 할인을 요구할 수 있다. 스페셜 메뉴의 디자인과 스페셜 가격, 무료 칵테일 환영회 당신그룹을 위한 것. 무료 커피제공을 요구해라.

구 분	성수기 〈High Season〉	틈새 시즌 〈Should Season〉	비수기 〈Low season〉
연회장 〈Meeting & Function Space〉	기본적인 객실이 필요할 때만 무료 연회장을 기대하면 된다. 만약 객실사용에 적합하지 않은 공간 요구를 하면 요금을 지급해야 한다. 또한 회의장소를 24시간 사용할 경우 대가를 지급할 것이다.	일반적인 회의장소를 원한다면 공짜 연회장을 기대해도 좋다. 아마 24시간 안에 사용할 수 있는 협상을 할 수 있을 것이다.	모임을 위한 장소는 비수기동안에 요금을 지급하지 않아도 될 것이다.
마찰과 취소 정책 〈Attrition and Cancelation Policies〉	호텔의 마찰 및 취소정책을 따라야 한다. 만약 동의하지 않는나면 다음 차례의 계획자가 하게 될 것이다.	협상이 가능한 몇 개의 객실이 있다. 마찰정책에 따라서 15~20%의 객실을 점유하기 위해 노력하라. 취소에 따른 정책을 염두에 두고 명기된 범칙금보다 낮은 쪽으로 협상을 하라.	모든 호텔은 취소에 대비하기 위해 노력한다. 계획자들은 이미 블록을 잡았으나 이용하지 않은 객실에 대해서도 지급해야 하는 책임이 있다. 이러한 부분들은 받아들여질 수 있는 위험의 수위를 협상하는 것이 필요하다.
룸의 시설물들 〈In-Room Amenities〉	VIP를 위한 Amenities의 기준을 기대하라. 호텔은 당신 그룹의 크기에 따라서 부가적인 Amenities를 제공할 것이다.	모든 VIP는 스위트룸으로 업그레이드 되어야 하고 많은 amenities를 받아야 한다. 회의기획가나 대변자나 등이 스위트룸을 제공받아야 한다.	당신은 특별손실이나 연사(강연자)멤버들에게 Amenities를 제공할 수 있다.
리무진 서비스	(호텔에서는 객실 내 장식을 VIP리무진 영접서비스 Reception장소나 사무실 등에서의 무료객실 내 전화 등)이미 갖추어진 서비스 제공을 기꺼이 허용한다.	(호텔에서는 객실 내 장식을 VIP리무진 영접서비스 Reception장소나사무실 등에서의 무료 객실 내 전화) 등에 대해서 요구하고 회의실에도 무료 마이크로폰이 서비스 되는지 요청하라.	호텔이 리무진을 갖고 있지 않더라도 다양한 리무진 영접 서비스를 요구하라.

〈표10-2〉 회의 일정표(예)

회 의 개 요 7월 10일, 2003		
시간	이벤트	배치
6:30~7:00	참모 회의	회의(Boardroom), 의자 10 테이블 1, 1gal, 커피
7:30~8:00	유럽식 아침식사	참가자 500, 일반적인 회의실 밖의 휴게실, 커피(reg, decaf), 차, 여러 가지 종류의 파스타
8:00~9:00	일반l 회의	참가자 500, 현장 배치, 무대, 바닥에 강의대와 마이크, 뒤에 스크린 투사, 투사기
9:10~10:30	동시 워크숍 A-100 참가자 B-200 참가자 C-300 참가자	Schoolroom 배치, 테이블 18, 식수와 컵, 바닥에 강의대와 마이크, 10ft 스크린, 각각 회의를 관리하는 원격조정의 35mm carousel 슬라이드 투사기
10:30~10:45	Refreshment Break	일반적인 회의실 밖의 휴게실, 참가자 500, 커피(reg, decaf), 차, 다채로운 신선한 과일 조각들
10:45~12:00	동시 워크숍	9:10~10:30 회의와 같은 배치
12:15~1:30	오찬	참가자 500, 라운드테이블 50, 테이블 8, 무대,
1:45~3:00	Panel 토의	참가자500, theater스타일 배치, 무대, 5명의 panel들을 위한 자리. 바닥 강의대와 더해서 각각의 사람들을 위한 테이블 마이크, 목 마이크
3:00~3:15	Refreshment Break	참가자 500, 커피(reg, decaf), 차 소프트 드링크
3:15~5:00	동시 워크숍	9:10~10:30 회의와 같은 배치

가. 회의개요

회의개최 장소에 대한 조사를 실행하기 전에 요구목록을 준비하려면 상세한 회의개요를 만들어야 한다. 회의개요를 작성할 때 발생가능한 모든 내용을 상세하게 열거해야 한다. 행사에 대한 매일 또는 시간대별로 목록을 작성한다면, 도착시간, 특별 레크리에이션, 회의실 배치, 참가자의 수, 시청각장비, 이벤트의 중요하고 부가적인 장비들을 표시할 수 있을 것이다.

모든 것이 준비된 회의개요는 협상과정 동안 매우 중요하다. 회의개요는 또한 기획과정과 회의기간에 기획가와 기타 전체적인 시설운영자 양자에게 지침을 제공하게 된다.

나. 예 산

예산관련 체크리스트는 협상을 할 때 필요한 모든 내용이 포함되어 있어야 한다. 이러한 체크리스트는 계획을 수립할 때 누락되는 부분이 없도록 해야 된다.

협상이 시작되기 전, 회의기획가는 예산을 새롭게 작성해야 한다. 회의기획가는 반드시 재정적인 측면에서 정확한 예산서를 가지고 있어야 하고, 조직자금의 총액을 이벤트의 다양한 부분에 사용할 수 있도록 해야 한다.

4. 회의의 가치를 알아야 한다.

협상에서 가장 크게 도움을 주는 것은 회의공급자들의 가치를 이해하는 것이다. 회의는 수많은 객실과 다양한 음식 그리고 음료들을 결합하여 이용하기 때문에 단지 회의실과 오찬 그리고 커피 브레이크에서 요구되는 것보다 편의시설에 더 큰 가치를 두어야 한다.

회의에서 편의시설이 아주 중요한 가치를 가지고 있다면 협상을 할 때 목적달성의 수단으로 활용이 가능하다. 만약 이것을 협상수단으로 활용할 수 없다면 매우 곤란할 것이다. 예를 들어 회의기획가가 하루일정의 회의를 계획할 때 사용할 수 있는 손님용 객실이 없다면 특별한 편익과 회의에 필요한 유흥비를 마련하기 어렵게 된다.

또한 며칠 기간의 이벤트를 계획할 때에 무료로 제공되는 객실을 많이 확보하고 있다면 자유로운 회의실 이용과 고객을 위한 무료객실, 사무국의 업무에 필요한 객실 등도 이용이 가능할 수 있다.

최악의 경우에는 회의장소의 중요성을 의식하지 못할 수도 있으며, 무료로 이용할 수 있는 룸의 분배와 또다른 이익은 그들이 이용할 수 있는 것을 인식하지 못할 수도 있다. 그 결과 협회는 필요한 가격보다 높은 비용을 지급해야 할 것이다.

회의의 중요성을 인식한 경우 호텔, 다른 회의 편의시설의 운영을 이해하고 개발해야 한다. 시간과 경험을 통해 컨벤션센터에서 많은 것을 배우고 실제적인 이벤트의 효과를 보게 될 것이다.

5. 협상이란 무엇을 하는 것인가?

실제적인 가격을 협상하기 전에 편의시설과 회의를 위해 요구되는 서비스를 양자간에 서로 합의하는 것이다.

회의가 끝나고 회의기획가는 참가자들의 평가와 회의 후 평가를 스스로 분석할 때 높은 가격보다도 낮은 서비스 또는 표준 이하의 편의시설에 대해 참가자들이 불평하는 것을 더 많이 발견할 수 있을 것이다. 비용이 중요하기는 하지만 서비스와 편의시설을 우선시 해야 함을 알 수 있다.

〈표 10-3〉 협상과정

1 편의시설
· 고객의 객실 · 회의와 전시실
· 특별한 편의시설

⬇

2 서비스
· 식음료 · 등록
· 회의서비스 · 기타서비스

⬇

3 비용
· 숙박비 · 팁
· 다용도 객실 · 레크리에이션

가. 편의시설

필요한 편의시설은 고객용객실, 회의와 전시공간, 테니스코트, 수영장과 같은 사용이 가능한 여가공간 등이며, 앞에서 언급한 네 가지를 포함하고 있다. 이러한 것들은 협상에서 개별적으로 이루어져야 한다.

1) 참가자 객실

참가자에게 필요한 일정한 객실의 수(room block), 방의 위치와 형태, 싱글, 더블, 스위트 등에 대해 논의되어야 한다. 투숙 가능한 객실을 점검하기 전에 참가자들과 만나 적절한 기준을 결정해야 한다.

이전부터 몇 년 동안 계획된 회의의 큰 문제는 Room block의 요구가 변화한다는 것이다. 회의기획가는 가끔 회의일정이 다가옴에 따라서 룸 블록의 수를 재정비하고 마감날짜를 신중하게 고려해야 한다

2) 회의와 전시룸

개최지역 조사에서 개최지역들의 부정적인 요소, 소음, 그 지역의 발생가능한 문제들을 조사해야 한다. 회의기획가는 행사를 위해 일하는 그들을 신뢰해야 하며, 이러한 신뢰를 바탕으로 회의시기와 객실사용, 프로그램운용이 고려된 다양한 기능을 갖춘 많은 회의실을 요구하는 협상이 가능하다.

3) 기 타

또 다른 편의시설, 테니스코트, 스포츠 이벤트 준비, 칵테일 리셉션을 위해 사용할 수 있는 수영장, 그리고 골프 참가자가 사용할 수 있는 골프 코스를 포함시켜야 한다. 다시 말하면 협상과정에서 중요한 것은 필요시 이용가능한 편의시설들을 요구해야 한다는 것이다.

나. 서비스

협상에서 서비스는 회의에 요구되는 두 번째 사항에 포함된다. 서비스는 매우 중요하지만 편의 시설보다 중요하진 않다.

1) 식음료

참가자들은 회의가 끝난 후에 서비스수준과 식사수준을 평가하게 된다. 식음료에 대한 협상은 웨이터, 웨이트리스, 바텐더의 수에 대해 서도 필요하다. 음식서비스의 선택(buffet, full 서비스 등) 식사계획(Full American, Modified American) 메뉴선택에 대해 논의해야 하며, 식음료의 보증과 마감날짜에 대한 논의가 있어야 한다.

2) 등록

참가자등록을 빠르게 도와주는 편의시설은 무엇인가? 참가자들을 위해 이용가능한 등록양식들을 가지고 있는가? 참가자들이 중요하게 생각하는 check-in을 도와주는 특별한 서비스를 제공할 수 있는가? check-in과 check-out의 방침은 무엇인가? 그들은 check-out을 확실하게 하는가? 보증금과 지급수단은 무엇인가?

3) 회의 서비스

회의시설에서 시청각장비를 제공할 수 있는가? 그들은 꽃꽂이를 제공할 수 있는가? 그들은 특별실 배치를 처리할 수 있는가? 그들은 충분한 교수대, 관람석, 그리고 또다른 이용가능한 회의가구들을 가지고 있는가?

4) 기 타

이 범주는 행사에서 중요하지는 않지만 다양한 항목들이 포함된다. 하우스키핑, check-in 집단을 위한 벨 서비스의 이용가능성, 셔틀서비스 운전자, 물품보관, 휴대품보관소, 그리고 꼭 필요한 것들이 포함되게 된다.

6. 협상할 수 있는 가격

회의기획가가 요구하는 편의시설과 서비스를 논의하기 전에, 협상대상자와 명세서가 일치할 수 있도록 해야 하며, 협상할 수 있는 가격들을 준비해야 한다.

가. 객실가격

객실가격의 협상은 고객의 객실에 대한 정해진 가격인 공시요금에서 시작된다. 공시요금의 환산은 room block의 크기, 일년 중의 한 시간, 회의의 예약은 일주일에 하루를 기본으로 할 수 있다. 비수기에는 성수기보다 더 좋은 가격으로 서비스 할 수 있다. 미래 비즈니스를 위한 잠재력은 또한 객실가격의 할인에서 결과를 알 수 있다. 협상에서 무료객실의 비율, 비용, 기타 하우스 키핑서비스를 필요로 한다.

나. 식음료

메뉴항목의 가격에 부가하여 테이블 장식을 위한 기타 서비스에 대한 논의도 필요하다. 협상에서의 중요한 포인트는 음료서비스 형태와 가격이다.

다. 팁

표준화된 팁의 양은 협상할 수 있는 것이 아니다. 그러나 팁에 관한 논의에서 필요한 것은 다양한 서비스에서 몇 퍼센트의 비율을 적용할 것인가이다. 또한 종업원들에게 분배할 수 있는 팁을 주는 방법을 모색해야 한다.

라. 행사장

어느 호텔에서 상당한 수의 숙박이 이루어질 경우 행사장의 비용은 가끔 요구하지 않는다. 하지만 특별한 요구를 하는 경우에는 기본적인 것 이외의 것에 대한 가격을 논의해야 할 것이다.

마. 레크리에이션

레크리에이션 가격은 야외비용인 장비임대, 편의실 임대(댄스를 위한 테니스 코트와 같은)를 포함하고 있다. 온천을 사용하거나, 행사룸, 다른 서비스에 대한 부가요금을 확인해야 한다.

바. 기타 가격

회의와 관련한 모든 가격들은 회의기획의 협상단계에서 논의된다. 회의를 계속하는 경우에 목록을 만들 때에는 확실한 항목이 아닌 경우에는 제외된다.

7. 계 약

회의, 국제회의 그리고 전시회는 많은 형태의 계약을 해야 하며, 이런 계약에는 전시장 면허, 임대, 호텔계약, 보험정책, 회의경영계약, 전시장 계약과 면허, 제조업자계약, 초청연사계약, 고용계약 등이 포함된다.

이런 계약에는 당사자들과 관련된 권리와 의무, 공간과 서비스 제공, 시간에 따른 실행의 형태, 지급기간, 그리고 책임이 할당된다.

서면계약은 당사자들이 비용과 날짜를 이행할 수 있도록 세부적이고 다양한 사항을 확인할 수 있도록 한다. 계약은 논쟁해결을 위한 조항을 포함하고 있으며, 최초 계약협상 때에 가능한 많은 항목을 포함시켜야 한다. 잘 만들어진 완전한 계약은 나중에 불확실성과 여러 가지 문제점을 제거해 준다.

성공적인 협상과정의 결과는 계약 또는 계약동의서에 의해 체결되며 두 집단 간에 계약이 성립될 때 합법화되는 것이다. 계약서류는 협상할 수 있는 각각의 항목을 열거하고 예상되는 서비스를 위한 가이드라인을 제공하거나 서비스를 위한 가격에 합의하게 된다.

계약은 합의한 날짜를 포함하고 두 집단의 이름과 회의일자 역시 포함되어야 한다. 위에서 말한 바와 같이 계약은 협상을 하는 모든 항목을 명확하게 제시해야 한다. 이러한 것은 당연한 것이며 소홀히 다루어서는 안 된다. 이러한 계약은 1년 이전에 특정한 회의를 계획하기 위해서 보편적으로 행해지고 있다. 이러한 계약은 기획가의 기대에 부합된 것이다. 그리고 계약에서 동의한 모든 계약서 조항은 계약당사자들이 서류로서 보관하게 된다.

계약 또는 계약서에 동의를 했을 때 잠재적인 문제를 만들 수 있는 부분에 대한 것은 법률전문가가 검토해야 한다. 최근 몇년 동안 협회들이 호텔을 상대로 소송을 제기하는 경우가 많아지고 있으며 그 반대로 계약위반도 많아지고 있다.

앞으로 회의기획가는 수천만원을 보증보험으로 가입하고 법률적인 조언을 받기 위해서는 일정액의 비용을 부담하여야 한다.

끝으로 서류상 모든 필요한 것이 결정되고 나면 회의의 다음 단계의 과정을 준비하거나 시작해야 한다.

가. 시설계약(Facility Contracts)

서면계약은 특별한 세부항목들을 조정하여 조직의 이익을 보호하게 될 것이다. 회의, 컨벤션, 전시회는 많은 형태의 계약을 요구한다.

이런 계약은 전시회장 이용허가와 임대, 호텔계약, 보험정책, 회의경영계약, 전시허가와 면허, 제조업자계약, 연설자계약, 고용계약을 포함하게 된다.

이런 계약은 당사자들과 관련된 권리와 의무, 공간과 서비스 제공, 기대되는 실행의 형태와 시간, 지급기간, 그리고 책임의 할당으로 구분된다. 서면계약은 당사자들이 비용과 날짜에 대한 약속을 이행하지 못할 경우에 세부적인 사항을 확인할 수 있게 한다. 계약은 분쟁해결을 위한 조항을 포함한 최초 계약협상 동안 가능한 많은 항목이 포함되어야 한다. 잘 만들어지고 완전한 계약은 나중에 불확실성을 해결하여 분쟁의 소지를 미연에 예방해 준다.

1) 계약요소(factor's of contract)

3개의 특별한 요인에 대한 계약서를 작성한다.

1. 신청- 계약의 기본들이 포함되어야 한다.

2. 허가-제안시 절차에 의해 변함없이 허가되어져야 한다. 그렇지 않으면 그것은 무효신청이 된다.

3. 법적고려-계약은 각 당사자들에게 이익을 고려할 수 있어야 한다(호텔 객실제공, 이벤트, 행사 후원자에 대한 지급조건).

시설에 참가자들을 수용하기 위하여 요구되어진 모든 공간과 숙박계약의 조항들을 포함하는 것은 중요하다.

2) 분쟁해결(Dispute Resolution)

계약으로 인한 분쟁이 발생할 때, 첫 번째 단계는 그 계약의 내용을 검토하는 것이다. 계약기간은 당사자들의 권리와 배상조건을 결정하고, 어디서 분쟁이 해결될 것인가와 어떻게 해결될 것인가를 명확하게 제시하게 된다. 일반적으로 회의는 당사자의 권리를 이행하고, 계약의 분쟁을 해결하기 위해 해당시청 또는 법원에 계약조건을 정리해서 보관해야 한다.

그러나 계약은 해당시와 법원에서 계약조건을 이행하고 불평을 처리하는 비용을 검토하는 것이기보다는 분쟁해결의 대안으로 사용되어 진다.

계약당사자들이 이해가 상반되게 되면 계약조건을 해결할 수 있는 곳은 법정에서 해결되어져야 한다. 분쟁해결을 위한 조항을 포함하여 상대방이 합리적으로 이행할 수 있는 계약협상을 위해서는 법률적인 문제와 그 분쟁을 해결할 수 있는 곳을 지정하여야 한다.

단순히 분쟁을 해결하는 방법으로는 충분하지가 않고 분쟁이 해결될 수 있도록 해주는 기관을 고려하는 것 또한 중요하다.

계약은 그 당사자뿐만 아니라 회의가 개최되는 국가와 도시에서 제정되어진 법에 의해 계약을 성립시키고 계약서에 의해 계약내용이 원만하게 이행될 수 있도록 보관할 수 있는 법적인 기관을 지정해야 한다. 만약 계약당사자들이 계약서의 내용대로 실행을 하지 않을 경우에는 법원은 법률적인 해석을 통해 이런 문제점들을 해결하게 될 것이다. 따라서 계약서상의 배상을 이행하기 위한 적절한 법률기관의 선정은 언제, 어디서, 어떻게 분쟁을 해결할 수 있는 것을 계약서에 분명하게 기록하는 것은 필수적이다.

(1) 계약기간과 조건(Contract Terms and Conditions)

계약은 계약당사자들의 이익을 보호하기 위해서 계약의 기간과 조건을 포함해야 한다. 회의기획가는 모든 보험계약의 근거들을 확실히 하기 위해 일반적으로 포함된 계약조항의 다양한 형태를 알아야 한다. 컨벤션과 전시회를 위한 시설의 계약은 부속시설로 나타난다.

회의기획가는 계약의 분쟁해결을 위한 당사자들이 동의하는 기간을 확인해서 포함해야 한다(컨벤션센터 계약을 위한 가이드라인에 전문 컨벤션경영연합). 컨벤션센터계약은 시설과 함께 시설공간의 계약을 사용하기 위한 특별 계약용어를 사용해야 한다.

(2) 집단과 시설의 명료화(Identification of and facility)

조직과 회의시설의 이름과 주소, 개인의 성명, 도착 및 출발날짜, 미리 도착하거나 늦게 도착할 때에 요구사항, 또한 회의가 개최되어질 명칭과 형태를 포함해야 한다.

(3) 기간과 의무의 정의(Definition of terms and obligations)

두 개의 중요한 문제는 다음과 같다. 계약은 특별한가(렌트비용, 서비스제공, 회의기간), 그리고 그 계약은 그 당사자간에 모든 계약의 내용을 포함하고 있는가이다

(4) 숙박객실 예약(Sleeping-room reservations)

많은 형태의 참가자 객실이 예약되어졌는지 자세히 기입하며, 세부적인 객실예약과 확인, 도착순서, 무료객실정책, VIP, 직원, 제조업자를 위한 특별객실 요구사항과 비용, 날짜마감일, 보상과 비용 요구사항, 체크인과 체크아웃 시간, 그리고 그룹을 위한 특별 객실요금 등이 포함되어야 한다.

(5) 회의와 전시회를 위한 시설(Facilities for meeting and exhibits)

기능공간 요구사항, 회의실 렌트비용과 설치비용, 시설의 컨벤션서비스와 제공되는 시설, 그리고 그 시설계약에 대한 협회의 법적인 권한과 책임을 포함한다.

(6) 식음료의 기능(Food-and-beverage functions)

특별히 계획한 식음료기능 수와 형태, 그룹은 기대되는 대략적인 참가자와 역할 공간과 날짜, 메뉴와 식음료서비스의 확인과 날짜, 시설과 조직의 식음료 비용, 보증에 동의하는 것과, 그리고 팁의 규칙과 세금의 세부사항을 기술한다.

(7) 전시회 프로그램(Exhibit program)

전시회 부스보관을 위한 요구사항, 설치와 분해, 안전시설, 작업시간, 서비스와 설비, 주요규칙과 규정을 상세히 기술한다.

(8) 부수적인 항목들(Miscellaneous items)

시설에서 제공되어지는 수송, 주차, 팁, 레크리에이션 수수료, 판매촉진 후원 정보를 포함한다.

(9) 지급절차(Billing procedures)

지급방법, 지급시간, 형태, 기회 재검토, 분쟁요구의 처리와 해결을 위한 절차, 회의의 역사, 마스터 계좌를 서명하기 위해 위임되어진 사람들의 이름들, 그리고 체크아웃할 때 주요 계좌의 지급을 위한 할인을 상세히 기술한다.

(10) 설비조건(Condition of facility)

손해배상의 경우 시설을 보호하기 위한 두 조항은 시설의 계약과 서명과 행사 시작이 지연될 경우 당사자들의 개별적인 이해관계를 위해 사용되어질 것이다. 그리고 행사동안 야기되어진 손해배상의 경우 그 시설을 보호하는 것에 사용될 것이다.

“설비는 그 계약이 이행되어지거나 계약에 서명하기 전에 최신의 조사를 할 때, 조건이 비슷하거나 더 좋은 건물들을 제공할 것이다. 그 시설이 기대하지 않은 수준이 된다면, 고객은 계약한 내용이 성실이 이행되지 않을 경우 그 결손을 요청할 자격이 있을 것이다.

고객서비스 계약자와 시설을 보호하기 위해 입점하기 전에 시설에 대한 공동조사를 수행해야 한다. 만일 고객의 부주의한 행동으로 시설이 파손된다면, 고객서비스 계약과 그리고 시설의 행사결정은 공동으로 그 시설을 조사해야 하며 손해배상내용을 확인해야 한다.

시설은 적당한 수리비용과 적당한 손해정도를 빠른 시간 내에 고객에게 통지해야 할 것이다.”

(11) 운영규칙과 규정승인(Compliance with operating rules and regulations)

변화의 인식은 조건변화에 관한 조항들과 계약당사자들의 운영규칙과 규정승인은 계약이 완료된 후에 발생할 것이다.

운영규칙과 규정승인은 다음과 같은 일반적인 내용이 포함된다.

- 시설운영의 안전과 질서를 위하여 변화하는 운영규칙과 규정을 제정할 권리를 가진다.
- 만약 그 변화가 고객행사에 부정적인 영향을 미치게 된다면 그 권리는 신청할 수 없다.
- 입증책임은 고객에게 있고, 배상은 미리 정해진 규정범위 내에서 논의된다.
- 만약 고객이 변화된 시설에서 실제적인 행사나 시설운영에 경제적으로 영향을 주는 조건의 변화가 있다면, 당사자들에게 빠른 시간 내에 알리고 배상을 할 수 있도록 한다.
- 당사자들은 계약규정 분쟁해결/불이행/위반에 대한 상호협상 또는 배상요구를 통하여 배상을 받게 될 것이다.

⑿ 독점 서비스(Exclusive services)

계약 협상시에 시설의 독점서비스 제안은 계약에 상세히 기술되어져야 한다. 계약이 완료된 후에 만약 독점서비스가 되지 않는다면 그 시설은 고객에게 합리적인 새로운 독점서비스의 통고와 새로운 독점서비스를 허가하거나 거절할 수 있는 기회를 제공해야 한다.

⒀ 기타시설 행사(Other facility events)

복잡하고 경쟁적인 행사는 잠재적으로 부정적인 영향을 받을 수 있다. 이러한 경우에 계약은 개최되는 회의와 같은 날짜나 중복되는 날짜 동안 다른 행사스케줄을 나타내기 위한 시설요구조항을 필요로 한다.

계약이 완료된 후에 그 시설은 역시 어떤 예정된 행사를 실시하기 위한 요구가 있어야 한다. 만약 프로그램이 경쟁 없이 독점적인 사용을 필요로 한다면 계약에 이런 요구사항 준비를 확실히 해야 한다.

⒁ 계약불이행과 위반(Default and breath of contravt)

계약의 불이행과 위반은 서면계약에 포함되어져야 한다. 그 규정은 다음과 같은 것들이 있다.

- 계약불이행과 위반은 무엇을 나타내는가?
- 위약 혹은 불이행 행사에 대한 책임의 범위가 어디까지인가?
- 위약, 불이행한 당사자들에게 중요하고 빈번하게 발생하기 쉬운 손해배상이 무엇인가?
- 만약 소송이 발생한다면 다른 당사자의 변호사 수수료와 비용을 지급할 당사자의 위임사항이 있는가? 그리고 상호조항은 있는가?
- 계약은 종결되어질 수 있는가? 혹은 합리적인 타당한 이유로 취소되어질 수 있는가?
- 당신이 그 문제를 해결할 기회를 가질 시간이 있는가?

• 계약불이행에 대한 통고 요구사항들은 무엇인가? 팩스, e-메일에 의해 될 수 있는가?

계약위반과 소송은 불이행을 해결할 당사자들의 합리적인 시간의 제공에 의해 예방될 수 있다. 고객과 시설은 개인적인 안전과 손해를 포함한 계약불이행 사항을 제거하고 보상할 합리적인 통고와 시간을 제공하는 것에 대해 상호 동의해야 한다.

만약 이 계약서에 포함되어진 의무의 실행은 고객 혹은 설비에 의해 만들어지거나 위협이 되어 해제된다면 고객 혹은 시설에 의해 실제적인 이익 상실과 합리적인 비용을 배상할 자격을 가지고 있어야 한다.

⒂ 배상(Indemnification)

시설계약에 대한 분쟁을 해결하기 위해 배상조항들과 일치하는 책임보험에 가입해야 한다. 만약 책임의 한계가 있다면 계약은 계약서 범위 내에서 발생할지 모를 손해배상을 책임질 수 있는 상세한 내용에 대해 기술해야 한다.

고객의 부주의로 발행할 경우 의도된 부정행위, 설비의 생략, 피고용자, 대리인, 계약자를 제외한 행사의 모든 요구사항을 중요한 행사 정책비용으로 제공할 수 있을 것이다.

부주의는 임대한 건물 내의 시설의 결함이 있는 상태로 제공되어진 결점이 많은 시설을 포함해야 한다.

시설은 원래 주된 행사정책 외에 추가적인 목록이 포함되어야 한다. 시설의 임대는 고객의 주의, 보관 그리고 통제와 임대가 요구되어질 때 고객보험의 중요한 책임은 시설의 자산과 시설에 대한 손해배상과 화재시 고객책임의 기간과 제한을 설명할 것이다. 고객과 시설은 화재와 자산의 손해배상에 대한 상호 대위변제에 동의해야 할 것이다. 배상조항은 계약에 분명하게 정의될 것이고 우선 법에 영향을 받을 것이다.

보상조항은 부주의하지 않은 당사자들의 보상보다 더 많이 해야 하며. 소송비용을 보험에 들기 위해 책임 있는 당사자는 다른 당사자들의 보상과 방어에 동의해야 한다.

(16) 계약해석(Contract interpretation)

계약은 분명하게 임대기간의 설명자로써 고객과 시설은 유일한 권력이 아니라는 것을 기록해야 한다. 계약은 역시 당사자들 간의 계약준비에 참여하는 기회와 그 계약에 동의하거나 재검토하는 기회를 진술해야 한다.

(17) 임대를 위한 배상비용(Reimbursed cost to enforce lease)

임대를 위한 배상은 모든 계약에 포함되어져야 한며, 임대가 고객과 설비에서 발생되는 어떤 논쟁의 우선적인 당사자는 적당한 변호사 수수료와 소송에 관련된 모든 비용을 받을 자격이 있어야 한다.

(18) 만기(Termination)

계약은 그 계약을 만기할 수 있는 사람, 통지를 위한 요구사항과 만기를 위해 포함되어진 비용에 대해 상세히 기록해야 한다.

(19) 계약의 해지(Cancellation)

계약의 해지를 위해서는 다음과 같은 내용을 확인해야 한다.

- 계약은 해지를 할 수 있는가?
- 계약이 해지되어질 수 있는 뚜렷한 이유가 있는가?
- 당사자가 해지할 수 있는 제약된 시간이 있는가?
- 해지를 위한 수수료 혹은 비용이 분명하게 설명되어지고 있는가?

(20) 보호조항(Protection clauses)

이런 조항들은 화재보호, 해제, 재배치정책, 중재, 보험, 시설이나 조직의 변화 혹은 시설 리모델링규정을 포함할 것이다.

손해배상을 위한 잠재적인 책임과 공개는 다음과 같은 내용에 의해 제한되어질 수 있다.

- 계약 전에 서비스계약자의 참조 확인
- 계약에 서비스계약자와 설비와 함께 '배상, 무해한 효력 방어' 조항을 포함
- 의료보조수를 포함한 비상사태 수를 포함하여 모든 고객들에게 제공
- 비상사태 해결을 위한 직원훈련
- 회의관련 행사에 주류 소비를 감시하기 위한 제어장치 사용
- 행사 전후에 철저한 검사실행
- 모든 관광이나 다른 레크리에이션 활동의 참가자에 의해 서명되어질 손해 배상의 포기와 수락을 포함. 행사의 사고발생에 관한 무해한 효력. 포기가 시행되지 않을지라도 발생할 소송의 방해를 포함하여 소송의 수는 감소되어질 것이다.
- 고객과 공급자가 충분한 보험을 들도록 확실히 해야 한다.

8. 보험적용범위

모임, 집회 그리고 박람회를 위해 이용할 수 있는 보험에는 많은 종류가 있다. 회의기획가는 검정된 보험업체에 보험에 필요한 품목에 대해 논의해야 한다. 이것은 보험회사에서 책임을 질 수 있는 여러 가지 종류의 보험과 용어, 그리고 물건의 파손시에 여러 가지 불리한 조항을 없애고 보호할 수 있도록 적용하기 위한 것이다.

가. 일반보험

일반책임 보험은 꼭 필요한 것으로서 이 보험은 신체상 상해와 재산상의 손해를 포함해서 보호해 준다. 일반 책임보험은 당신과 계약상 의무 모든 것에 보호를 제공하지 않을 수도 있다. 예를 들면, 의도적으로 부주의한 내용에 대해서는 책임보험의 적용을 받지 못하는 경우도 있다.

나. 화재보험

계약조건의 편의상, 부주의로 인해 영향을 받은 건물의 손해에 대하여 책임을 져야 할지도 모른다.

"화재법률상의 책임"보험은 이런 경우 회의주최자를 보호하기 위해 사용 가능하다. 계약이 다른 손해에서 건물까지 책임을 지고 있기 때문에 보험에 가입하지 않는 주최자는 혜택을 받을 수가 없다. 건물, 화재보험, "모든 위험" 방침에 어떤 내용이 추가되는가를 확인해야 한다. 이러한 내용이 선택사항이 아니면, 가입된 보험회사는 "재산손해액" 보호를 제공할 수 있다.

다. 의료보험

"의료지불보험" 법적인 한도 범위 내에서 발생하는 상해에 대해 의료경비의 보상을 제공하는 것을 말하며 보험은 참가자를 보호하기 위해서 가입하는 것을 말한다.

라. 독립계약자 책임

독립적인 계약자의 전시회의 품목에 대해 부주의한 결과로 나타나는 어떤 책임에 대해서 보호하기 위해 일반보험에 "독립적인 계약자 책임" 보험을 추가해야 한다.

마. 주최자와 주류책임

만약 주최자가 음식점을 경영하거나 또는 리셉션 혹은 저녁식사에 음식물을 제공한다면 "제품책임"보험은 식중독과 같은 요인들로부터 보호할 수 있다.

주최자책임 그리고 주류책임보험은 알코올음료들을 제공하기 때문에 발생하는 우발상황에 대해 조직을 보호한다. 예를 들면, 만약 손님이 취했을 경우, 도로에서 교통사고를 당했을 경우 단체에 주류책임에 대해 소송을 제기할 수 있다. 주최자가 주류를 접대하게 되면, 이와 같은 보험은 해당 주최자나 국가에서 가입을 해야 한다.

바. 추가적인 보험

만약 현장버스, 자동차, 수상기술 또는 항공기를 전세로 운영하거나 특혜를 주면 실질적인 책임회피 또는 참가자들에게 상해와 특정의 손해를 입힐 수 있다.

보험의 종류는 책임, 재산손상 및 의료보험지급을 위해 임대자동차보험 방침에 "추가피보험자로" 지명되는지 여부를 확인해야 하며, 그리고 계약체결시에 단체가 실제적인 차량의 손상에 대해 책임지지 않는다는 약관을 요구해야 한다.

사. 귀중한 자료와 기록

회의에 관련된 자료는 인쇄시업 또는 보관장소에 저장될 수 있다. 이는 자료가 우송되기 전 손해의 경우에 보증될 수 있다. 그러나 불, 물, 문화파괴행위 등의 손상의 행위로 종이, 팸플릿 또는 기록(또는 어떤 부품을) 재생하는 비용을 지급하기 위하여, "귀중한 자료와 기록"을 보험으로 보호받을 수 있다.

아. 현장사무실

사무실에서 소유하고 있는 컴퓨터, 휴대용 퍼스널컴퓨터, 책상 및 그 밖의 장비 또는 시설에 불, 도둑, 폭발, 물 손상, 문화파괴행위 및 정신이상자에 의해 손실 또는 손상에 대해 확실히 보증할 수 있는지 여부를 확인해야 한다. "사무실 내용의 적용을 위해" 책임의 범위를 확인해야 한다.

행사기간 동안에, 현금의 보관에 대한 "절도와 강도" 보험은 현금을 포함해야 보증을 받을 수 있다. 피고용인과 임시 노동자들이 밀착되어 절도와 강도행위를 할 수 있기 때문이다.

자. 전시회

전시회 출품자들은 특별한 프로그램을 통해 전시품 재산을 보증할 수 있어야 한다. 전시회 출품자 고유의 일반적인 책임보험은 전시장에 진열되지 않고,

전시회 자산이 도착하지 않으면 잠재적인 손실을 보호하기 위해 보험과 같은 유효한 수단을 사용한다.

차. 종사원 임금

조직의 종사원 배상정책은 피고용인들을 보호하기 위해서이다. 만약에 임시직원을 고용하게 되면 그들이 하는 업무 및 급료의 기록을 보관해야 한다. 보험회사는 근무하는 기간 동안 종사원의 정보를 필요로 한다. 종사원들을 위해 "우발적인 신체검사 지불" 보험뿐만 아니라, "우발적인 사망과 상해"에 대한 보험증서로 보호받을 수 있다.

카. 여행과 사고

주최자와 참가자를 구분해야 하며, 주최자는 참가자들의 동산에 대해 책임지지 않는다. 그러나 주최자는 여행을 포함하여 회기동안 "우연한 사망과 상해"에 대비해 보험가입을 제안할 수 있다.

타. 불 참

참가자들의 불참에 대해 행사를 보증할 수 있으며 참가자들의 질병의 사유, 그 밖의 사유로 인해서 저명인사가 참가하지 못할 경우 계약체결은 중요한 항목을 포함해야 한다. 보험은 이러한 결과로 발생되는 손실을 보호해 줄 것이다.

파. 취 소

사건이 발생하거나 화재, 기상, 테러 또는 그 밖의 피보험자의 위험으로 인해 행사를 진행할 수 없게 된다면 취소보험은 수익의 손실에 대해 보호할 것이다.

보험은 또한 불리한 상황 때문에 초래된 기타지출에 대하여 지급할 수 있다. 예를 들면, 택시파업은 공항에 참가자들을 맞이하기 위해 버스를 임대해야 될 경우가 있다. 이러한 경우에 보험은 추가비용을 지급하게 될 것이다.

청구서 발송절차

- 지급방법
- 지급의 시간
- 계산서의 형태와 검토절차
- 주계정에 서명하는 사람
- 주지급자의 할인
- 보증금

계약 위반과 태만

- 무엇이 계약위반 구성요소이고 계약위반인가
- 계약위반의 원인과 태만의 책임
- 부분계약위반과 위반의 책임
- 만약 소송이 발생하게 되면 지급항목의 원인은 무엇인가
- 소송이 발생하면 상호지불조건 항목은 무엇인가
- 기간의 해제와 계약의 취소

보상

- 계약체결에 발생하는 상해의 책임은 누가 져야 하는가
- 책임의 총계에 한계
- 경조, 상담의 선택

종료

- 누가 계약체결을 해제할 수 있는가
- 언제 어떤 상황하에서 계약이 해제될 수 있는가

취소

- 계약체결의 취소기한
- 계약체결의 취소에 대한 이유
- 계약체결의 취소를 위한 시간의 제한
- 요금

보호항목

- 화재 방지
- 취소
- 중재
- 보험
- 관리안의 변경
- 시설의 변경
- 양자택일 논의 결의
- 금융 문제점, 파산, 채권자 이익의 재편,

보험 적용

- 일반적인 책임(신체적인 상해 및 재산손상)
- 화재의 법적인 책임
- 재산 손해액 정도
- 의료지급
- 우발의료 오진
- 계약자의 보험증명서
- 독립적인 계약자 책임
- 제품책임
- 주최자책임 / 주류책임
- 전세 수송을 위한 추가 피보험자
- 귀중한 기록물과 자료보험
- 사무실 내용물의 적용
- 도난과 강도
- 종업원 적용
- 여행 중 우연한 사망 및 상해

점검표: 시설 계약체결과 보험

시설계약
어떤 계약서를 서명하기 전에 법적내용을 필독할 것.

단체와 호텔의 확인
- 이름 및 주소 협회와 시설
- 개인 열쇠
- 도착과 출발 날짜
- 일찍 그리고 늦게 도착한 물품
- 이름 그리고 회의의 유형

기간과 의무의 명확한 정의
- 계약체결의 기간의 특이성
- 계약체결의 범위

룸예약
- 룸의 수 그리고 유형
- 룸 예약 및 세부적인 확인사항
- 무료객실 방침
- 룸의 특별요구사항
- VIPs, 직원 및 공급자의 비율
- 종료일자
- 개런티와 보증요구사항
- 입숙과 퇴숙시간
- 그룹을 위한 특별룸의 비율.
- 워크인 / 재배치 방침

회의 전시회를 위한 시설
- 룸 임대료와 설치비용
- 컨벤션서비스와 시설
- 협회관할권과 배치
- 독점서비스

식음료
- 기능에 수와 형태 및 참가자
- 확증일자와 대략적인 참가자
- 메뉴와 식음료의 확증일자
- 식음료 비용에 의한 확증일자
- 팁, 규정, 세금

전시회 프로그램
- 전시회 부스요구사항
- 저장, 설치, 해체
- 보안
- 운영시간
- 서비스와 시설
- 규칙과 규정

기타
- 수송
- 주차
- 팁
- 레크리에이션 요금
- 홍보 지원

Keypoint

아래의 주요 용어의 개념을 기술해 보시오

1. 영접실(Hospitality room)

2. 연사휴게실(Speakers lounge)

3. 객실배치(Room setup)

4. 극장 스타일

5. Auditorium style

6. Schoolroom style

7. Conference style

8. Rounds

9. 강의대(Lecterns)

10. 연단(Platforms)

제11장 숙박과 숙박양식

학습 목표

1. 협상과정에서 숙박 공급부분 이해
2. 객실예약을 위한 여러 가지 수단 이해
3. 객실예약을 위한 진행과정 목록작성 이해
4. 예약사항 통지와 확인의 필요성 이해

회의 참가자가 회의가 개최되는 지역에 살고 있지 않다면, 대표단들의 숙박요구를 고려해야 한다. 개최지가 선정되고, 협상이 완료된 후 숙박과 등록양식에 대한 준비가 필요하다.

기업회의의 경우, 회의기획가가 이미 참가자와 그들이 원하는 숙박시설의 등급에 대해 잘 알고 있기 때문에 이 문제는 매우 간단해질 수 있다. 하지만 협회가 후원하는 행사의 경우, 요구되는 정보와 사전등록자를 가능한 많이 획득하기 위해 숙박양식을 고안하는데 많은 주의를 기울여야 한다. 숙박양식을 공급할 사람, 잠재적인 참가자에게 서신을 보낼 사람, 그리고 그 숙박양식을 회수하는 사람을 결정해야 한다.

1. 준비(Preliminaries)

숙박관련 사항을 준비하기 전에 몇 가지 확인해야 할 사항이 있다. 이 모든 사항은 명확하게 명시되어야 하며 협상과정에서 논의되어야 한다.

가. 일정한 객실 확보

가장 주된 예약방법의 하나는 참가자의 수에 적합하도록 일정한 객실을 확보해야 하며 경우에 따라서는 각종 상황에 적합한 블록의 규모를 달리해야 하는 경우도 있다.

그리고 블록 안의 또다른 블록이 필요할 경우가 있는데 이 경우에는 특별한 경우로서 초청 연사와 VIP를 위한 특별한 수준의 객실을 배정하는 것이다. 따라서 객실을 배정받을 사람, 우선적으로 예약을 해야 하는 사람들의 이름을 미리 호텔에 알려주어야 한다.

또한 객실요금이 참가자 개인에 의해 지급되는지, 아니면 후원조직에 의해 지급되는지에 대해서도 호텔에 통보해야 한다.

나. 마감일(Cut-off)

마감일은 두 가지가 있다. 회의 참가자에게 예약 마감일은 지정된 단체등급으로 방을 예약할 수 있는 마지막 날을 뜻한다. 그 날짜는 예약양식에 명시되어 있으며 회의기획가에게 마감일은 빈 객실의 위임이 마무리되고 사용되지 않은 모든 객실을 호텔측에 양도하는 날을 뜻한다.

참가자의 마감기간은 기획가의 마감일보다 먼저이며 만약 호텔과 협상에서 참가자들의 숙식 제공에 대한 계약이 완료되면 확실한 객실 수나 인원을 기록해 두어야 한다.

이 마감일 이후에 받는 예약들은 호텔의 이용상황과 비용에 초점이 맞추어진다. 대부분의 호텔은 마지막 마감일 이전에 주기적인 예약확인을 하는데 이는 사전에 예약된 객실 수를 체크하고 이용 가능한 객실의 수를 최종적으로 확인하기 위함이다.

다. 객실보증금

대부분 시설은 참가자들이 객실예약을 보증해주길 원하고 있으며, 예약방법은 하룻밤 숙박료나 첫날밤 묵을 객실의 요금을 계산할수 있는 신용카드의 번호가 될 것이다. 참가자는 보증금의 액수와 형태에 대해 알아두어야 한다.

라. 객실등급과 사용 날짜

다양한 객실등급은 숙박양식에 명시되어 있어야 하며, 특별등급의 객실을 사용할 수 있는 기간 역시 명시되어야 한다. 종종 협상된 단체요금이 회의 앞뒤로 고작 1~2일 정도 이용 가능한 경우가 있다.

만약 하나 이상의 호텔을 이용하게 될 경우 각각의 호텔가격을 분리해서 기록해야 한다. 참가자들이 어떤 호텔이 본부 호텔인지 알고 있다는 것을 명심해야 한다.

참가자들은 가능하다면 본부 호텔에서 숙박하기를 원할 것이다. 또한 남은 숙박시설은 자동적으로 계약이 되는지, 아니면 같은 수준으로 배정된 시설인지, 다양한 범주의 가격에 따라 숙박시설이 제시되었는지를 확인해야 한다. 단체에 따라 학생과 같은 참가자들은 대표단의 대다수가 사용하는 객실보다 요금이 더 낮은 요금의 객실을 원할 때도 있다.

마. 환급기한

객실예약 이후 취소에 따른 환급 가능시일이 숙박양식에 명시되어 있어야 하며, 회의가 가까워짐에 따라 환급 가능성이 낮아지는 경우도 있다.

바. 객실 종류

숙박양식에 사용가능한 객실의 종류를 명시해야 하는데, 객실의 종류는 다음과 같다.

1) Single Room

한 사람을 위한 방으로 Twin, Regular, Queen or King 사이즈의 침대 1개로 방이 꾸며져 있다.

2) Double Room

2사람을 위한 방으로 대개 큰 침대 1개가 포함되어 있으나 2개의 큰 침대로 이루어진 경우도 있다.

3) Twin Room

2사람을 위한 방으로 대개 두 개의 1인용 침대가 있다.

4) Suite

한 개나 그 이상의 침실과 연결된 객실을 의미한다.

사. 기타 고려사항

예약과정에서 고려해야 할 다른 사항에는 호텔의 수용능력을 벗어난 무리한 예약, 예약을 해 놓고 나타나지 않는 사람들, 그리고 예상보다 빠른 체크인, 체크아웃을 하는 사항들이 있다. 참가자의 경력사항은 회의에 적합한 시설을 결정하는데 도움이 된다. 만약 호텔이 무리하게 많은 사람의 예약을 받았다면 호텔이 어떻게 이 문제를 해결하는지 관찰해야 할 것이다.

2. 참가자가 직접 숙박준비를 할 경우

아무 것도 하지 않는 것이 숙박절차를 가장 쉽게 다루는 방법이라 생각할 수 있다. 다시 말해 참가자들이 직접 호텔선택에서 비용지급까지 전과정을 할 수 있도록 그냥 내버려두는 것이다.

가. 진행과정

각 개인은 회의개최지에 있는 호텔을 알아보고 어떤 호텔이 자신의 욕구와 경제적 상황에 적합한지 판단해야 하며 그리고 나서 참가자는 직접예약을 하고 요금지급에 대한 책임을 진다. 회의기획가는 등록 자료에 개최지역에 위치한 호텔과 객실요금의 목록을 포함시켜 참가자들을 도와줄 수 있다.

나. 장 점

참가자가 직접준비를 할 경우 객실을 미리 블로킹하거나 예산으로 최상의 서비스를 하기 위해 노력할 필요가 없다. 이러한 방법을 이용하여 개인적인 시간과 협회의 돈을 아낄 수 있다. 이런 경우 숙박양식이나 우편요금에 대해 걱정하지 않아도 된다.

다. 단 점

참가자들이 직접 자신의 숙박을 위한 준비와 협상을 할 때 가장 큰 단점은 아무런 통제력을 가지지 못한다는 것이다. 호텔에 숙박하는 사람들의 수와 참가자들이 숙박하는 호텔에 대해 모르게 된다. 참가자들은 개개인이 독립적으로 등록을 하기 때문에 단체요금으로 협상한 가격보다 더 많은 돈을 지급해야 할 것이다.

밤마다 객실이 여러 개의 호텔로 분산되어 호텔의 입장에서 회의의 가치가 떨어지기 때문에 어려움을 겪을 수도 있다. 호텔 측에서 제공하는 무료 숙박의 기회도 놓치게 될 수도 있다.

3. 협회에서 모든 준비를 할 경우

참가자가 모든 숙박준비를 하는 것과 반대로 협회가 모든 준비를 할 수 있으며, 협회가 모든 과정을 준비하게 되면 후원협회에서 전반적인 통제를 하게 된다. 몇몇 협회회의의 경우 수천 명의 참가자를 위한 모든 숙박을 관리하기도 하지만, 이러한 방법은 주로 기업회의와 중역회의나 위원회와 같은 협회의 소규모 행사에 많이 이용된다.

가. 절 차

후원협회가 모든 준비를 할 때, "Rooming List"(숙박명단)가 이용되며, 이것은 참가자의 이름, 희망 숙박시설의 종류, 방을 함께 쓸 사람을 정리한 단순한 양식이다. 이러한 양식이 작성된 다음 호텔은 객실배정 단계에 들어간다.

나. 장 점

숙박을 요청한 사람과 그들이 숙박할 호텔에 대해 정확하게 알고 있기 때문에 숙박현황에 대한 통제력을 가지게 된다. 그리고 참가자들은 협상된 단체할인 가격으로 이익을 볼 수 있다. 대부분의 기업회의의 경우 객실요금이 회장의 계좌로 통합 청구되는데 이런 경우 숙박명단은 계산서 작성을 간편하게 해 준다. 호텔은 숙박명단을 통해 개개인을 위한 객실의 정확한 숫자를 파악할 수 있기 때문에 이러한 양식을 선호한다.

다. 단 점

이러한 숙박 준비방법은 한정된 사람들이 참가하는 소규모 회의에서 유용한 방법이다. 참가자 전원의 정보를 수집하고 확인해야 하기 때문에 회의기획가에게 있어서 시간이 소요되는 작업이라 할 수 있겠다.

대규모의 회의에 이러한 방법을 이용할 경우 후원조직에 대한 인적서비스, 전산서비스에 소요되는 막대한 비용이 들어가게 된다. 또다른 문제점은 참가자가 따로 자신의 숙박을 이중으로 예약하는 경우가 있는데, 이것은 호텔객실이 이중으로 예약되는 결과를 초래한다.

4. 호텔 응답카드

참가자의 수를 모르는 협회회의의 경우 호텔로부터 만들어진 예약카드를 이용할 수 있을 것이다. 이러한 카드는 다른 등록자료와 함께 참가자에게 보내어지는데 호텔에 의해 제작된 이 카드는 무료로 제공된다.

가. 절 차

참가자들은 카드를 받은 후 바로 호텔에 응답카드를 보내고, 호텔에서 카드를 참고하여 호텔은 객실을 배정하게 된다. 그러나 회의 개최지와 규모에 따라 진행과정에 여러 가지 변수가 생길 수 있다.

나. 장 점

회의에 필요한 객실단위를 결정해야 하지만, 참가자는 실제예약에 대한 책임이 있다. 호텔은 회의기획가가 예약된 객실의 수에 대해 알고 있도록 정보를 제공해야 한다. 이러한 방법은 대규모의 회의에 적합하다.

다. 단 점

이러한 방법은 약간의 통제력을 상실할 수 있다. 몇몇의 참가자들은 카드를 잘못 이해하고 예약양식과 호텔예약 담당부서를 통해 이중으로 예약하는 경우가 발생한다. 어떤 경우 호텔은 080무료전화 서비스를 이용하고 회의참가 여부에 대해 전혀 언급하지 않는 경우도 있다. 이러한 사람들에게는 비싼 객실요금이 매겨지고 객실에 대한 보증을 받을 수 없을 것이다. 이런 경우 제공될 무료숙박권의 기회는 줄어들 것이다.

5. 숙박뷰로

앞에서 살펴보았듯이 회의개최지에 있는 CVB가 숙박뷰로 서비스를 제공할 수 있다. 이러한 서비스는 회의참가자의 숙박을 위해 여러 개의 호텔이 필요할 때 적합하다. 도시마다 필요조건이 다르긴 하지만 뷰로의 서비스를 이용하기 전 최소한 3개의 호텔과 최소한의 객실 수가 확보되어 있어야 한다.

가. 절 차

참가호텔을 선정하고 객실규모를 결정한 후에 객실예약 양식을 등록서류와 함께 참가자에게 보낸다. 참가자는 예약양식을 작성하여 CVB에 보내고 그 후에 CVB는 적합한 호텔에 정보를 보낸다.

나. 장 점

숙박뷰로는 많은 공간을 필요로 하는 대규모의 회의에 적합하며, 이 방법은 숙박업무에 대한 부담이 적다는 것이다. 대부분의 뷰로는 네트워크 시스템을 구축하여 회의기획가들에게 수시로 보완된 정보를 제공한다. 또한 이러한 뷰로의 서비스는 대부분 후원조직에게 무료로 제공된다.

다. 단 점

예약응답 카드처럼 뷰로 역시 회의기획가의 통제력을 약화시킨다. 이러한 서비스는 보통 한 장소에서 해결되는 회의에는 적당하지 않으며, 예약과정을 위한 준비시간이 오래 걸린다. 몇몇의 참가자들은 숙박뷰로를 대신하거나, 아니면 숙박뷰로에 부가적으로 직접 예약을 하기도 한다. 참가자들이 숙박뷰로를 이용하는 대신 직접 예약을 하는 경우 사용되지 않은 방이 발생하게 된다. 그리고 숙박뷰로를 통한 예약과 함께 부가적으로 직접 예약을 할 경우 이중 예약이 발생하는데, 이것은 호텔에 큰 손실을 가져다주며 어쩌면 후원조직 역시 큰 손실을 입을 수 있다.

라. 예약승인과 확인

소요되는 준비시간에 따라 참가자들은 예약신청이 받아들여졌는지를 알 수 있게 된다. 예약확인은 호텔이나 숙박뷰로에 의해 참가자에게 보내진 문서화된 예약승인을 통해 하게 된다. 후원조직에 의해 예약이 성사되었을 경우 예약확인은 후원조직으로 보낸다.

6. 예약업무의 흐름

다음은 H호텔의 개인단독고객(Foreign Independent Tourist : FIT)의 체크-인과 단체고객의 체크-인의 서비스 매뉴얼 절차이다.

〈표 11-1〉 VIP 예약 사례

FLOWCHART	
업무 설정	1. 전화응답시 친절하고 상냥하게 접수한다. 2. 투숙일의 예약현황을 Computer에서 확인 3. 예약서류 작성시 고객에 대한 아래와 같은 사항을 정확히 기재함 * 성함 * 투숙일 * 인원수 * Room Type * 연락처 * 도착시간 * 직위 4. 고객에게 확인후 전화 끊음 5. Computer에 자세히 입력 6. 예약 Slip에 VIP Stamp을 직인함 7. 관계부서에 통보함
기 타	→ 수석 경영진 → Shinnam Office → Concierge → Room Service → 객실 정비과 → 객실 당직과
객실 당직과	1. 수석경영진의 지시대로 아래와 같은 상황 점검 * 차량 # Room Type * Set up 분류 * Discount * 도착시간 확인 2. 당일 도착전 방을 점검하여 이상이 없도록 한다. 3. 도착시 고객을 모시고 방까지 안내하여 간단한 등록을 한다. 등록기간 동안 세심한 배려를 한다.
객실 안내과	1. 차량을 점검하여 신속하고 정확히 고객에게 배치시킨다. 2. 고객의 도착즈음 당직지배인에게 알린다. 3. 신문, 국기와 같이 특별한 주문이 있을 때, 세심한 주의를 한다.
객실 판매과	정부 고위 관리 → 경찰서 외사계 미수교국 관리 → 경찰서 외사계 → 안기부 대공과

자료 : 국제회의전문가교육원 교재

〈표 11-2〉 FIT Guest Check-In

1. FIT Guest Check-In(1) 일의 단계 (무엇을)	방법(어떻게)	이유(왜)
1. 손님영접	a. "안녕하십니까? 서울 H호텔에 오신 것을 환영합니다"라고 인사한다.	a. 예의상
2. 손님확인	a. 손님의 이름을 묻는다. b. 등록카드를 검토한다. (인쇄물과 Check-in Screen) c. EBS 손님은 EBS 데스크로 안내한다.	a. 정확성을 기하기 위해
3. 등록	a. Regi-card에 기록할 것을 요청한다. b. 객실을 골라 Key-card를 준비한다. c. #2 Guest Check-in을 이 용하여 객실번호를 입력시킨다. d. 대금 지급방법을 확인하여 Crdit란에 적절한 해당코드를 타이핑한다. 신용카드를 쓸 경우에는 그것을 Print하여 Regi- card에 첨부한다. e. Regi-card에 객실번호를 적어 넣고 다시 한번 검토한다. f. 손님에게 키를 건네주고, 객실번호를 반복해 말한 후 편히 머무시기 바란다는 인사를 잊지 않는다. g. 벨맨에게 손님의 짐을 도와주도록 요청한다. h. #4 Change Folio를 이용해서 정확하고 자세한 정보를 입력시킨다.	a. 기본절차 b. 객실료 등급에 적합한 객실 타입을 선택하기 위해 c. 예약 확인 및 시간절약을 위해 d. 신용의 조회 및 신속 check- out을 위해 e. 정확한 기록을 위해 f. 예의상 g. 손님을 지정된 객실로 안내하기 위해 h. 정확한 기록보관을 위해
4. 예약 없는 손님들	a. Regi-card 양식을 손님에게 드린다. b. 손님께 Regi-card에 자세히 기록하도록 한다. c. #2를 눌러 Walk-in Scre-en에 넣는다. d. Notices 란에 "NR"을 넣는다. e. 손님을 check-in 시키고 위의 과정을 반복한다.	a. 기본절차 b. 기본절차 c. 기본절차 d. 참고상 e. 절차완료를 위해

2. Group Check-In(1) 일의 단계(무엇을)	방법(어떻게)	이유(왜)
1. 객실배정	a. 판촉부에서 온 사내메모를 검토하여 어떤 그룹이며 어떤 객실을 배정해야 하는지를 알아본다. b. 객실을 배정하고, 필요한 경우 판촉부나 여행사로부터 받은 객실별 손님명단을 참고로 하여 식권을 준비한다.	a. 객실배정을 위한 정보를 얻기 위해 b.신속한 check-in을 위해
2. 그룹 봉투준비	a. Group Key-card를 작성하여 호텔 안내 카드와 함께 그룹 봉투에 넣는다.	a. 기본절차
3. 손님영접	a. 그룹봉투를 여행안내원에게 전부 준다. b. 안내원으로부터 객실배정표를 받아 정확한지 검토한다. c. 아침 기상 시간과 조반시간 및 식당을 확인한다.	a. 객실배정을 위해 b. 신속한 check-in을 위해 c. 참고를 위해

자료 : 국제회의전문가교육원 교재

Keypoint

아래의 주요 용어의 개념을 기술해 보시오

1. 마감일
2. 객실보증금
3. 초과예약
4. No show
5. Rooming List(숙박명단)
6. 호텔 응답 카드
7. 확 인
8. 숙박뷰로
9. 환급기한
10. 이중예약

제12장 지상수송

학습 목표

1. 참가자들의 수송수단에 대한 이해
2. 목적지까지 이동하는 지상수송수단에 대한 이해
3. 가능한 지상수송수단 이해
4. 지상수송을 담당자 선발 시 고려사항 이해

회의가 개최되는 목적지 가까운 수송 터미널에 참가자들이 도착하면 그들을 수송시킬 수 있는 방법들을 찾아야 한다. 회의장소에서 다양한 요소들을 평가할 때 지상수송의 가능성을 고려해야 한다. 이 장에서, 우리는 "어떻게 참가자들을 한 곳에서 다른 곳으로 수송할 것인가?" 또는 지상수송의 수단들에 대해 알아보고자 한다.

1. 터미널로부터의 수송

회의참가자들은 항공기나 선박을 이용해서 공항이나 여객터미널에 도착하게 된다. 이러한 경우 수송수단은 두 가지의 선택을 할 수 있는데, 하나는 참가자들이 도착하면 그들을 만나서 영접하는 것이고, 다른 하나는 참가자들에게 그들이 탑승할 만한 편리한 수송수단을 알려 주는 것이다. 특별히 VIP들을 위한 특별한 서비스와 그 외의 참가자들이 이용할 수 있는 대중교통 등 둘 다 고려해야 될 경우도 있다.

기획가들은 참가자들이 호텔로 이동하는데 수송수단의 할인을 받거나 무료로 이동할 수 있도록 하기 위해 등기우편에 할인쿠폰을 포함시켜 발송하기도 한다. 이는 참가자들에게 편리한 수송수단을 이용할 수 있도록 충분한 정보를 제공하기 위함이다.

가. 호텔리무진/밴 서비스

대부분의 호텔은 공항에서 호텔까지 이동할 수 있는 무료 리무진이나 밴 서비스를 제공한다. 몇몇 호텔은 상시 운행되는 수송수단이 있지만, 대다수의 호텔들은 전화로 예약을 해야만 수송수단을 이용할 수 있다. 회의기획가들은 수송수단에 대한 선택과 수송수단의 이용방법에 대해서 참가자들이 이해할 수 있도록 사전에 모든 조치를 취해야 한다.

나. 렌터카

렌터카 대리점들은 공항이나 공항주변에 위치하고 있으며, 회의기획가는 참가자들이 편리한 수송수단을 이용할 수 있도록 항공권 구매시에 렌트비용을 협상할 수도 있다. 렌터카 예약을 담당하는 대리점들은 합리적인 비용을 제시하고, 예약관련 안내서에 렌터카에 대한 정보를 포함시키는 경우도 있다.

다. 택 시

몇몇 참가자들은 택시를 이용하는 경우도 있으며, 택시비는 정찰제 요금에서부터 비싼요금(바가지 요금)에 이르기까지 천차만별이다. 일반적으로 택시비는 공항에서 회의장소까지 거리에 따라서 산정하게 된다. 만약 기획가가 택시로 많은 수의 참가자들을 이동시킬 계획을 하고 있다면 택시회사에 참가자들의 도착시간을 알려주어야 한다.

라. 지하철

지하철 이용이 편리한 몇몇 도시에서는 지하철을 이용하는 것이 도착시간이 정확하고 편리하다. 이 경우에는 등기우편으로 참가자들이 사용하기 편리한 지하철 관련 지도나 약도를 포함시켜 발송해야 한다.

마. 셔틀버스

셔틀버스가 공항에서 주요 컨벤션호텔까지 참가자들을 수송할 수도 있다. 이 경우에는 참가자들에게 이용요금과 셔틀버스 이름을 알려주어야 한다. 만약 할인쿠폰을 발행하였다면 안내서 발송시에 셔틀버스 이용 쿠폰을 포함시켜 발송해야 한다.

〈표 12-1〉 셔틀버스 스케줄(예)

2007년 6월 5일 월요일 30분 일정
호텔에서 컨벤션센터까지
7:30 a.m. Lotte Hotel에서 출발하여 그랜드 Hotel, 파라다이스 Hotel, Convention Center까지
8:00 a.m. 위와 동일
8:30 a.m. 위와 동일
컨벤션센터에서 호텔까지
4:30 p.m. Convention Center에서 출발하여 파라다이스 Hotel, 그랜드 Hotel, Lotte Hotel까지
5:00 p.m. 위와 동일
5:30 p.m. 위와 동일

바. 장거리 버스

회의 참가자들의 숙박장소에서 멀리 떨어진 곳에서 회의가 개최된다면, 회의기획가는 회의장소에 도착할 때까지의 수송을 고려해야만 한다. 기획가는 참가자들을 수송할 수 있는 전세버스나 밴을 준비해야 한다. 개별 참가자들에게 버스이용시간과 탑승장소를 알려주어야 한다.

2. 목적지에서의 수송

참가자들이 호텔에 도착하면 회의기획가는 반드시 추가로 소요되는 수송수단을 판단해야 한다. 즉, 어떻게 참가자들이 숙박장소 에서 회의장으로 이동하며 회의에 참가하고 지역의 관광지를 방문할 것인지를 고려해야 할 것이다.

가. 수송기능

참가자들은 여러 가지 이유로 호텔에서 다른 장소로 이동을 하게 된다.

첫째, 참가자들은 예정된 회의에 참가하기 위해서 이동할 수도 있고, 둘째, 자유시간을 이용하여 다양한 활동이나 관광을 하기 위해서 이동 할수도 있다.

1) 다양한 호텔: 참가자들이 다양한 호텔을 이용하고 있을 때, 예정된 일정에 맞춰 참가자들을 회의장소로 이동할 수 있는 셔틀버스 서비스를 해야만 한다. 대규모의 컨벤션과 전시회에서는 참가자들이 다양한 호텔에서 숙박을 하기 때문에 호텔과 호텔간의 거리가 떨어져 있을 수도 있다. 이럴 경우 수송이 상당히 어렵기 때문에 회의기획시 수송계획을 포함시켜야 한다. 수송일정은 참가자들이 호텔에 숙박하기 이전에 참가자들에게 알려 주어져야 한다.

2) 예정된 행사: 참가자의 일정은 다양한 장소에서 행사가 개최된다. 특정 호텔에서 환영회를 하고, 다른 장소에서 전시회를 하며, 세 번째 장소에서 연설을 할 수도 있다. 따라서 적절한 시간에 참가자들을 한 장소에서 다른

장소로 이동시킬 수 있는 편리한 수송수단이 필요하게 된다.

3) 예정된 관광: 관광은 참가자들이 회의 전・후와 회의 중에도 있게 마련인데, 사전에 얼마나 많은 사람들이 어떠한 형태로 관광에 참가하게 되는지 알고 있다면, 관광일정을 계획하기가 매우 용이하게 된다. 뿐만 아니라 이동거리가 장거리일 경우에는 이동 중에 휴식이 가능한 시설을 미리 준비해야 할 것이다.

4) 일반적인 관광: 일반적인 관광은 회의기획에 포함되지 않는 것을 말한다. 참가자들 중 몇몇은 이러한 관광에 참가하고 싶어 하기 때문에 일반관광 프로그램을 알려주고 그들에게 일정을 알려 주어야 한다. 호텔에서 운영하는 일반관광 안내서비스를 통해서 도움을 받을 수 있다.

5) 기타사항: 참가자들은 회의가 개최되는 도시에서 자유로운 행동을 할 수도 있다. 참가자들이 이동방법을 모르고 있지만, 스스로가 안내서비스를 이용하여 이동할 수 있는 여러 가지 방법을 알려 주어야 한다.

나. 수송수단

지상수송이 가능한 수단은 여러 가지가 있으며 대다수의 참가자들에게 적합한 수단이 몇 가지가 있고, 또 소수의 사람들에게 알맞은 것들도 있고, 몇몇 지역에서만 가능한 것들도 있다.

1) 버스: 버스는 가장 빈번하게 이용되는 지상수송수단 중의 하나이며 버스를 이용하게 되면, 수천명의 사람들이 편안하고 안전하게 예정된 시간에 이동할 수 있다.

2) 밴: 밴은 소규모 단체인 경우에 이용되기도 하며, 또한 참가자들이 버스보다 좀더 고급스러운 이동수단을 원할 때 사용되어진다. 일부 밴 제공자들은 고급스런 내부장식과 쾌적함을 제공할 수 있는 차량들을 준비하고 있다.

3) 승용차: 참가자들이 렌터카나 그들 소유의 승용차를 가지고 있다면 안전하

게 이동할 수 있는 정보를 제공해 주어야 한다. 승용차 이용자들은 다양한 행사에 자신이 직접 운전해서 가는 것을 더 선호할 수도 있다. 가능하다면 그들에게 목적지와 주차할 장소가 명확히 표시된 지도를 주어야 한다.

4) 기타사항: 리무진 서비스는 VIP 참가자나 소규모 단체에서 사용이 가능하다. 이러한 서비스는 대부분의 도시에서 가능하다. 또한 매력적인 내부장식을 하고 있는 미니버스들도 리무진 대신 이용이 가능하다. 몇몇 수송회사들은 고급차 또는 외제차 같은 특별한 차들을 제공하기도 한다.
특별한 행사나 짧은 거리에서 참가자들은 좀더 인상적인 것을 원할 수도 있다. 이럴 경우에는 참가자들을 마차로 이동시키는 독특한 방법 등도 고려할 필요가 있다.

다. 서비스 능력

수송서비스는 다양한 대안들이 있으며, 참가자들은 택시나 다른 일반적인 수송수단을 선택하여 개인적인 비용으로 수송수단을 이용할 수도 있다. 또는 단체 회원들만을 위한 수송방법도 있다. 이러한 수송서비스들은 이용자들에게는 무료이며 요금은 참가자들이 지불해야 한다.

1) 전세버스 또는 셔틀버스: 전세버스를 계약할 경우에는, 확실한 시간을 정해서 계약을 해야 한다. 셔틀버스 시스템은 특정 쇼핑지역을 포함한 일정 루트를 따라 움직인다. 어떤 경우에는 버스회사와 협의를 해야 하고 합리적인 가격에 계약을 해야 한다.

2) 기타사항: 회의참가자가 가격할인에 관한 도움을 받든 받지 않든 간에 상업적 또는 일반적인 수송수단을 이용할 때는 참가자들이 개인적인 비용을 지급해야 할 책임이 있다. 따라서 모든 가능한 수송수단의 선택에 대한 정보를 참가자들에게 제공해야 한다.

3. 지상 수송업자의 선택

지상수송업자 평가에 고려해야 하는 사항은 회의의 요구와 회사의 인지도, 운송장비 그리고 가격을 고려해야 한다.

가. 참가자

수송업자 선택을 위해서는 참가자가 택시나 버스 타는 것을 선호하는지에 대해 먼저 알아야 한다. 수송수단은 장애인들이 탑승할 수 있는 편리한 시설을 갖추고 있는가? 참가자 또는 가족들이 함께 동반하여 탑승할 수 있는가? 모든 사람들이 같은 시간에 여행을 할 수 있는가? 또는 관례상 몇 시간 동안 할 것인가? 아주 덥고 추운 날씨일 때 실내에서 기다려야 하는 시간이 얼마나 되는가 등이다.

나. 수송회사

① 참가자들이 과거에 참가한 회의경험 중 이번 회의와 유사한 행사는 무엇인가?

② 수송회사는 참가자들에게 특별한 서비스를 제공할 수 있는가?

③ 수송회사는 종합보험에 가입하고 있는가?

④ 기술적인 문제를 각 항목별로 준비하고 있는가?

⑤ 수송업자가 가지고 있는 수송수단들은 얼마나 되고 상태가 어떤지 알 수 있는가?

⑥ 에어컨과 히터의 장비상태가 어떤지 알 수 있는가?

⑦ 얼마나 많은 사람들을 수송할 수 있는가?

⑧ 서비스 교육을 받은 운전기사가 있는가?

신속한 방법으로 회사를 평가하라. 수송서비스를 제공하는 운전기사와 접촉하여 신속한 평가를 해야 한다. 회사는 이전 고객의 리스트를 제공하고 그들의 운행기록을 체크해야 한다.

1)가 격: 최소한의 임대기간을 협의(보통 4~5시간)하며, 한 장소에 수송수단을 사용하게 될 시간이 적어도 1시간 이상이라는 것을 기억해야 한다. 시간이 지연되는 요인은 무엇인가? 요금과 특별 요금은 무엇으로 평가하는가?

협회가 운송비용을 어떻게 대처할 것인지, 또는 등록비 지역운송 티켓구입을 통하여 참가자들에게 그것들을 사용하게 할 것인지 결정해야 한다. 경우에 따라서는 제공하는 후원자를 모집할 수도 있다.

〈표 12-2〉 육상 운송요금

점 검 내 용	세 부 점 검 내 용
이용 가능한 장비 점검	장비조사
보험가입 여부 확인	보험가입증서 포함
특별한 서비스 여부 확인	정보가 없는 승객을 위한 접근가능성 평가
24시간 연락망 구축	가격구조 평가하기
최소한의 임대시간과 비용 확인	완벽한 회사일정표를 회사에 알림

4. 기타 고려사항들

기타 부가적인 요소들도 세밀하게 평가할 필요성이 있으며,. 버스 안내 표지판과 승하차 지점, 셔틀버스의 운행코스 계획을 위한 책임, 그리고 참가자들이 대기하고, 타고 내리는 주차장의 확정이 필요하다. 신중하게 계획된 다른 수송일정에 피해를 줄 수 있는 지역의 교통체증도 고려해야 한다.

만약 지상운송이 회의를 하는데 중요한 고려사항이라면 다른 방면의 계약자 서비스, 모든 지상수송을 운영할 수 있는 특별리스트를 준비해서 이들과 특별한 조건으로 계약을 해야 할 것이다.

가. 필요한 서비스 내역확인

회의의 전 과정 및 각 행사에 필요한 사항이 무엇인지 구체적으로 확인해야 하는데 주로 다음과 같은 사항이 포함되어야 한다.

- 셔틀버스: 지정된 지역을 규칙적으로 계속하여 운행하는 시스템
- 전세버스: 특정시간에 정해진 루트를 이동(호텔 - 행사장/ 투어프로그램)
- 연사 및 VIP 제공교통편

나. 구체적인 필요사항과 스케줄 수립

- 날짜, 요일, 시간, 서비스 시간
- 예상승객 수, 회의 참석예정자수, 각 호텔별 숙박자수
- Pick up 및 Delivery 주의 사항
- 교통 혼잡 및 비상시 대체 경로

다. 운송업자 선택

운송회사를 선정하기 전에 비용, 차량, 특별서비스 등에 대해 조사해야 한다.

- 비용: 각 차량별 비용, 서비스별 비용조사
- 차량: 차량종류, 상태, 이용가능성, 통신 및 안내장치 점검
- 차량상태: 차량수령, 주행기록, 에어컨·히터 작동 유무, 탑승가능인원, 좌석의 종류, 장애자 탑승가능 여부
- 기타: 차량고장 및 사고에 대비한 예비차량 확보 여부

라. 운행계획수립

차량운행계획은 보통 회의 12~18개월 전에 그 골격을 확정해야 한다. 기획가는 호텔별 객실 수, 호텔과 회의장간 소요시간, 회의프로그램 등 세부일정의 상관관계를 세밀히 연구하여 셔틀버스운행노선, 소요차량대수, 배차간격을 수립해야 한다.

호텔별, 노선별 배차 차량 수는 호텔별 투숙자와 호텔과 회의장까지의 거리에 의해서 결정한다. 일반적으로 호텔과 회의장의 거리가 멀어서 소요시간이 길수록 배차 차량 수는 많아져야 한다. 또 첫 회의와 마지막 회의 시간대에는 차량 수를 늘이고 10:00~15:00시 사이에는 차량 수를 줄이는 것이 합리적이다.

〈표 12-3〉 단계별 수송업무 추진일정

단 계	추진업무	추진기간
제1단계	▪ 수송 종합계획 수립 ▪ 행사장 현지조사 및 업무협의	1년 전
제2단계	▪ 수송 분과위원회 구성 ▪ 수송업체별 계약 ▪ 수송세부계획 수립	12개월 ~ 6개월 전
제3단계	▪ 대외협조요청 -해당 경찰서 교통정리 요청 -행사지 주차장 공간 확보 요청	6개월 ~ 2개월 전
제4단계	▪ 각종 게시물부착 -환영현수막 -행사차량 게시물 ▪ 비상용품(비상우산, 의약품) 준비 ▪ 수송안내요원 확보	6개월 ~ 2개월 전
제5단계	▪ 입국자 수송	1일전
행사기간 중	▪ 수송안내요원 호텔배치 ▪ 셔틀버스 운행	
행사종료 후	▪ 출국 교통편 안내 ▪ 업체별 대금 정사	

마. 운 행

참가자들이 셔틀버스를 잘 이용할 수 있도록 하기 위해서는 안내 데스크에서 셔틀버스 운행시간표를 배포하는 등 교통안내가 잘 이루어져야 하며, 이 외에도 차량의 앞·뒤창과 옆면에는 회의와 주최기관의 이름, 노선도를 부착하고 각 호텔과 행사장 주차지역에는 각 노선과 목적지를 표시하는 안내판을 설치하여 참가자가 쉽게 발견할 수 있도록 해야 한다. 셔틀버스의 원활한 운행과 효율적인 이용을 위해서는 각 호텔별로 수송 안내요원을 배치하여 교통의 흐름, 셔틀버스의 정시운행 여부, 참가자의 버스 이용 안내업무를 담당하게 한다.

Key point

아래의 주요 용어의 개념을 기술해 보시오

1. 운송 터미널

2. 대중교통

3. 등기우편(초대장)의 내용물

4. 일반 셔틀버스

5. 일반적 이동수단

6. 전세버스 서비스

7. 셔틀버스 서비스

8. 특별 요금(부가금)

9. 제한된 접근

10. 수송 스케줄

제13장 회의등록과 회의양식

학습 목표

1. 사전등록의 중요성 이해
2. 잘 고안된 등록 양식의 특징 이해
3. 현장 등록시 요구사항 이해
4. 회의등록 업무에 필요한 컴퓨터 활용방법 이해.

등록은 컨벤션 행사에서 아주 중요한 부분이다. 등록과정을 통해 돈의 흐름이 발생하고 참가자와 회의윤곽이 나타나기 시작한다. 회의등록은 참가자들의 행사 참가를 공식적으로 확인하는 절차로 주최자에게는 참가자수, 참가자의 입·출국 현황 등 회의운영에 필요한 많은 정보를 제공해준다. 아울러 참가자들에게 가장 눈에 띄고, 처음 마주하는 절차로 대회에 대한 첫인상을 결정짓는 중요한 부분이다. 등록은 회의시작 전에 등록하는 사전등록(Pre-registration)과 행사현장에서 이루어지는 현장등록(On-site registration)으로 분류할 수 있다.

등록업무처리는 각 참가자에 대한 필요한 정확한 정보가 무엇인가를 결정해야 한다. 또한 참가자들의 도착패턴을 이해해야 하고 어떤 경우에는 아주 짧은 시간에 많은 등록자를 처리할 준비를 갖추고 있어야 한다.

1. 사전 등록(Pre-Registration, Advanced/ Early)

이 등록은 회의개최 훨씬 전에 시작이 되며, 조직위가 사전등록을 받는 것은 참가자에게 할인된 등록비로 조기등록을 유도함으로써 등록자를 미리 확보하여 예산확보에 도움이 되게 하기 위함이다. 아울러 회의개최지에서 현장등록으로 인해 발생하게 될 혼잡을 피할 수 있게 된다. 사전등록자에게는 저렴한 등록비를 받고 조직위는 참가요청서에 등록양식을 동봉하여 사전등록을 권장한다. 사무국은 사전등록을 접수하는 즉시 확인서를 등록자에게 발송하고 D/B처리하여 Guideline for Paper Submission을 보내서 필요한 자료의 제출을 촉구한다. 또한 회의에 편리한 등록시스템을 위한 소프트웨어를 개발하여 컴퓨터로 처리한다.

〈그림13-1〉 사전등록 업무진행도

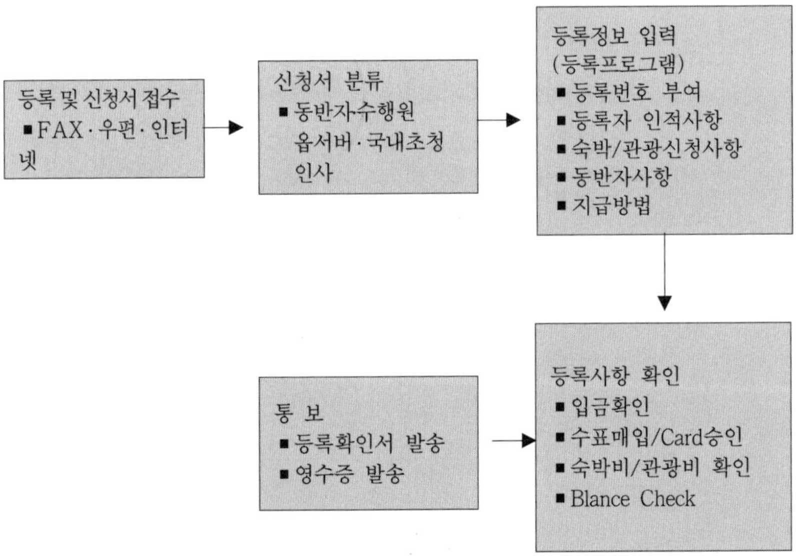

자료 : 국제회의전문가교육원, p. 110 참조.

대부분의 참가자들이 사전등록을 한다면 가장 이상적인 방법이다. 회의기획가는 얼마나 많은 대상이 참가하게 되었는지를 알게 된다면 적절한 계획을 수립하여 회의를 진행하는데 도움을 제공하게 된다. 그러나 대부분의 컨벤션산업에서 사전등록을 하지 않고 있다. 단지 기업회의에서는 사전등록이 잘되고 있다. 따라서 협회 회의기획가는 사전등록을 하지 않은 참가자 수를 예상하는 것이 매우 중요하다.

가. 기업회의

대부분의 기업회의는 모든 참가자들이 사전등록을 하게 된다. 등록은 기획가와 부서 책임자에 의해 사전에 관리된다. 그러나 주주와 다른 공식회의 참가자들은 사전등록은 하지 않을 수도 있다.

나. 협회회의

어떤 협회회의는 완벽하게 사전등록을 하게 되는데, 이사회와 위원회회의, 그리고 교육적인 세미나는 모든 참가자들이 사전등록을 요구하기 때문이다. 그러나 일년에 한 번 있는 협회회의, 컨벤션, 그리고 시사회는 사전등록 기회를 이용하기보다는 현장에서 등록하는 참가자들이 많다.

다. 사전등록의 편리성

사전등록은 회의기획 업무로서 기획가에게 매우 유익한 것이며, 회의기획가는 가능한 한 사전 등록하는 참가자들의 수를 증가시켜야 한다. 사전등록은 다음과 같은 장점을 지니고 있다.

1) 돈의 흐름 발생: 연차 컨벤션과 같은 주요 행사의 계획과정을 수년 전에 시작된다. 비용은 계획과정에서 발생되지만, 대부분의 수입은 등록금을 받거나 전시공간을 임대하기 전까지는 발생하지 않게 된다. 따라서 사전등록은 참가자들이 조기에 많은 등록을 함으로써 후원조직의 재정적 부담을

줄여준다.

2) 참가자의 성향 파악: 사전등록은 모든 참가자의 수를 판단할 수 있게 도와준다. 회의목표는 다양한 날짜의 등록비 수입에 대한 계획이 포함되어야 한다. 회의기획가가 계획을 세웠다면 계획된 참가자수를 실제적으로 비교할 수 있어야 한다.

3) 현장등록의 혼잡 탈피: 만약 참가자 대부분이 사전등록을 하면 현장에서는 보다 적은 등록을 처리하게 된다. 그러나 혼잡한 등록현장은 참가자들에게 회의에 대한 소개가 빈약했다는 느낌을 주게 된다.

4) 등록요원의 업무부담 감소: 등록과정이 보다 많게 되면 현장 등록요원이 시간을 많이 소비하게 된다. 따라서 현장에서 추가적인 부담과 특별한 책임을 져야 한다. 사전등록은 등록요원이 현장에서 아주 편리하게 업무를 처리하게 해준다.

5) 홍보지원 가능: 이전의 행사처럼 사전등록의 수가 기대할 수 있는 총 참가자의 수가 되는 것이다. 이러한 계획의 활용은 준비한 홍보물을 참가자들에게 자유롭게 홍보할 수 있도록 한다.

6) 홍보의 지침 제공: 만약 등록이 지체된다면, 마케팅전략이 효과적이지 않다는 것을 알아야 한다. 참가자의 사전등록 응답에 대한 분석을 통해 회의기획가는 부가적인 우편물이나 더 많은 거래광고를 통해 응답의 수를 증가시켜야 한다. 회의목표를 사전등록이라고 수립했다면 일정표를 수립해야 한다. 행사 3개월 전에 사전등록을 원하거나 기대되는 일부참가자에 대한 사전등록으로 받기를 원한다면 회의기획가는 참가자들에게 독촉장을 보내어 시간적 여유를 가져야 할 것이다.

7) 융통성 제공: 위에서 본 것처럼 기획가는 사전등록을 받은 출처와 더불어 참가자수를 계속해서 분석해야 한다. 참가자 수를 예상해서 현장계획, 예산 그리고 편의를 도모할 수 있는 또다른 현장에서 촉진하고 조정할 준비를 해야 한다.

마. 사전등록 인센티브

회의기획가는 여러 가지 방법으로 빠른 등록을 권장할 수 있으며, 또한 인센티브를 제공하여 사전등록을 유도할 수 있는 방법을 강구하여야 한다. 모든 광고용 우편물에 등록양식을 반드시 첨부하여 발송한다.

등록비는 두 가지 종류로 계획할 수 있는데, 하나는 사전등록을 위한 것이고, 다른 한 가지는 비싼 금액을 징수하게 되는 현장등록 즉 지연 등록자를 위한 것이 있다. 사전등록을 유도하는 방법으로는 조기에 등록한 사람들을 대상으로 할인을 제공함과 동시에 상품권(행운권) 추첨을 병행하기도 한다.

2. 현장등록(On-site Registration)

사전등록을 하지 못한 참가자는 현장등록을 해야 하며, 회의에 참가하고자 하는 사람은 누구나 등록을 하여야 한다. 등록을 하지 않은 사람은 회의실 출입이 제한되고, 자료를 받을 수 없게 된다. 단, 등록비 징수는 기조연설자, Plenary Speaker 또는 Invited Speaker의 경우 면제되는 것이 관례이다. 사전등록은 등록과정의 일부이다. 회의현장에서 등록을 선택하는 참가자를 어떻게 할 것인지를 즉시 결정해야 한다. 등록절차와 등록요원의 요구사항에 관한 것도 사전에 충분히 검토해야 한다.

가. 현장 요구사항

현장등록의 요구사항은 장소 검토과정에서 고려되어야 하며, 기획가가 요구할 사항은 참가자가 쉽게 접근할 수 있는 장소이어야 한다. 그리고 시간에 구애됨이 없이 등록하는 많은 수의 사람들을 위한 편의를 제공할 수 있어야 한다. 현장등록 장소는 일반적으로 참가자들이 회의장소에 동시에 도착하게 됨을 감안할 때, 쉽게 식별할 수 있도록 안내장소와 위치를 선정하여야 한다.

나. 등록활동 결정

등록은 참가자들이 도착하면 등록요원들이 손에 등록관련서류를 들고 테이블에 앉아 간단하게 문제를 해결해야 한다. 또한 그 지역 내의 여러 가지 활동을 안내해야 할 것이다. 등록과정에서 필요한 모든 것을 단계별로 세부적으로 파악하여 등록에 문제가 없도록 해야 할 것이다. 그 중의 몇 가지를 살펴보면, 사전등록자 데스크, 신규등록자 데스크, 안내데스크, 게시판, 출판관련 데스크, 수송안내 데스크, 티켓교환 장소를 포함해야 한다. 또한 분실물과 휴대품 보관을 위한 공간, 보관물을 찾는 곳, 환대, 혹은 라운지, 그리고 회원전용 테이블 등을 준비해야 한다. 각 데스크는 세련되게 디자인된 안내표시를 해야 한다.

등록장소는 참가자가 집중되는 곳이기 때문에 통행에 방해가 되지 않도록 충분한 공간을 확보하여 신속하고 편리하게 업무를 처리할 수 있도록 효율적인 동선을 고려해야 한다.

신속한 등록을 위해서는 등록데스크를 사전등록데스크, 현장등록데스크, 현금지급데스크로 구분하여야 한다. 등록장소에는 등록을 위한 데스크 외에도 참가자에게 각종 서비스를 제공할 수 있도록 다음과 같은 데스크를 준비해야 한다.

- Membership : 회원의 주소변경, 자격변경, 신규회원의 등록을 담당
- Message Center : 참가자간의 연락사항, 전화 메시지 전달
- Tour Desk : 관광예약, 식당 예약, 항공권 예약 확인, 공항 버스표 배부, 개최도시 및 관광안내(여행사에서 운영가능)
- Information : 회의 정보 및 일반사항 안내
- Next Year's meeting Booth : 차기 회의 홍보용 데스크로 차기회의 조직위원회에서 운영, 이외에도 물품보관, 각 행사의 초청장 배포를 위한 데스크가 필요하게 된다.

다. 현장운영계획

다음 단계는 등록현장의 도면을 준비하는 것으로 등록현장은 방의 출입문과 모든 행사구역을 말한다. 사람들의 흐름과 참가자들의 동선을 사전에 고려하여 반드시 병목지역이나 동선흐름에 지장을 초래하지 않도록 배치하여야 한다.

라. 과 정

등록순서의 흐름을 파악한다. 이러한 흐름의 윤곽을 이용해서, 등록요원을 훈련시키고, 등록데스크를 설계한다.

사전등록 한 참가자들은 등록요원에게 참가자의 이름을 알려주면 그 다음에는 등록요원들이 모든 과정을 빠짐없이 처리해 주어야 한다(등록 패키지, 등록 Kit, 배지, Name Tag).

이러한 과정을 세부적으로 알아보면 등록데스크는 등록 범주별로 Invited Speaker, Chairperson, Regular 등으로 구분하거나 국내, 국외로 구분하여 성명의 알파벳순으로 접수할 수 있다. 데스크에는 사무국에서 미리 준비한 등록자 개인별 봉투를 비치하고 데스크에 오는 등록자에게 각자의 봉투를 주고 다음 절차를 밟도록 한다. 봉투에는 보통 개별 초청자, 쿠폰(Congress Kit, Meal 또는 Reception/ Banquet/ Tour 등), Name Tag, 영수증이 들어있으며 봉투를 받은 등록자는 Congress Kit교부장소에 가서 쿠폰을 제시하고 Kit를 수령한다.

〈표 13-1〉 현장등록 데스크

■ 현장등록 신청자 Fill - up Desk 안내 ■ 신청서 작성요청	
■ 신청서 접수 - 인적사항 - 등록사항 기재 ■ 관광 및 기타 수납 ■ 등록번호 부여 ■ Name Tag 수령 장소 및 시간안내 ■ Daily Report 작성 및 보고	 ■ 영수증 및 계산서 수납 ■ 개인봉투 지급 ■ Conference Kit Desk 작성
■ 현장등록자 정보입력 ■ 지정한 시간에 Name Tag 배부 ■ 수입/지출 확인 ■ Daily Report 작성 및 보고	■ Name Tag제작 ■ 현장 등록자 리스트 작성 ■ 대차대조표 작성

〈표 13-2〉 Name Tag 데스크

■ 현장등록 Desk로부터 현장등록 신청서 수령	
■ 성명, 소속, 국가명 입력 ■ 비닐코딩 ■ 데스크에서 성명순으로 진열	■ 명찰 내지 출력 ■ 부착클립부착
■ 현장등록자 및 Name Tag 요청자에게 지정한 시간에 명찰배포 ■ 누락명찰을 확인하여 제작, 배포	

〈표 13-3〉 Conference Kit데스크

■ 참가자 Kit 쿠폰확인
■ 쿠폰 제출자에게 Conference Kit 배포
■ Conference Kit 배포대상 작성 ■ 수량확인 ■ Daily Report 작성

〈표 13-4〉 관광데스크

■ 참가자 문의사항 청취 및 접수 ■ 분실물 신고 접수
■ 일반사항 안내 ■ 사무국의 도움이 필요한 사항은 해당 사무국 요원에게 인계 ■ 접수 분실물 안내 및 처리
■ Daily Report 작성

〈그림 13-1 〉 등록데스크 도면

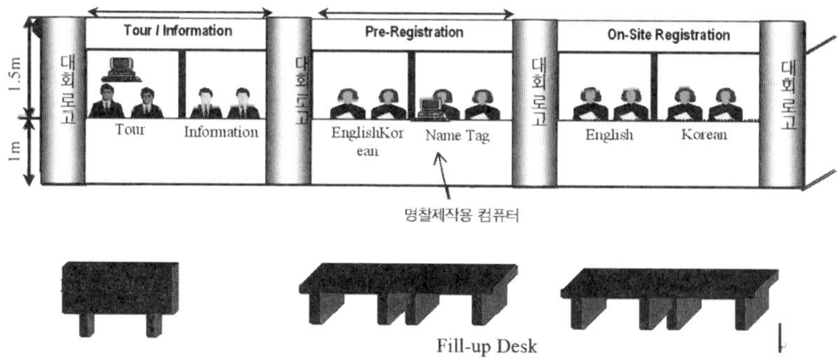

〈그림 13-2〉 등록데스크 운영흐름도

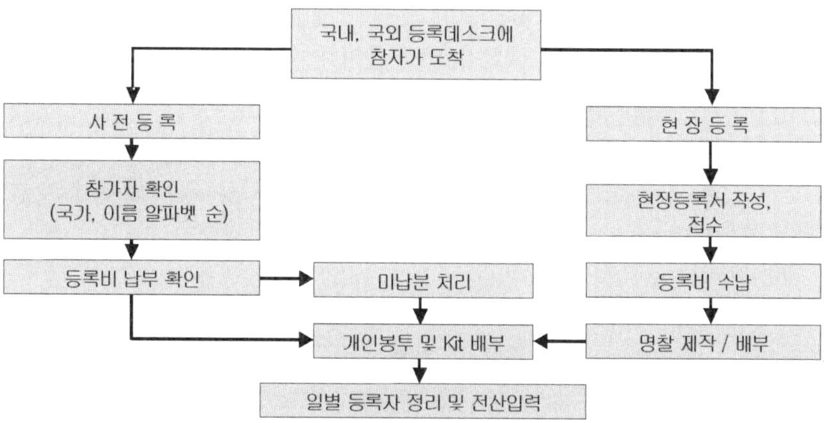

마. 등록요원 요구사항

회의기획가는 어떻게 많은 참가자의 등록을 도울 것인지를 결정해야 하며, 따라서 소규모 회의에서 능률적으로 진행을 담당할 수 있는 등록요원을 충분히 준비해야 한다. 지역 컨벤션뷰로(CVB)는 대규모 행사에는 등록요원들을 지원할 수 있는지를 확인해야 한다. 등록업무에 대한 모든 지시사항을 기록하고 복사해서 각 등록요원에게 배부한다. 회의 전에 예행연습을 통해 모두가 각자의 임무를 반드시 이해할 수 있도록 해야 한다.

바. 지원(Supplies)

등록을 위한 지원의 형태는 두 가지가 있으며, 회의기획가는 등록요원들이 필요로 하게 될 지원사항과 물품을 준비하여야 한다. 즉, 등록양식, 필기구, 배지, 그리고 컴퓨터와 또한 참가자의 자료가 필요하다. 이러한 것들은 지역의 흥미 있는 장소나 대상에 대한 안내서와 프로그램, 일정, 식권, 그리고 다른 추가적인 정보를 포함하게 되고 대체로 이런 품목들은 회의 전에 등록데스크에서 배부하게 될 가방에 넣어서 제공하게 된다.

사. 현금관리

등록요원은 등록을 하는 과정에서 많은 돈을 관리하게 되는데, 아주 적은 돈이라도 안전하게 보관하고 실질적으로 관리해야 한다. 등록요원은 참가자들로부터 받은 현금을 안전하게 관리해야 하기 때문이다. 일련의 연속적인 번호가 인쇄된 현금 징수 영수증은 두 장으로 되어있는데, 한 장은 참가자에게 영수증으로 발급하고 나머지 한 장은 등록업무를 처리하는 등록대에서 보관하게 된다. 따라서 발급한 영수증과 등록데스크의 현금과 일치해야 한다.

3. 자동 등록

많은 기업들은 등록부서를 위해 컴퓨터를 사용하게 되는데, 대부분 조직들은 여러 종류의 소프트웨어와 컴퓨터가 이미 준비되어 있으며, 장비 이용을 위한 비용을 추가해야 한다. 기업들은 특별한 회의를 위해 몇 개의 소프트웨어 패키지를 개발했다. 이러한 패키지는 등록과 배지, 그리고 우편목록, 주소자료, 그리고 또다른 주요 기능들을 운영할 수 있다. 컴퓨터는 다음과 같은 방법으로 등록과정을 통합시킬 수 있다.

가. 사전 등록

컴퓨터 우편목록은 실질적인 등록을 할 수 있도록 도움을 주며, 협회로 반송되는 양식과 같이 등록자 자료를 만들고 승인해서 컴퓨터를 이용해 보낼 수 있다.

나. 티켓과 배지

컴퓨터 소프트웨어에서 배지와 식권 인쇄기능을 할 수 있으며, 비록 소규모 회의에서 필요한 것은 아닐지라도, 대규모 행사에서는 엄청난 시간절약을 할 수 있다. 어떤 무역박람회는 신용카드와 같은 플라스틱 배지를 만드는데 컴퓨터시스템을 활용한다. 전시자는 추가상품 정보를 요구하는 참가자의 이름과 주소를 인쇄한 배지를 통해 얻을 수 있다.

다. 등 록

컴퓨터는 사전등록과 마찬가지로 등록을 하는 동안에도 같은 기능을 실행한다. 그러나 어떤 기획가들은 사전등록과정까지 자동화하였더라도 현장에서 참가자 등록을 수기로 하는 것을 선호한다. 회의의 크기와 복잡성을 고려하여 최선의 방법을 결정해야 할 것이다.

4. 등록양식

등록양식의 개발은 협회에 필요한 정보를 확실히 받을 수 있도록 하는 것이다. 양식은 참가자가 완전하고 정확하게 기록할 수 있을 만큼 간단해야 한다.

가. 필요한 정보를 결정한다.

양식을 개발하기 전에 참가자들이 요구하는 정보가 무엇인지 결정해야 하며, 회의기획가는 정확한 이름, 주소, 등록 수, 그리고 송금 수취인의 수가 필요하다. 다음으로 참가 날짜를 결정해서 양식에 포함해야 한다. 등록양식은 필요시설의 조건 결정과 프로그램의 개발에 결정적인 요소인 참가자 이력을 수집하기 위한 이상적인 계획이다.

그러나 참가자들이 정보제공을 꺼려할 정도로 복잡한 등록양식은 만들지 말아야 한다. 복잡한 양식은 양식의 완성과정에서 실패한 것이다.

나. 양식 고안

양식은 참가자들이 이해하기 쉽고, 등록요원이 설명하기 쉬워야 하며, 여러 가지 선택이나 예/아니오로 간단하게 응답할 수 있어야 한다. 개방식 질문들은 등록자가 등록양식의 공란에 대답을 기록하는데 자료 편집방법이 간단하지 않다. 대부분의 참가자들은 양식에 참가자들의 이름을 인쇄해서 개인적인 편지로 읽기 쉽게 개선하기를 요구한다. 길고 세부적인 양식은 현장등록에서 혼잡을 가중시킴을 기억해야 한다.

〈표13-5〉 등록양식의 예 1

FUZZ-IEEE '99 **Registration Form**

Important Notes on Registration

- Early-registration is effective only when this form with the appropriate payment is received by the Secretariat of FUZZ-IEEE '99 **BY JUNE 15, 1999**
- Students must include a letter from department head verifying their full-time student status
- Those who registered only for tutorials can not participate in regular conference programs, Conference registration is required.
- **Each paper submission should be accompanied by at least one full-regular registration.**

Section 1: Registrant

Please print or type

Your Paper(s) No. : ____________

Title Prof. / Dr. / Mr / Ms.

Name ____________ (First Name) ____________ (Last Name)

Affiliation ____________

Address ____________

City ______ Country ______ Zip ______

Tel ______ Fax ______

E-mail ____________

Section 2: Conference Registration Fee

FUZZ-IEEE'99 conference exchange rate 1USD=₩1,200

Classification	Until June 15, 1999	Until August 15, 1999	On-site
❑ IEEE Member	US$400	US$450	US$500
(Membership No.:)			
❑ Non Member	US$500	US$550	US$600
❑ Student	US$100	US$120	US$150
❑ Banquet	US$50		

* A regular registration INCLUDES one banquet ticket and a complete set of proceedings.
  A student registration does NOT INCLUDE proceedings and banquet.
* Students and accompanying persons who wish to attend the banquet should purchase a ticket.

Sub Total of Section 2: US$

Section 3: Tutorial Registration Fee

Tutorial Schedule 22 August

T1-T3 08:30-11:30
T4-T7 12:30-15:30
T8-T10 16:00-19:00

Tutorials		Until June 15, 1999	After June 15, 1999 / On-site
Regular	1 tutorial	US$150	US$200
	2 tutorials	US$250	US$300
	3 tutorials	US$300	US$350
Student	1 tutorial	US$60	US$80
	2 tutorials	US$100	US$120
	3 tutorials	US$120	US$140
Course	❑ T1 ❑ T2 ❑ T3 / ❑ T4 ❑ T5 ❑ T6 ❑ T7 / ❑ T8 ❑ T9 ❑ T10		

Sub Total of Section 3: US$

* For details, refer to Tutorials Information enclosed.

For FUZZ-IEEE '99 Secretariat Use Only

Received Date ____________

Registration No. ____________

Receipt ____________

Grand Total ____________

Registration Form

FUZZ-IEEE '99

Section 4: Payment

Grand Total (Section 2 + Section 3) : US$ ____________________

☐ By Credit Card
☐ VISA ☐ MasterCard (☐ BC Card ☐ Kookmin Card : For Domestic)

Name on Card ____________ Card No. ____________

Expiration Date ____________ Signature ____________

Approval No. (Secretariat Use Only) [ ]

☐ By Bank Draft
Payable to FUZZ-IEEE '99
* The bank charge of remittance must be paid by the applicants.

☐ By Bank Transfer
I remitted the total amount on date ____________ by bank transfer through my bank ____________ to the following.

Name of Bank : Housing and Commercial Bank, Banpo Branch, Seoul
Account Number : 428237-01-000335
Name of Account Holder : The Korea Fuzzy Logic and Intelligent Systems Society

* Please attach a copy of the remittance statement which you received from your bank to this form. And please note that the bank charge for remittance must be paid by the applicants.

☐ On-site
I will pay the On-site registration fee at the Conference.

Section 5: Optional Tour Programs

I will join the following tour(s)

Daily Tours: ☐ D-1 ☐ D-2 ☐ D-3 ☐ D-4 ☐ D-5 ☐ D-6 ☐ D-7
Post Conference Tours: ☐ P-1 ☐ P-2 ☐ P-3

* Please check only the above tour programs that you would like to participate, and pay it at the on-site registration desk. For detailed information on tour programs, refer to the 2nd Announcement.

Section 6: Attendance of Social Program

Following information will be used for arranging social programs. Please check.

◑ Attendance
☐ Welcome reception ☐ Student reception ☐ Banquet

◑ Special meal request
☐ Vegetarian ☐ Others ( )

Mail or fax this form by JUNE 15, 1999 with payment to:

Secretariat of FUZZ-IEEE '99
INTERCOM Convention Services, Inc.
4Fl. Jisung Bldg., 645-20 Yoksam-dong, Kangnam-gu
Seoul 135-081, Korea
Tel : 82-2-567-3810 / 501-7065 Fax : 82-2-565-2434 / 3452-7292
E-mail : FUZZ-IEEE99@intercom-pco.co.kr

〈표13-6〉 등록양식 예 2

000협회 연차 컨벤션 200× 7월 1~3일

등록자(성명) First Name Last Name Middle Name	등급: □□□□□□□□□□□□□□
동반자(성명) First Name Last Name Middle Name	특이사항: □□□□□□□□□□□□
우편물 수령주소1	집 전화 번호: □□□-□□□-□□□
도시 주	직장/사무실전화번호: □□□-□□□-□□□
우편번호 국적	회비구분번호: □□-□□□□□□□□□

해당사항에 표시해주세요.

□정회원 □협회원 □비회원 □전문수련의 □수련의 □간호사

등록금(해당사항에 표시해주세요)

▼일반입장

---20XX 6월 3일 이전··································30만원

---20XX 6월 3일 이후··································32만5천원

---배우자/동반자··································25만원

▼원탁오찬

(리스트 선택을 보세요. 하루에 한번의 오찬만 참석가능)

---5월 1일 월요일 1차선택_____,2차선택_____ ············2만원

---5월 2일 화요일 1차선택_____,2차선택_____ ········ ··2만원

---5월 3일 수요일 1차선택_____,2차선택_____ ············2만원

＊지각비 $25.00 반영함

취소: 관리비$40은 모든 취소자에게 부과될 것이다.

관광등록

(아래의 선택사항을 표시해 주세요)

티켓번호: 합계

---휴스턴관광 각 만오천원 ························ ________

---나사관광 각 만오천원 ························________

---박물관 3곳 관광 각 2만원 ·······················________

(Fine Arts, Natural Science, Monil Collection)

주의: 현재 미국에서 통용되는 수표나 현금으로 지급할 것.

총액: $________ (등록비 및 관광비 포함)

□ 특별한 요구가 있을 경우에는 여기에 체크해주세요. 당신은 000협회대표의 연락을 받을 것입니다.

Keypoint

아래의 주요 용어의 개념을 기술해 보시오

1. 등록
2. 사전등록
3. 교통흐름
4. 참가자 성향
5. 등록서 제출 인센티브
6. 현장등록
7. 공채된 직원
8. 소프트웨어
9. 전산화된 우편목록
10. 등록 자료파일

제14장 홍 보

학습목표

1. 홍보를 위한 정확한 표적시장 선정
2. 회의산업에서 자주 적용하는 홍보기법
3. 회의기획가가 이용가능한 홍보수단 확인
4. 홍보일정표 개발

홍보는 상품의 판매, 서비스 또는 정보의 제공을 위한 아이디어와 이미지의 고양과 참가율을 증가시키기 위한 방법이다. 회의산업에서 등록시 협회의 좋은 이미지를 제공하고 참가자에 대한 인식을 증가시키는 것 등이 좋은 예이다.

홍보는 광고비를 지급해야할 필요가 없지만 구체적인 유인물을 잠재 참가자들에게 알릴 목적으로 배포되며 이러한 것은 주요 예산항목이 된다.

회의홍보에 이용되는 방법은 행사를 주최하는 협회 또는 기업의 후원자 등 다양한 방법에 의존해야 한다. 협회회의는 보통 기업회의보다 더 많은 홍보예산이 요구된다. 협회회의 참가자들은 자발적이며 참가자들에게 행사의 가치를 확신시켜주는 정보를 제공해야 한다.

따라서 회의홍보는 회의내용과 회의참가의 이점을 알림으로써 참가권유와 각종 홍보매체에 광고와 기사를 게재하여 회의와 회의주최기관에 대한 좋은 이미지를 형성하는 것 두 가지로 대별될 수 있다. 참가권유를 위해 가장 일반적으로 사용되는 방법은 각종 브로셔 등을 이용한 홍보물을 예상참가자의 집이나 직장으로 배달하는 DM방식이다. 홍보물의 발송을 위해서는 배포대상을 확정해야 하는데 보통은 과거 회의시 참가자 명단, 주최단체의 회원명부, 유사기관의 회원명부를 참고로 하여 메일 발송 리스트를 작성하게 된다.

1. 회의시장(markets)

회의기획가는 홍보전략을 구상하기 이전에 어떠한 인력과 조직으로 표적시장에 대한 홍보를 할 것인지를 결정해야 한다.

회의시장의 중요한 표적시장은 기업시장, 협회시장, 그리고 전시자가 해당된다. 회의기획가는 홍보에 성공하기 위해서는 모든 잠재시장을 세분화해야 한다.

가. 기업회의 참가자

기업회의 참가자를 대상으로 하는 홍보는 참가자에게 급한 편지 발송을 제외하고는 일반적으로 회의를 통해 종업원에게 설명을 하는 것이 관례이다. 이러한 경우에는 회사의 소식지, 지역신문, 산업관련 잡지를 인쇄하여 구체적인 홍보자료로 준비해야 한다. 홍보는 행사에 참가하는 사람에게는 강한 동기부여와 회의에 참가함으로써 보다 유익한 가치를 심어줄 수 있다는 확신을 심어주어야 한다.

어떤 기업회의는 추가적인 홍보가 필요하며, 참가는 행사에 예속되어 강제적으로 참가시키는 경향도 있다.

나. 협회회의 참가자

협회는 홍보의 방법 중에서 많은 부분의 홍보를 위해 DM(직접우편물)을 사용한다. 대부분 협회회의는 잠재등록자에게 직접메일을 최소한 세 번 이상을 보낸다. DM은 팸플릿, 개인적인 편지, 전단지, 소식지, 그림엽서, 초대장, 사설과 같이 중요한 홍보 아이템들과 이러한 것들이 결합된 형태로 홍보를 하게 된다. 협회는 무역 또는 전문적인 잡지, 전화를 통한 텔레마케팅, 그리고 거래처와 공공의 대중매체에 보내는 공개상품의 소식을 준비해야 한다. 법인기업의 기획가는 기업의 특별요구를 충족시켜 줄 수 있는 다양한 요소들을 활용할 필요가 있다.

다. 전시참가자

전시가 프로그램의 한 부분으로 구성되어 있다면 인쇄물은 전시회 참가자들을 유치하기 위해 적어도 행사 일년 이전부터 대량의 우편물을 발송할 수 있도록 준비해야 한다. 잠재 전시참가자에게 제공되는 홍보내용은 전시참가자를 대상으로 하는 안내서를 포함시켜야 한다. 대체로 전시참가자 유치를 위한 안내서에는 전시장소, 전시규정, 장소 임대비용, 전시장의 부스 설치일자와 종료일자를 비롯한 관련 일정들이 제시되게 된다.

회의기획가들이 선호하는 형태는 비용이 요구되는 팸플릿이나 소책자보다는 간편하게 우편으로 보낼 수 있는 한 장의 전단지를 원하게 된다. 몇몇 후원자들은 전시참가자의 정보를 제공할 목적으로 인터넷 홈페이지를 개설하여 홍보를 시작하게 된다. 이 매체는 최소한의 비용으로 전 세계에 홍보할 수 있는 기회를 제공한다. 행사를 실시하는 조직의 이념과 이미지는 잠재 참가자들이 전단지로 발송되는 우편물을 관심 있게 보도록 하는데 유용한 촉진역할을 하게 된다.

2. 홍보기법

앞에서 언급했듯이 회의홍보를 위해 이용할 수 있는 몇 가지 기술들은 광고메시지로 전달된다. 다른 것들은 직접적인 우편물, 뉴스기사, 또는 뉴스발표형식을 취한다.

가. 직접적인 우편물(DM)

DM은 많은 광고비를 지출하기 어려운 경우에 흔히 사용하는 방법으로 잠재 참가자들의 관심을 끄는데 효과적인 홍보수단이 될 수 있다.

PCMA(Professional Convention Management Association)의 발표에서 협회 전시 홍보는 직접적인 우편물을 발송하는 지출이 62%임을 밝히고 있다. 일반적으로 DM은 개별적으로 전달되게 되는데 여기에는 전자문서도 포함된다.

DM은 회의기획가가 잠재참가자나 전시참가자를 대상으로 실시할 경우에는 홍보효과가 높은 것으로 나타나고 있다. 여러 가지 홍보물에 대한 디자인과 구성내용을 직접적인 우편물로 홍보하는 것은 회의 성공의 중요한 관건이 된다.

1) 우편물 목록: DM 홍보시에 성공적인 홍보효과를 얻기 위해서는 DM 발송을 위한 목록이 필요하게 된다. 협회 구성원의 명부는 이용가능한 목록 중의 하나이다. 이 목록은 한정된 협회회원들을 대상으로 할 경우에는 매우 유용한 목록 중의 한 가지이다.

   만약 등록대상이 비회원들까지 할 수 있도록 되어 있다면, 관련 협회와 산업, 무역잡지 구독자, 과거 회의참가자, 그리고 유사한 정보원천에서 획득할 수 있게 된다.

   이럴 경우에는 중간매개자를 통해서 정보를 획득할 수 있다. 우편물을 발송해야 하기 위해서 충분한 양의 인쇄물을 준비해야 한다. 전시자 목록은 과거의 출품자와 지원기관들의 구성원들에 의해서 확보될 수 있다.

   DM 발송시에 참가가 확실한 참가예정자와 잠재참가자에게 보내는 우편물의 내용은 다르게 구성할 필요가 있다.

2) 우송방법: 불가피한 경우를 제외하고는 요금별납 우편으로 발송을 해야 할 것이다(만약 조직이 비영리 단체이면 정기간행물로 보내는 방법을 사용하라). 잠재참가자를 대상으로 DM을 보낼 경우에는 요금별납 우편을 사용하면 우편요금을 상당히 절약할 수 있다. 하지만 이럴 경우에는 배달시간이 많이 걸릴 수도 있다. 한 가지 고려해야 할 사항은 우편물 발송일정을 작성하기 위해서는 충분히 시간을 투자하여야 한다.

   요금별납 우편방법이 저렴한 비용으로 우편물을 보내는 방법이지만, 어떠한 경우에는 제1종 우편물(특급우편) 방법을 사용해야 한다. 제1종 우편물 방법은 요금별납 우편방법보다 좀더 안전하게 우편물을 발송하는 것이다. 만약 제1종 우편물 우편요금이라면 더 나은 인상으로 받아들일 것이다. 후원조직의 이념, 예산, 그리고 우편물의 분석은 가장 좋은 방법을 결정하는데 도움을 줄 것이다.

〈표14-1〉 회의시장 표적을 위한 홍보방법

구 분	사단법인 참가자	협회참가자	전시참가자
광 고	편지/메모 항공우편 사내 안내간행물 회사게시판 e-mail	직접 우편(DM) -팸플릿 -편지 광고 e-mail / www	직접 우편 -브로셔 - 편지 - 내용견본 광고 e-mail / www
홍 보	회사소식지 지역신문 전시회 관련 잡지	전시회 관련 잡지 지역/공공매체	전시회 관련 잡지 지역/공공매체

나. 광 고

광고는 아이디어, 상품, 그리고 서비스에 관한 정보를 전달할 목적으로 방송매체(라디오, TV)와 인쇄매체(잡지, 신문)를 활용하게 된다. 대부분의 홍보는 직접적인 우편에 의한 형태를 취하고 있으나, 종합적이고 전략적인 홍보를 위해서는 광고를 잘 활용해야 한다.

회의홍보에서 가장 많이 이용되는 매체는 회의관련 잡지와 신문이다. 광고는 참가자와 전시자들에게 서비스를 제공할 뿐만 아니라 소속기관과 행사에 대한 인식을 하게 된다. 몇몇 전시회 또는 회의는 일반적인 대중을 대상으로 개최하기 위해 지역신문, 라디오, TV 등을 이용할 것을 바라고 있다. 조직에서 제공되는 서비스는 전시회 광고에 대한 부담을 주기 때문에 광고의 시간과 장소에 대한 한계를 극복하는데 그 의의가 있다.

다. 홍 보

홍보는 비용이 들지 않는 의사소통 방법의 이용을 통해 대중의 주의를 끄는 활동이다. 홍보의 목적은 "대중들"인 잠재적인 참가자, 전시자, 또한 모든 사람들에게 홍보해야 한다. 대부분 회의를 위해 가능한 한 많은 홍보를 해야 한다.

〈그림14-1〉 전시회 홍보기법

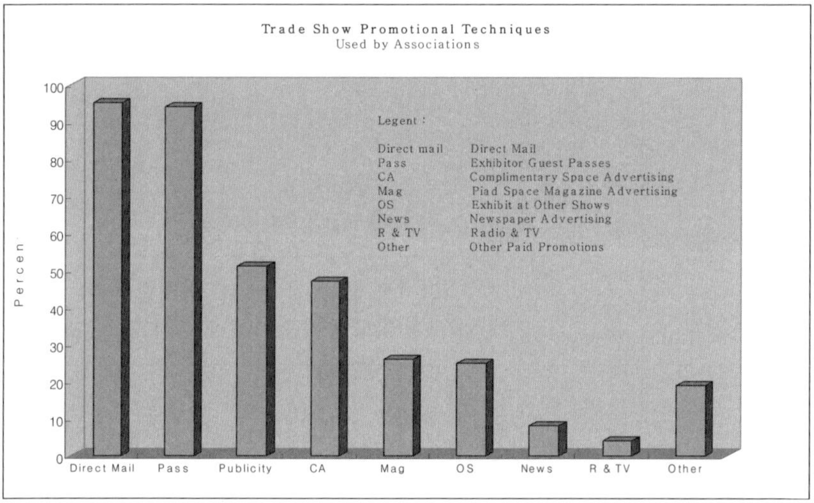

홍보는 광고와 다른 시간 또는 공간의 구애를 받지 않는 대중매체를 이용하는 것은 홍보수단의 통제범위를 벗어난 것이다. 적당한 뉴스발표 형식으로 매체에 이용가능한 정보를 만들어야 한다. 출판이 독자들에게 의미 있는 요소라는 것이 확실하다면 출판을 해야 한다. 전시회 잡지를 위해 작성된 뉴스를 공개하는 것은 지역신문과 동일하게 받아들이지 않고 특별하게 받아들이게 되는 것이다.

홍보를 위한 출판물: 회사 내의 회보, 잠재참가자들이 읽을 전시회 잡지, 잠재적인 전시자들이 읽을 무역잡지, 참가하는 협회 출판물, 그리고 전시자 협회의 출판물, 회의목적지에 있는 매체 또한 행사에 대한 정보를 만들어야 한다.

참가자들이 회의에 대해 논의하고 즐기면서 읽을 수 있는 지역신문, 또는 특징적인 지역뉴스를 신뢰할 수 있어야 한다.

3. 홍보구성 요소

홍보는 DM을 비롯하여 다양한 형태들이 적용될 수 있으며, 홍보물로는 브로셔와 프로그램, 새로 도입한 특별한 항목까지 다양하다.

회의기획가가 홍보자료를 미리 준비했다면 상품과 디자인 비용, 인쇄비, 우편요금은 이미 고려되어 있어야 한다. 규격용 봉투와 종이를 사용하고 우편물의 무게를 줄이는 것은 많은 우편물을 발송할 경우에 비용을 절약할 수 있게 된다.

가. 소책자(Brochures)

회의홍보에서 소책자는 자주 사용되는데, 소책자는 값싸게 만들 수가 있으며, 또한 정성을 다해서 만든 것은 참가자와 잠재참가자에게 시선을 끌 수 있다. 소책자를 디자인할 때는 회의에 관련된 모든 내용을 간단명료하게 포함하여 작성을 해야 한다. 만약 소책자가 복잡하게 구성되어 있다면 오히려 홍보효과를 높이기보다는 오히려 불만을 안겨주게 된다.

소책자에 포함되어야 할 내용 중 회의개요에는 회의일자, 시간, 참가비용, 장소 등이 포함되어야 하며, 이외에도 프로그램의 목차, 특별 이벤트, 축제, 이벤트의 목적, 숙박정보, 요금, 초청연사, 기타 사항 등이 제시되어 있어야 한다. 회의기획가는 소책자를 디자인할 때, 보는 사람들이 내용을 쉽게 볼 수 있도록 구성해야 하며, 이들이 관심을 유도할 수 있는 재미있는 내용을 포함시켜야 한다.

다음은 인쇄비용을 고려해야 하는데, 컬러 색상의 사용유무에 관계없이 소책자의 무게와 크기, 그리고 종이의 재질이 고려되어야 한다.

DM을 통해서 현재시점에 계획된 프로그램을 알려줄 수 있으며, 잠재참가자들에게는 항공우편을 통해서 회의에 대한 홍보를 할 수 있다. 어떠한 방법이 적합할 것인지에 대한 판단은 홍보비를 고려하여 적절하게 선택하면 문제가 없게 된다.

이외에도 회의기획가가 홍보수단으로 활용할 수 있는 요소들은 무궁무진하며 상황에 따라 적합하게 선택할 수 있다.

나. 편 지

개인적인 편지는 인쇄된 편지보다 독자들로부터 좋은 반응을 얻을 수 있는데, 편지의 형태는 한 장만으로 보낼 수도 있고 다른 홍보물을 첨부하여 함께 발송할 수도 있다.

다. 소식지(Newsletters)/화보(Bulletins)

소식지와 화보(畵報)는 잠재 참가자들에게 별다른 소책자 없이 행사에 관한 정보를 제공하게 된다. 소식지의 형태는 중요표시, 긴급한 사항, 또는 뉴스의 가치가 있는 정보를 수록하여 회의에 대한 흥미를 유발할 수 있도록 구성하여야 한다.

라. 프로그램

일반적으로 행사에 관한 프로그램을 인쇄하게 되는데, 행사의 기본적인 내용을 포함하고 있는 프로그램을 1차로 발송한 후 최종적으로 확정된 내용을 담고 있는 프로그램을 인쇄하여 초청연사, 토론자들에게 발송하게 된다. 이 때 등록 예정자의 명단도 제시하게 된다.

마. 지역 홍보자료

컨벤션과 CVB, 호텔, 컨벤션센터는 행사에 대한 광고자료를 제공할 수 있다. 회의기획가는 우편물 발송을 결정할 때 등록패키지를 포함할지 여부는 발송물의 크기와 무게에 영향을 미치기 때문에 잘 판단하여야 한다.

호텔과 회의개최지에서 발송하는 소책자는 행사참가자들에게 특별한 동기를 유발하게 된다.

바. 특별품목

다양한 형태의 특별한 품목은 회의에 대한 홍미를 촉진시키는데 유용한 역할을 하게 된다. 이들 품목들은 행사에 부합되도록 만들어지게 되는데(자동차전시회, 리조트지역, 지역을 소개하는 햇빛 가리개의 설치). 회의기획가는 수화물 꼬리표, 자동차 범퍼 스티커, 볼펜과 연필, 그리고 특별히 강한 홍보인상을 줄 수 있는 자료와 정보를 포함하게 된다. 홍보에 다른 인상을 주기 위한 자료와 다른 등록정보를 포함하길 원할 것이다. 이 품목의 비용은 몇 천원에서 수만원까지 다양하게 나타난다. 하지만 부피가 큰 경우에는 우편요금을 고려하여야 한다.

4. 행사예정표

여러 차례에 걸쳐서 우편물들을 발송할 경우에 회의기획가는 회의 시작일자를 충분히 고려해야 한다. 첫 번째 우편은 회의 시작하기 전 18~24주 전에 보내야 하며 여기에는 등록관련 사항과 프로그램 정보가 포함되어 있어야 한다.

두 번째 우편은 회의 12~15주 전에 발송하게 되는데 동일한 내용을 포함하여 변경된 프로그램 목록과 다른 세부 항목도 포함해야 한다. 마지막으로 보내는 우편은 이전에 포함된 자료와 마지막 프로그램을 포함해야 한다. 이러한 우편물은 행사 6~8주 전에 발송되어야 한다. 특별한 경우에는 참가를 독촉하는 메일은 마지막 순간까지 등록자에게 발송하게 된다.

만약 회의기획가가 단 한번의 우편물을 발송하게 된다면, 모든 정보를 제공하는 우편은 회의 시작 6주 전에 발송하게 된다. 행사에서 “논문요청 편지” 또는 개요는 몇몇 과학, 기술, 또는 교육 콘퍼런스를 위해 요구되는 것이다. 이러한 경우 우편물을 발송하기 전에 직접적으로 회의 등록자에게 발송되어야 한다. 회의기획가는 회의 6개월 전에 광고를 할 곳을 확보하고 있어야 한다.

언제 신문에 발표할 것인지를 충분히 고려하고 있어야 하며, 중요한 다른 행사가 광고될 것을 감안하여 발표시기를 충분히 여유 있게 편성하여야 한다.

이외에도 회의기획가는 회의를 기획할 때, 연속적인 뉴스거리를 홍보할 수 있도록 내용과 준비를 하고 있어야 한다.

Keypoint

아래의 주요 용어의 개념을 기술해 보시오

1. 표적시장
2. 전시회 안내서
3. 직접 발송우편(DM)
4. 우편목록
5. 광고
6. 홍보
7. 소책자
8. e-mail
9. 특별품목

Convention

제4부

컨벤션 서비스

제15장 개별회의 서비스

학습 목표

1. 회의기획가에게 유용한 서비스 부서 이해.
2. 호텔의 컨벤션 서비스 관리자 역할 이해
3. 성공적인 전시회를 위한 계약의 중요성 이해.
4. 컨벤션산업의 필수적인 것을 제공하는 전시공급자 이해

다양한 형태의 회의에는 복합적이고 세부적인 사항들이 많이 있다. 부서의 관리자들과 조직들이 함께 일해야 한다는 것이다. 대규모 회의에서는 이러한 것들이 주요한 과업이 될 수 있다. 시간이 지나면 종사원들은 다른 직종으로 이동하게 되고 일부 사람들은 동일한 직종에서 업무를 계속하게 된다.

또한 행사기획과 성취단계에서 불필요한 사람과 기업이 발생하게 된다. 다양한 컨벤션호텔들은 기획가들을 지원하기 위해 컨벤션서비스 부서를 두고 있다. 또한 다양한 계약업자들이 회의기획가를 위해 자세한 업무까지 제안할 수 있도록 구성되어 있다. 이 단원에서는 행사의 성공을 위해서 서비스를 제공하는 사람과 기업의 역할에 대해 살펴보도록 하겠다.

1. 컨벤션 서비스 관리자(CSM–Convention Service Management)

회의기획가는 회의장소 점검과 협상을 하는 과정에서 주로 기업의 마케팅부서 직원과 함께 일을 하게 된다. 몇몇 호텔에서는 마케팅부서 직원이 행사의 세부사항에 대한 도움을 준다. 하지만 현재 많은 컨벤션호텔들은 독립적인 부서로 컨벤션서비스 부서를 두고 있다. 이러한 부서들은 회의기획가와 호텔내부의 다양한 부서들 간의 업무를 조정하고 연결시켜 주는 역할을 하게 된다.

가. 왜 컨벤션 서비스가 필요한가?

많은 회의를 개최하고 있는 호텔들은 행사의 성공을 위해서 다양한 형태의 관련 부서인 프런트 데스크, 하우스키핑, 벨 보이(호텔 도우미), 식음료, 연회 및 접대, 객실, 안전, 관리 등을 구성하고 있다.

행사에 필요한 모든 요소들을 파악하여, 회의에 필요한 사항을 해당 부서의 관리자들에게 알려주는 것은 중요한 업무이다. 회의기획단계에서 각 부서의 관리자와 업무를 협조하는데 상당한 시간이 소요된다.

우선 회의기획가는 누가 회의와 관련된 업무책임자인지를 알아야 하며, 업무에 적절한 사람과 접촉을 해야 하는지 알아야 한다. 회의기획가는 사소한 업무라도 등한시해서는 안 된다.

연회장세팅은 연회부서 관리자가 책임을 져야 하고, 기타의 경우에는 호텔종업원들이 그 책임을 져야 할 것이다. 호텔에서 종종 발생하는 인사이동 때문에 회의기획가는 짧은 기간 동안에 여러 부서의 관리자들과 같이 업무를 하게 될 수도 있다.

이러한 호텔에서 컨벤션서비스부서(다른 명칭을 사용할 경우도 있지만 그 부서들의 기능은 동일하다)는 시간을 낭비하는 것을 미연에 예방할 수 있다. 컨벤션서비스관리자(CSM)는 회의기획가와 각 부서 관리자들 사이에서 중재자 역할을 수행하게 된다.

컨벤션서비스관리자(CSM)는 호텔의 기능과 각 부서들이 수행하고 있는 업무를 파악해야 하며 기획가들이 무엇을 필요로 하는지 알아야 한다. 가령 컨벤션서비스가 원활하게 이루어지지 않는다면 최단시간에 문제를 해결하기 위해 행사장 인사부서와 긴밀한 연락을 취해야 하며, 지역 회의서비스에 관한 많은 지식을 갖추고 있어야 한다.

나. 컨벤션서비스 관리자 역할

컨벤션서비스관리자(CSM)는 호텔의 직원이지만 역할은 호텔여건에 따라 다양하며 컨벤션서비스관리자가 없는 곳도 있다. 마케팅부서 직원은 회의에 대한 서비스를 제공할 책임이 있으며 다른 시설적인 측면에서 회의에 관련된 모든 것을 컨벤션서비스 관리자(CSM)에게 협의가 끝나는 즉시 넘겨주어야 한다.

제3의 선택은 마케팅관리자와 기획가와 밀접하게 업무를 협조하여 행사의 전반적인 것을 통해 회의서비스와 관련된 몇 가지 사항들은 지속적으로 협조해야 한다. 몇몇 주요 호텔체인들은 특별히 소규모 회의시장을 위한 특별 부서를 발전시키고 있는데 이러한 예는 Hilton의 Hilton Director와 Marriots의 Executive Manager Programs이다.

이 부서의 직원은 기획가와 계약을 체결하면서부터 행사가 완료되기까지 회의에 관련된 서비스를 제공하게 된다. CSM은 제반사항에 대한 책임을 져야 하고 심지어 객실세팅과 같은 몇 가지 단편적인 기능을 초월하여 완벽한 권위를 가지고 있어야 하며, 타부서에 대한 권한이 없다고 하더라도 CSM은 회의에 필요한 모든 부서들과 긴밀한 관계를 유지하여야 한다. CSM은 전화서비스, 시청각 기기, 객실장식 등 필요한 다른 서비스에 대해서도 도움을 제공해야 한다.

CSM은 호텔에서 제공하는 서비스를 이용하든 각 기업에 의해 제공된 회의서비스를 이용하든 간에 각각의 서비스를 평가해 보아야 한다. 회의기획가는 CSM을 찾게 될 것이고 성공적인 행사를 위해서는 행사의 필수요원들과 동일한 가치를 인식해야 하는 것이다.

2. 전시서비스 계약자

컨벤션서비스 관리자가 회의기획가를 도와 줄 때, 전시서비스계약자는 전시회 또는 박람회를 기획하는 사람들을 도와준다. CSM은 호텔 직원이지만 전시서비스 계약자가 구체적인 서비스를 수행하려고 하면 CSM은 회의기획가와 계약을 체결하는 독립적인 역할을 하게 된다.

가. 왜 전시서비스계약자가 필요한가?

전시장서비스 계약자는 전시회와 무역박람회 기획전문가들이며 전시서비스 계약시 요구되는 고려사항은 다음과 같다.

전시회는 전시장무대장치, 자재운송 및 관리, 노동조합과의 협상, 창고관리, 소방구역 등에 대한 표지판이 필요하다. 무역박람회에 대한 전문가적인 지식과 각 박람회 장소에 필요한 물품에 대한 이해는 필수적이다.

모든 도시들은 전시전문가들에게는 잘 알려지지 않은 독특한 특성들을 지니고 있으며, 전시서비스 계약자는 이런 상세한 정보를 가지고 있어야만 행사에 필요한 개별기관들과 함께 업무를 할 수 있게 된다.

나. 전시서비스 계약자의 역할

전시서비스 계약자는 컨벤션서비스 관리자보다 폭넓은 역할을 수행하게 되며, CSM과 같은 전시서비스 계약자(혹은 전시서비스 회사)는 전시기획가와 특정 기능에 대해 책임을 지고 있는 각 부서들과의 중재자 역할을 수행한다.

전시기획가는 개인과 출품자 사이에서 중개인 역할을 하게 되며, 전시회에는 많은 출품자들이 참가하기 때문에 전시서비스 계약자는 권위있는 책임을 가지고 기획가로부터 부여받은 업무를 수행한다. 대부분 전시회는 수많은 의사소통에 관련된 문제점의 조정과 무역박람회에 필요한 의무사항들을 조정하기 위한 전문적인 지식을 가진 직원이 없다. 따라서 유자격 전시서비스 계약자는 즉시 이러한 업무들을 대행할 수 있도록 되어 있다.

서비스 계약자들은 이전의 계약자들로부터 얻은 몇 가지 기능을 수행할 만한 능력을 가지고 있어야 하며 그들은 시청각기기 조작기술, 교통수단, 표지판, 창고관리, 보험계약, 행사모델(설계도), 화초관리, 사진촬영 서비스를 제공할 수 있게 된다.

전시서비스 계약자는 행사에 필요한 부가적 서비스를 제공하기 위해 전시주최자로부터 하도급을 받게 되는 경우 전시회를 기획할 수는 없지만 회의와 전시회에서 사용할 등록부스, 장식, 시청각 프리젠테이션을 정비할 수 있는 권한을 부여받게 되는 것이다.

회의기획가가 장치서비스를 제공하는 전시서비스 계약사를 선정하게 되면, 전시서비스 기업들은 꼭 필요한 서비스를 제공하여 개인박람회 출품자로부터 많은 수입을 얻게 되며 전시서비스기업은 가구, 장치임대, 화물운송, 출하, 장비 등 행사 종료시에 필요한 노동을 전시주최자에게 제공하게 된다.

전시서비스 계약을 하기 전에 가격뿐만 아니라 업무수행능력과 서비스의 평판을 조화 있게 고려해야 하며 전시서비스 계약자는 전시회의 성공을 위한 중요한 요인으로 작용하게 된다.

3. 외부공급자

회의가 개최되는 시설이 회의기획가가 요구한 장비와 서비스를 제공하지 못할 수도 있는데, 이런 경우 회의기획가는 보통 회의가 개최되는 도시에 있는 외부공급자와 교섭을 해야 한다. 만약 회의가 외딴 곳(리조트나 관광지)에서 개최되거나 특별한 부분이 필요하다면 다른 지역에서 공급자를 물색해야 할 것이다.

컨벤션서비스관리자는 신뢰할 만한 공급자를 찾을 수 있도록 도와주어야 하며 그리고 CVB 역시 업체의 리스트를 제공해 주어야 한다.

다양한 회의기획가들의 요구를 충족시킬 수 있는 회의산업에 필요한 서비스 제공자와 외부 공급업체들은 다음과 같다.

① 항공사, ② 시청각 기기, ③ 식사 및 요리담당회사, ④ 전시 디자이너, ⑤ 화초 재배자, ⑥ 화물운송회사, ⑦ 육상교통업체, ⑧ 모델링회사, ⑨ 사진업, ⑩ 등록시스템, ⑪ 경비회사, ⑫ 특별 이벤트기획가, ⑬ 관광과 환대, ⑭ 유도 안내물 제작사, ⑮ 스피커 · 오디오 녹음 · 비디오녹화 · 화상회의 관련 업체들이 있다. 행사진행을 보조할 용엽업체를 선정하고자 할 때 회의기획가가 요구하는 충분한 수준의 업무를 수행할 수 있는 용역업체의 능력에 대해 평가해야 한다. 또한 협상이 필요할 때는 각각의 업체들과 분리하여 협상하고 정확한 설명이 담겨진 문서화된 계약서를 작성해야 한다.

4. 기타 회의 서비스

회의의 일반적인 부분이나 전문적인 부분에 대해 도움을 주는 부가적인 공급업체와 시설부분에 있어서 컨벤션서비스 관리자는 어떤 부분에 있어서는 중재자의 역할을 해야 하지만, 컨벤션서비스 관리자가 회의를 도와줄 만한 권한이나 전문적인 기술을 가지고 있지 못한 경우도 있다. 만약 외부의 도움을 받아야 하는 상황이라면 어떤 종류의 서비스가 제공되는지 알아야 할 필요성이 있다.

가. 연회·식음료(Banquet Catering)

호텔에서 회의관련 음식제공과 관련된 책임을 담당하고 있는 부서는 식음료부서나 따로 분리된 연회부서일 것이다. 이러한 부서는 일반적인 호텔 외식서비스 분야가 아닌 음식제공 서비스를 책임지고 있으며, 대부분의 연회행사는 이 범주 안에서 이루어진다.

환대나 연회관리자는 식음료부서 관리자, 컨벤션서비스 및 판매관리자, 마케팅관리자에게 연회관련업무를 협조해야 하며 컨벤션서비스 관리자가 없는 소규모의 호텔에서는 연회관리자가 컨벤션서비스의 책임을 맡고 있는 경우도 있다.

훌륭한 연회관리자는 회의기획가의 요구를 이해하고 희망하는 예산에 따라 업무를 수행할 것이다.

나. 상담원과 기획가

컨벤션산업에 있어서 상담원은 기업과 사업에 관한 지식을 갖추고 있는 개인들이다. 이들은 전문지식과 기술이 부족한 분야에 대해 조언을 해 줄 수 있으며 상담원은 회의기획가가 경력이 많은 인재들을 고용하지 못하는 협회 및 기업가들을 위해 업무를 하게 된다.

컨벤션상담원들은 회의와 관련된 교통수단, 특별이벤트, 관광, 등록, 초대 연사, 그 외 필요한 기능들을 조정하는 것을 도와줄 것이다. 앞장에서 전문화된 회의 필수사항들을 조정하기 위해 외부계약자의 사용에 대해 살펴보았다. 회의 상담원은 외부에서 도움을 주는 추가적인 인력으로 생각하면 될 것이다.

5. 기 타

회의, 컨벤션 그리고 무역전시회산업(이러한 필요성들을 제공해 줄 수 있는 수많은 회사들)에 있어서 개별적으로 필요한 필수사항들이 있으며 이러한 필수사항에 대해서 리스트를 작성해야 한다. 만약 회의시설과 서비스계약자들을 통해 사용 불가능한 서비스와 도움을 요구하고자 한다면, 도움을 제공할 수 있는 기업은 항상 있을 것이다. 명백한 출처를 통해 CSM, CVB, 그외 회의기획가들과 회의관리자들을 함께 확인해야 한다.

다음은 회의를 기획할 때 집중적으로 고려해야 하는 사항은 다음과 같다.

6. 회의시설별 서비스관리 체크리스트

가. CVB의 CSM

회의장소를 선택한 후 CVB에서는 기획가에게 CSM을 소개하게 될 것이다. CVB의 CSM은 회의기획가와 CVB 양자간에 계약적인 책임과 의무를 보장하게 되고 프로그램 기획에 필요한 서비스를 하게 될 것이다.

CSM은 참가자, 지방연사, 레크리에이션 이벤트, 기타 필요사항 등 모든 것을 결정할 수 있으며 CSM은 홍보용자료와 팸플릿 등 참가자들을 위한 자료를 제공할 수 있다.

CVB의 CSM역할은 호텔 CSM의 역할과 컨벤션센터 CSM 역할과는 다른 업무를 수행하게 되는데 CVB의 CSM은 행사이전의 업무를 수행하게 되며 호텔과 센터의 CSM은 행사와 관련된 업무를 수행하는 것이 차이점이다. CVB의 CSM은 개최도시와 서비스제공자 등 광범위한 내용을 회의기획자에게 서비스하는 것이며 CSM의 서비스 범위를 CVB를 통해 조정할 수 있도록 하기 위해서는 다음과 같은 내용을 확인해야 한다.

- CSM은 누구에게 보고하는가?
- 1년 전의 사전승인 여행에 동행할 수 있는가?
- 모든 협회를 위한 서비스기준은 무엇인가?
- 유용한 추가 서비스는 무엇인가?
- CSM서비스에 대해 청구해야 할 것은 무엇인가?
- 참가자들에게 제공할 수 있는 관광지도 수량에 제한이 있는가?
- 회의기획가가 CSM에게 원하는 정보는 무엇인가?
- 등록자격이 필요할 때는 언제인가?
- 지역위원회와 함께 일하는 것은 어떻게 할 것인가?
- 이 도시는 버스 교통서비스를 제공하는 도시인가? 제공한다면 가격은?
- 숙소를 제공하는가? 제공한다면 가격은?
- 회의 행사진행 참가자들을 관리할 수 있는 준비를 해줄 것인가?
- 참가자들의 레스토랑 예약 서비스에 관한 정보를 제공할 것인가?
- 사전, 사후 컨벤션브리핑에 참가할 것인가?

나. Hotel CSM

호텔 CSM은 회의기획가를 위해 모든 호텔서비스를 조정하고 제공하는 역할을 하며 몇몇 호텔 CSM은 회의기능과 관련된 내용 전반에 관한 서비스를 제공하게 된다. 또한 호텔 CSM은 다른 부서와 협조를 통해 서비스를 제공하게 된다.

호텔 CSM은 회의전반에 관련된 내용을 문서로 제공해야 하며, 또한 호텔관련 현황과 역사를 포함하여 회원의 프로필, 회의목적, 회의조건, 운영상의 내용과 광고준비 등과 관련된 요약된 내용을 제공해야 한다.

호텔 CSM이 처리해야 할 업무를 살펴보면 다음과 같다

- 호텔 CSM은 누구에게 보고하는가?
- 누가 관리하고 감독하는가?
- 회의를 위한 요약된 내용이 있는가? 만약 있다면 필요로 하는 정보와 사용할 수 있는 기간은 어떠한가? 요약된 내용을 누구에게 받아야 하는가?
- 컨벤션관련 직원배치를 임의대로 할 수 있는가?
- 휴식과 접대용 서비스를 조정하는 이는 누구인가?
- 사전회의, 행사진행, 사후 마케팅을 어떻게 할 것인가?
- 시간조절은 어떻게 할 것인가?
- 비상사태시 누가 지원을 하고 어떻게 대처할 수 있는가?
- 회의장과 로비의 게시판 배열을 어떻게 조정할 것인가?
- 시청각, 접대, 장식서비스를 어떻게 조정할 것인가?
- VIP 객실, 다용도객실과 무료객실을 지정하는데 어떠한 역할을 하는가?
- 지방소방서와 공공 안전기관과 어떻게 연락하는가?
- 호텔의 지급내용을 지배인이 체크하는가? 만약 그렇다면 CSM은 청구에 관한 내용을 조정할 수 있는가?

- 서비스요원에 대한 팁을 조정하는가? 영수증은 어떻게 할 것인가?
- 스케줄과 사후회의 내용을 어떻게 조정할 것인가?

다. Convention Center CSM

컨벤션센터 CSM의 활동은 시설과 서비스에 대해 동등한 서비스를 제공하는 호텔 CSM과 유사하다. 컨벤션센터 CSM은 시설, 서비스계약자와 다른 공급자, 이벤트업자에 관한 정보를 제공한다.

컨벤션센터 CSM의 처리해야 할 업무를 살펴보면 다음과 같다

- 시설과 관련하여 CSM이 관리자에게 직접 보고하는가?
- 누가 서비스를 기획하는가?
- 사전회의, 행사진행, 사후 마케팅을 어떻게 할 것인가?
- 시간조절은 어떻게 할 것인가?
- 비상사태시 책임자는 누구이며 어떻게 대처할 수 있는가?
- 비상사태시 총괄적인 책임자는 누구인가?
- 시설에 대한 도표를 작성할 수 있는 CAD 시스템을 가지고 있는가?
- 시설의 기능은 도표에 포함되는가?
- In-House 제공 서비스는 무엇인가?
- 누가 배타적인 계약자인가?
- 추천계약자는 누구인가?
- 배타적인 계약자와 CSM은 어떻게 상호작용하는가?
- 일반서비스 계약자와 CSM의 역할관계는 무엇인가?
- 지방소방서와 안전기관과의 독립적인 연락이 가능한가?
- 시설조정을 할 때 CSM이 제공하는 서비스는 어떻게 되는가?
- 행사진행, 사후마케팅에 있어서 다른 회의와 다른 것은 무엇인가?

- 회의기획가가 CSM으로부터 필요로 하는 정보는 무엇이며, 컨벤션센터로부터 가이드북을 받을 때는 언제인가? 이 정보를 누구에게 언제 배부할 것인가? 만약 이 정보와 유사한 것이 있다면 교환이 가능한가? 또 어떻게 조정하는가?
- CSM은 사전, 사후회의 브리핑을 조정하는가? 서비스 제공업자에게 제공하는가?
- 현지 활동을 하는데 있어 사전시설에 대한 허락을 할 수 있는가?

7. 의사소통(Communication)

CSM의 업무를 성공적으로 수행하기 위해서는 회의관련업자와의 원활한 커뮤니케이션이 중요하다.

CSM은 컨벤션센터 이용에 대한 계약을 하고 회의기획가와 첫 대면을 한 후 일정한 커뮤니케이션 수단을 통해 의사소통을 할 수 있도록 해야 한다. 그리고 회의기획가가 전화로 어떤 결정을 부탁한다면 이와 관련된 모든 절차를 문서로서 답신을 해야 할 것이다.
회의기획가의 요구사항과 컨벤션센터와 관련된 내용을 CSM은 제공해야 한다. 또한 회의와 관련된 정보, 즉 룸서비스와 스포츠시설, VIP의 요구사항, 등록 또는 다른 프로그램에서의 여러 문제들과 같은 정보들을 제공해야 한다.

Keypoint

아래의 주요 용어의 개념을 기술해 보시오

1. 연회/환대 매니저

2. 계약자

3. 컨벤션서비스 관리자(CSM)

4. 섭외자(liason)

5. 노동계약자

6. 외부제공업자

7. 모델링회사들

8. 화상회의

9. 회의관리

제16장 식음료서비스

학습 목표

1. 식음료 기능별로 요구되는 기획의 이해.
2. 음식서비스의 고려사항의 이해.
3. 주류가 사용되는 다양한 행사방법의 이해.
4. 음식기능에 따른 가격의 설정방법 이해

식음료 기능은 회의 성공과 실패에 주요한 요인이 된다. 왜냐하면 다른 회의에서 있었던 일들이 세부적인 기억에서 사라진 후 참가자들은 회의에서 화려한 연회나 독특한 주제 파티를 기억하게 된다.

참가자들은 차갑게 식은 커피를 제공받았던 일과 맛깔스럽지 않은 과자들을 제공받았던 휴식시간을 기억할지도 모른다.

식음료 기능은 가벼운 아침식사, 뷔페, 분위기 있는 저녁식사, 주제가 있는 이벤트, 리셉션, 칵테일파티, 간단한 휴식시간들을 포함한 많은 형식들을 기억할 것이다. 회의기획가들은 이러한 역할들 중 어떤 것이 회의의 일부분이 될 것이며, 어떠한 특정 음식아이템이 특정한 집단과 예산에 가장 잘 어울릴 것인지를 결정해야만 할 것이다.

1. 연회기획

연회나 환대관리자는 식·음료 연회기획을 해야 하는 책임이 있으며, 때에 따라서는 마케팅관리자가 식음료 연회기획을 하는 경우도 있다.

예를 들어, 음식을 서브하고 먹는데 걸리는 시간보다 식사계획을 수립하는데 많은 시간이 소요되기 때문에 연회나 환대관리자는 회의기획가에게 식음료 연회기획에 대한 조언을 구해야 할 것이다.

대부분 컨벤션센터들은 정해진 가격에 사전 준비된 메뉴를 제공하며, 특별한 경우에는 다른 음식에 대한 계획을 수립하는 것을 허락할 수도 있고 그렇지 않을 수도 있을 것이다.

만약 준비된 음식메뉴들을 참가자들이 좋아하지 않는다면 식·음료관리자들은 참가자들이 좋아하는 메뉴를 구상할 수 있도록 도와줄 것이다. 또한 서비스 시간 범위내에서 다양한 메뉴를 포함할 것인가를 고려해야 한다.

또한 식음료계획을 수립하기 위해서는 참가자들의 성장환경 및 다양한 기호에 대비할 수 있는 것이 무엇인가를 파악하여 계획을 수립해야 한다. 참가자들의 개인적인 선호와 종교적인 규제 때문에 특별한 음식이 필요하다면, 이들을 위한 정보를 등록양식에 기록하고, 특별한 음식과 공간을 배려해야 하며, 사전에 이러한 요구사항들을 호텔 연회직원들에게 통보해야 한다. 또한 채식주의자들의 요구사항들을 준비해두어야 하며 이러한 채식주의자들은 생선이나 육류를 먹을 수가 없기 때문에 각별히 신경을 써야 한다.

대부분 회의에서 식음료 메뉴선택과 기획은 회의기획자의 책임으로 회의를 기획하기 이전에 음식의 역할에 대해 다시 검토해 보아야 한다. 음식의 선택사항은 무엇인가? 참가자들은 이러한 행사에 대해 어떠한 평가를 했었던가? 만약 참가자들이 제공된 음식의 타입과 질에 대해 만족하였는데 동일한 기준을 적용하지 않고 다른 식·음료에 대한 계획을 하게 된다면 문제가 발생하게 될 것이다.

2. 식사의 기능

식사기능에는 아침, 점심, 저녁식사가 있다. 그러나 간단한 휴식시간과 칵테일파티와 같은 것은 포함되지 않는다. 따라서 프로그램 또는 예산에 하루 세 끼의 식사를 계획해야 한다. 또한 많은 참가자들은 독특한 음식의 맛을 볼 수 있는 지역의 식당을 선택할 수 있는 자유로운 시간을 주는 것에 대해 감사하게 생각할 것이다.

몇몇 참가자들은 오전식사를 하지 않을 수도 있으며, 커피, 과자류, 과일 몇 조각만 먹기를 바랄지도 모른다. 이러한 경우에 오전식사를 푸짐하게 준비한다면 예산의 낭비를 초래하는 경우가 될 것이다.

며칠 동안 계속되는 회의에서 매일 저녁식사를 제공하는 것은 아니다. 다시 말해 많은 참가자들은 지역식당에서 맛있는 요리로 식사하길 원할 수도 있으며, 이러한 식사방법이 형식적인 행사에 참가하는 것보다 더 바람직하다고 여길지도 모른다.

오전 중에 진행되는 회의를 기획하게 되면 주로 고려하게 되는 것이 점심식사이다. 참가자들은 식사를 위해 아무데나 갈 수 있는 시간적 여유가 없기 때문에 만약에 참가자들이 아무 곳에서나 식사를 하게 되면 오후에 개최되는 회의를 위해 돌아오지 못할 수도 있을 것이다. 대부분의 호텔들은 참가자들이 레스토랑이나 커피숍에서 동시에 식사하는 것이 쉽지 않기 때문에 따라서 식사시간을 적절하게 조절해야 될 필요성이 있다.

가. 메뉴선택

예산 범위 내에서 적합한 서비스와 최고의 질을 제공할 메뉴를 선택해야 한다. 며칠 동안 계속되는 회의를 위해 참가자들의 입맛을 유지시키기 위해 다양한 메뉴를 선보여야 한다. 식사는 영향균형을 잘 맞추어야 하며 음식은 다양하고 특색있는 메뉴를 구성하여야 한다.

참가자들의 취향에 잘 맞추기 위해서는 식사(특히 오전, 점심 식사)에서 느끼하거나 기름진 음식들이 많은 비율을 차지해서는 안 될 것이다. 가능한 한 기억에 남는 회의를 기획하기 위해 독특한 요리를 제공하기 위해 지방의 특색 있는 요리전문가들을 섭외해야 하며, 많은 참가자들을 위한 연회를 기획 중이라면 미리 준비된 메뉴를 선택해야 한다. 이러한 메뉴들은 모든 사람들을 만족시키지는 못하겠지만, 참가자들 중에서 다수의 사람들을 만족시킬 수 있기 때문이다. 그러므로 제공할 메뉴를 결정할 때에는 내가 좋아하는 것이 아니고 참가자들이 선호하는 음식들을 준비해야 한다는 것을 기억해야 할 것이다.

나. 테이블(Sit-down) 서비스

테이블 서비스란 참가자들이 테이블에 앉은 상태에서 음식을 서비스하는 방법으로 이러한 방식의 식사서비스는 빠르고 가격이 저렴하다는 이점이 있다.

웨이터들은 참가자들이 뷔페에서 음식을 선택하는 것보다 자리에 앉은 고객에게 더 빨리 음식을 제공할 수 있을 것이다. 뷔페식사를 할 경우 뷔페 테이블에 길게 나열된 음식들 중 자기의 취향에 적합한 음식을 먹기 위해 여러 번 회전을 한 후 뷔페 룸을 떠날 것이다. 그러나 테이블 식사는 제한된 분량의 음식으로 인해 비용이 저렴하며 뷔페테이블과 서비스 라인을 위한 공간이 필요하지 않기 때문에 공간이 적어도 된다.

식사하는 동안 초청연사 강연을 할 계획이 있다면, 테이블 서비스가 뷔페서비스보다 효과적인 방법이다. 모든 사람들은 연사가 프리젠테이션을 시작하기에 앞서 앉아 있어야 한다. 참가자들은 강연을 하기 전에 식사를 마쳐야 하기 때문에 메뉴와 서비스시간을 잘 생각해 두어야 하며 이러한 테이블 서비스는 여러 가지 시간과 중첩이 되지 않도록 어떤 지체시간과 우발상황들을 고려하여 철저한 예행연습과 준비가 필요할 것이다.

다. 뷔페서비스

테이블 서비스 식사가 빨리 이루어진다고 할지라도 적당히 자리잡힌 뷔페서비스는 테이블서비스보다 더 편리하다. 왜냐하면 전반적인 식사가 동시에 이루어지기 때문이다. 뷔페서비스는 동시에 모든 것을 한꺼번에 할 수 있으며, 일정한 시간에 참가자를 특정지역에 도착시키고자 할 경우에 유리하다. 이러한 뷔페식사에도 역시 대체요리와 다양한 테이블서비스를 제공하고, 참가자들은 그들이 선호하는 음식들을 선택할 수도 있다. 뷔페서비스를 기획할 경우에 서비스를 하는데 긴 라인을 유지하지 않으려면 충분한 서비스공간을 확보해 두어야 한다. 특히 뷔페서비스의 경우 줄을 서서 대기하는 시간이 길게 되면 참가자들이 불편할 수도 있고 또한 선호음식들이 먼저 바닥이 나게 되면 뒤에 식사를 하는 사람이 기다리는 시간과 선호음식의 부족으로 인해 불평을 하게 될 것이다. 따라서 뷔페서비스의 경우에 서로 부딪치지 않게 동선관리와 동시에 여러 코스로 이동할 수 있도록 하는 공간배치가 중요하다.

뷔페서비스를 고려할 때 1인당 음식에 대한 제한을 두지 않는다. 따라서 테이블서비스에 사용되는 비용보다는 참가자 1명당 더 많은 비용을 산정해야 할 것이다. 또한 값비싼 아이템을 제공하는 연회직원이 있다면 모든 참가자들을 위한 충분한 음식을 준비하고 있다는 것을 확신해야 한다.

3. 리셉션과 칵테일파티

리셉션과 칵테일파티는 종종 회의 프로그램의 일부로서 역할을 한다. 이러한 파티에는 알코올음료와 비알코올음료, 몇 종류의 과자류, hors d'oeuvre(전채요리)를 포함하고 있으며, 행사는 주로 초저녁에 계획되어지며 때때로는 기획된 저녁식사를 위해 대체되기도 한다. 리셉션은 참가자들에게 사교와 친목을 도모할 수 있는 기회를 제공한다. 대부분의 리셉션들이 오후 늦은 시간에 이루어지지만, 필요에 따라 어떠한 시간에도 계획이 될 수 있다.

가. 알코올음료

알코올음료는 주요 예산항목이 될 수 있는데 어떠한 형태의 알코올이 선택되어 지는가, 그리고 어떤 브랜드의 알코올음료가 제공되어 지는가에 따라서 다르게 구성된다. 알코올음료의 소비와 구입에 있어 체계를 세우는 몇 가지 방법들이 있다.

1) 현금지급이 필요한 바 : 참가자들이 자신의 돈을 지급하고 그들의 술을 마

시기 위해 세팅된 바이다. 이 기획은 기획가에게 최소의 비용이 들지만, 협회에서는 마땅하지 않다고 생각할지도 모른다.

2) 이용자 1인당 지급 : 한 명의 고객당 정액요금을 지급하면 시설업체들은 모든 주류와 소프트 음료를 제공할 것이다. 한 사람이 혼합 드링크를 마시든, 클럽 소다 한잔을 마시든, 아무 것도 마시지 않더라도 계약한 금액의 돈을 지급해야만 하기 때문에 이것은 비용이 많이 든다.

3) 이용한 주류 값만 지급 : 참가자에게 제공된 각각의 술에 대해 가격을 지급해야 한다. 이것은 역시 개방형 바(open bar: 무료로 음료를 제공 하는 바)라고도 한다.

4) 이용한 병으로 지급 : 제공된 음료병만 계산한다. 이것은 가격면에서 가장 효율적인 방법으로 생각되며(현금 바를 제외하고), 특히 알코올음료를 많이 소비하게 되는 대규모 인원이 참가할 경우에는 가장 적절한 방법이다.

알코올음료의 비용지불은 바텐더, 서비스요원, 출납원, 가능하다면 세팅에 대해서도 비용을 지급해야 하기 때문에 항상 추가비용을 준비해야만 한다. 그리고 협회에서 예상했던 예산과 가장 잘 어울리는 알코올음료계획을 기획하는 것이 좋은 방법이 될 것이다.

알코올음료의 비용을 절약할 수 있는 몇 가지 방안들을 소개하면 다음과 같다. 티켓을 등록우편물속에 넣어주거나 출입문에서 참가자들에게 티켓을 배부하는 것이다. 이것은 알코올음료의 수를 배부된 티켓들의 숫자에 맞춰 제한하게 될 것이다.

개개인이 할당된 티켓 수 이상의 알코올음료를 구입할 수도 있기 때문에 출납원을 배치해 두어야만 할 것이다. 사전에 얼마만큼의 알코올음료 사용이 예상되는지 판단해서 정확한 계산서를 작성해야 할 것이다.

알코올음료를 포함하는 기획을 할 경우, 지역규정을 잘 알아두어야 하며 과음을 하여 사고가 발생했을 경우, 협회에서 져야 하는 책임에 대해서도 알아두어야 한다.

나. Hors d'oeuvre(전채요리)

Hors d'oeuvre와 스낵류는 음료와 더불어 제공된다. Hors d'oeuvre는 스낵류보다 값이 비싼 경향이 있다. 스낵류에는 크래커, 치즈, dips, 채소와 같은 것들이 있다.

4. 간단한 휴식(Break Time)

간단한 휴식은 대개 15분에서 20분 정도가 소요되며 오전 중반과 오후 중반 회의와 회의 사이에 있게 마련이다. 이러한 휴식은 강도 있는 워크숍과 다른 회의들로 인해 지쳐 있을지도 모르는 참가자들에게 신선한 자극제 역할을 한다.

참가자들이 회의를 떠나서 충분한 휴식을 취하고 그들의 기업에 전화를 걸고, 가능하다면 레스토랑에 들릴 수 있는 충분한 시간을 가질 수 있도록 계획을 수립해야 한다. 비록 커피(일반 및 카페인이 들어 있지 않은 것), 차, 청량음료, 소프트드링크가 기본적으로 제공이 되고, 그 외에도 과일주스, 따뜻한 우유, 가벼운 스낵류 등도 가능하다. 뜨거워야 할 음료는 뜨거워야 하고, 시원한 음료에는 얼음으로 차게 해 주어야 한다. 도자기로 된 접시들은 제공되는 음식에 대한 품질의 이미지를 좋게 하며, 주위 분위기를 온화하게 해준다.

5. 주제가 있는 이벤트

주제가 있는 메뉴들은 종종 칵테일파티와 리셉션과 같이 저녁 만찬에 사용되어진다. 참가자들은 기본 회의음식에 지루해져 있기 때문에 이러한 메뉴는 아주 인기가 높다. 많은 시설업체들은 이러한 이벤트에 적절한 메뉴와 장식들을 하게 되며, 회의기획가에게 아이디어를 제공하게 된다. 멕시코 축제, 하와이식 파티, 혹은 서구 바베큐 파티를 포함한 유명 주제들이 이러한 예이다. 그리고 고상한 프로그램과 특별한 성과를 제공할 전문가들을 초청하는 것이 좋다.

6. 비 용

식·음료기능의 비용에는 많은 변수가 있다. 기획가의 책임은 얼마나 많은 비용을 절약할 수 있을 것인가?, 그리고 예산 범위 내에서 비용이 충족되어지는가를 판단해야 하며 음식비용은 대개 1인당, 부가가치세, 팁을 포함하여 계산하기 때문에 세금과 팁을 고려해야 한다.

많은 시설업체들은 한 뷔페 당 50명의 사람들을 기준으로 하여 최소 개런티를 요구하거나 한 테이블 서비스로 실시되는 오전식사 당 20명의 사람들을 기준으로 최소 개런티를 요구할 것이다. 많은 기획가들은 회의기간 동안 행사로 인해 나가는 세금과 팁에 대해 간과하는 경우가 많다.

팁의 비율은 10%에서 20%이며 세금은 10% 혹은 그 이상만큼 나가기 때문에 세금과 팁은 계산시 큰 문제를 야기시킬 수 있다. Hors d'oeuvre(전채요리)의 비용은 한 접시 당, 25 접시 당, 50~100 접시 당 혹은 그 외 여러 변수를 기준으로 할당되어진다. 간단한 휴식은 한 사람당, 한 개당(빵 과자류), 1갤런당(커피나 티), 혹은 한병 당(소프트드링크)으로 비용이 계산된다.

세금과 팁은 각 품목의 비용에 추가되므로 회의기획가는 제 각각의 식사기능에 참가할 사람들의 숫자를 구체적으로 판단해야 한다. 회의기간중에 발생하는 개런티 역시 구체화해야 하며 개런티 기간은 대개 48시간 이내에 이루어지지만, 때에 따라서는 42시간에서 72시간에까지 가능하다.

참가한 사람들의 숫자만큼 그리고 참가한 사람 이하의 숫자만큼 개런티를 줄 때도 계약한 가격비용을 계산할 필요가 있다. 반면에 그 이상으로 개런티가 발생한다면, 실질적으로 제공된 값어치만큼 계산을 해야 한다. 대부분 주방에서는 지난해 참가자의 성향을 참고로 하여 기타식사들을 준비한다. 가능한 정확한 개런티를 계산하기 위해, 많은 기획자들은 티켓 교환을 요구한다. 참가자는 적절한 식사기능의 티켓의 활용을 위해 등록우편 속에 함께 동봉된 카드를 교환해야 한다. 이러한 기능성 티켓은 특히 시상을 하는 연회행사와 기본비용 이상으로 비용이 발생하는 행사에 필수적으로 필요하다.

Keypoint

아래의 주요 용어의 개념을 기술해 보시오

1. 식음료부서

2. 연회/환대 관리자

3. 보증기간

4. 테이블서비스

5. 뷔페서비스

6. 간단한 휴식

7. 주제가 있는 이벤트

8. 최소보증

9. 팁

10. Hors d'oeuvre

제17장 회의장 배치

학습 목표

1. 회의 계획에서 행사장과 행사장 배치의 중요성 이해.
2. 행사장 배치형태 이해
3. 기능별로 사용되는 회의장비에 대한 이해
4. 회의실 자체의 기능보다 배치와 해체기능의 필요에 대한 이해

회의의 일부분으로써 예정된 행사 또는 이벤트들은 편의시설(외부의 활동들을 운영하는 계획을 제외하고) 내의 한 장소에서 진행된다. 협상이 진행되는 기간 동안, 기획가는 사용하지 않는 회의장(empty room)을 조정한다. 그리고 회의장이 사용되는 항목을 설명하고, 그 지역에서 원하는 가구와 장비들을 정리해야 한다.

편의시설의 대표적인 것은 회의장 배치의 결정과 함께 막대한 예산을 줄일 수 있다. 그러나 행사에서 그룹이 필요로 하는 충분한 회의장 배치, 그리고 또다른 항목들에 대한 책임이 필요하다.

1. 회의장

회의장은 호텔, 컨벤션센터, 또다른 시설로써 예상되는 행사나 이벤트를 개최하는 회의편의시설 중의 하나이다.

어떤 것을 행사로 간주할 수 있는가? 개최장소에 요구되는 하나의 이벤트를 예상하면 된다. 이러한 행사에는 세미나, 워크숍, 일반적인 회의가 포함되며 리셉션, 칵테일파티, 바베큐, 커피브레이크 등은 등록지역 사무국의 필수적인 행사이다.

회의공간으로 사용할 수 있는 방들은 어떤 것들이 있는가? 편의시설 내의 명확하게 구분된 행사환경을 가진 공간은 호텔로비와 회의실 현관은 전통적인 회의장, 무도실 그리고 전시장으로 사용할 수 있으므로, 임시적인 행사공간으로 제공해야 한다. 만약 다과를 회의장 문 밖의 홀에 배치한다면 그것은 행사공간이다. 그리고 넘쳐나는 전시구역과 외부에 포도주를 배치할 수 있다면 그것 또한 행사공간이 된다.

2. 회의장 배치

회의장내의 가구와 장비를 배치하는 것을 방배치라고 한다. 기본적인 4가지 스타일로 회의실을 배열할 수 있는 방법이 있다. 배치는 특별한 이벤트, 접견실, 전시실, 그리고 개별적인 원칙들이 고려될 수 있다.

가. 극장 또는 청중석 스타일(Theater or Auditorium Style)

현장배치는 참가자들이 중요한 지점으로 향하는 가로줄로 된 의자에 앉는다. 연사구역에는 마이크와 강의책상이 결합된 구역 또는 교단, 의자, 프리젠테이션이 가능한 테이블을 위치한다.

좌석은 똑바른 가로줄, 곡선모양의 윙(날개형), V형태, 또는 반원형으로 배열하기 위해 가로줄의 길이 결정과 참가자들의 효율적인 동선을 위한 교차복도와 소방구역을 포함시켜야 한다. 어떤 회의실에는 고정된 좌석이 있기 때문에 회의실을 사용할 경우 배열된 자리 범위 내에서 좌석배치를 해야 한다.

회의실과 극장식 스타일 배치를 위한 유용한 계획은 무대, 연사구역, 복도구역 그리고 시청각교재를 사용할 수 있는 구역으로 계획되어져야 한다.

나. 회의실(Schoolroom) 스타일

회의실 배치는 연사를 향하는 테이블과 의자들이 사용되며 극장스타일로 배치된 회의실은 테이블공간 때문에 많은 사람들이 들어 갈 수 없다. 회의장 배치에 테이블을 사용할 때는 천으로 깔아야 하며 테이블은 가로줄로 배열하고, 참가자들은 연사의 연단에서 수직방향으로 앉게 되면 연사를 향해 앉게 되며 테이블의 한 부분에 참가자가 앉을 수 있는 V형태로 배치할 수 있다.

극장스타일 배치와 회의실배치의 좌석을 유용하게 활용할 수 있도록 계획하되 반드시 테이블로부터 참가자들을 위한 여분의 공간을 제공할 수 있도록 해야 한다.

<그림 17-1> 회의장의 형태

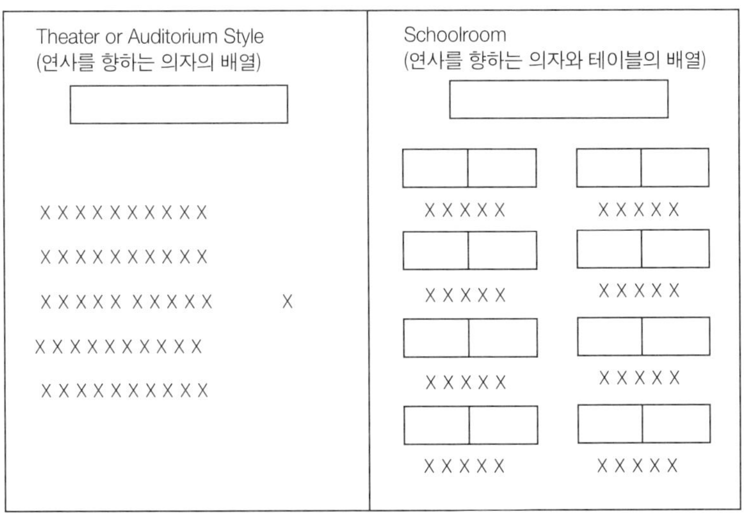

다. Conference(회의) 스타일

Conference(회의)스타일의 방 배치 역시 테이블을 사용하지만, 극장 스타일과 회의실 스타일과는 다르게 연사의 구역이 없는 것이 특징이다. 연사구역이 따로 정해져 있지 않지만 다른 스타일보다 회의장 배치를 더욱더 다양하게 고려할 수 있다. 회의실 배치는 집단구성원들 간에 대화를 용이하게 하도록 구성되어야 한다.

아래의 내용은 Conference(회의)스타일 배치의 전형적인 것이다:

1) Board of Directors: 2개의 30인치 테이블과 60인치 테이블을 함께 준비하여 배치한다. 길이는 참가자의 수에 따라 좌우된다.

2) Board of Directors, Oval: 배치는 Board of Directors와 같다. 60인치 반원형 테이블의 각 모서리에 배치한다. 이 배치는 "테이블의 윗자리"를 회피하는 것이다.

3) U-Shaped: 테이블들을 U의 형태로 향하게 한다. 좌석은 짧은 측면의 한 쪽에 그리고 긴 팔걸이의 한 쪽 혹은 양쪽의 측면에 둔다.

4) Horseshoe: U-Shape와 유사하나 모서리를 둥글게 사용한다.

5) E-Shape: 테이블들은 E의 모양으로 위치한다. 참가자들은 짧은 팔걸이를 가진 테이블 한 쪽에 뿐만 아니라 긴 팔걸이의 한 쪽에 앉는다.

6) T-Shape: 테이블은 T의 모양으로 위치한다. T의 제일 꼭대기에 한쪽 의자들은 끝에서 끝까지 싱글 테이블이 위치하여 구성된다. T의 수직의 부분들은 사람들이 한쪽에 앉을 수 있는 더블 테이블로 구성된다.

7) Hollow Square: 테이블은 내부에서 입구가 아닌 직각으로 위치한다. 자리는 오직 외부에 위치한다.

8) Hollow Circular: Hollow Square 와 같이 뱀 모양의 부분을 제외하고 모서리에 사용한다. 또 다른 변화들은 반원형 형태와 뱀 모양의 부분에 따라 사용됨으로써 발전시켜 왔다.

라. 원형 혹은 연회스타일

원형테이블들은 집단토의들을 위해 사용되거나 식음료 연회행사를 위해 사용되기도 한다. 원형 테이블들은 모든 사람들이 다른 사람들을 만날 수 있는 개별적인 테이블에 착석하는 형태이다. 또한 음식을 쉽게 서비스할 수 있도록 되어 있으며, 라운드 테이블은 분리된 부분이 없다.

원형 혹은 연회테이블은 48인치, 60인치, 66인치, 그리고 72인치의 사이즈가 있다. 이 테이블들은 4~6, 6~8, 8~10, 9~11명의 각각의 사람들이 앉을 수 있다.

방의 수용력을 측정할 때, 참가자들을 위해 좁게 혹은 넓게 좌석배치를 하는 것이 좋은지를 결정해야 한다.

〈그림 17-2〉 연회석 배치

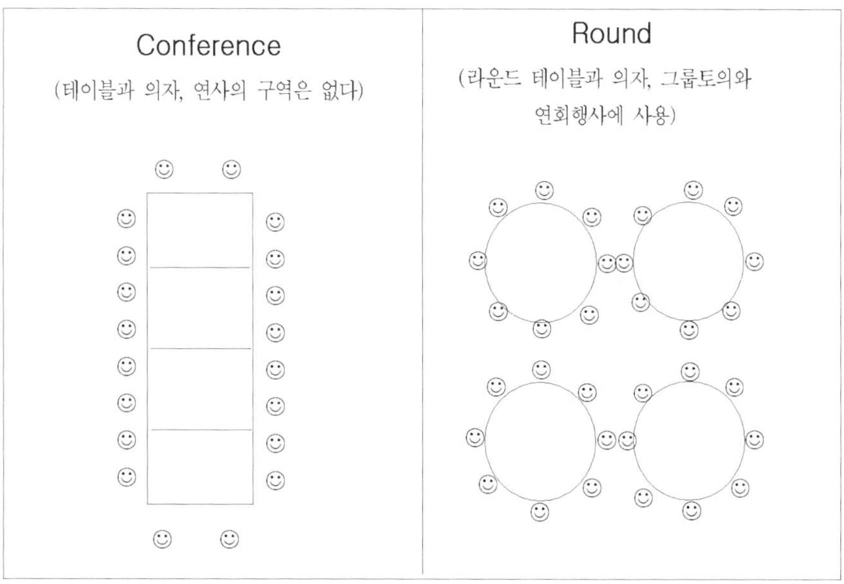

회의 편의시설은 행사구역과 다양한 배치를 위한 방의 수용성, 회의평면도 계획을 기획가가 수립할 수 있으며 회의실의 가구와 설비의 배치를 책임지고 할 수 있으나, 기획가가 개인적으로 방의 수용성을 혼잡하게 할 수는 없다. 회의 편의시설들은 회의실의 수용능력을 초과할 수 있기 때문이다. 대부분 공공회의 편의시설 안에서 흡연을 하는 것은 허용되지 않는다. 그리고 많은 회의 후원자들은 또한 그들의 이벤트에서 흡연하는 것을 금하고 있다. 그러나 회의 계획에서 참가자들을 위한 흡연구역을 설정한다면, 흡연과 금연구역을 고려해야 한다. 시청각 장비의 다양한 형태로부터 요구되는 공간을 알고 있어야 하고, 집단이 편안하게 만날 수 있는 의자와 테이블의 표준화된 개인적인 검사와 기록을 해야 한다.

3. 가구와 장비

회의 개최장소마다 회의실 상황이 변함에 따라, 대부분의 편의시설은 회의에 필요한 최소한의 가구와 장비들을 가지고 있어야 한다.

가. 의 자

대부분 의자의 치수는 17인치에서 18인치의 높이의 의자이다. 겹겹이 쌓아올린 가볍고 큰 의자들은 17인치에서 20인치 높이이다. 만약 접철식 의자를 사용하기를 원한다면, 대규모 집단을 위해서만 사용이 가능하고, 자리배치가 매우 좁은 식음료 행사에는 사용할 수가 없다.

나. 테이블

테이블은 30인치 높이와 여러 개의 모양을 가지고 있으며 같은 모양의 천으로 감싸게 되면 흠집이 난 표면을 덮을 수 있다.

Rectangular : 46인치 크기에서, 8피트의 길이와 18에서 30인치의 넓이를 배치시킨다.

Round : 48인치, 66인치, 그리고 72인치 테이블들을 이용 가능하다.

Half-Rounds : 네잎 클로버 모양의 구성과 또다른 특별한 배열을 사용하고 직선의 측면을 가지고 있다.

Serpentines : 편자 모양의 구성, 오목한 원형, 또다른 특별한 배열을 사용한다.

다. 강연대

강연대는 연사를 위해 만들어진 회의 데스크로 테이블(테이블 강연대) 또는 바닥에 세워 놓거나 또는 무대(바닥 강연대)에 위치한다. 강연대는 조명과 시계, 고정된 혹은 거위 목처럼 굽은 마이크를 준비하고 있어야 한다.

라. 연 단

연단은 한층 높인 무대로 프리젠테이션에서 사용할 경우 필요에 따라 높이를 조절할 수 있으며 연단은 튼튼하고 안전한 표준의 형태로 만들어져야 한다.

마. 칠판의 받침대, 칠판, 플립차트

어떤 연사들은 차트를 사용하는 것을 좋아하며 차트는 삼각대 혹은 Easels (칠판 받침대)에 위치한다. 칠판(혹은 화이트보드)은 벽에 이동할 수 있는 것 혹은 고정시킬 수 있는 것이 있으며 회의시설에서 교육적인 목적 또는 회의공간으로 사용되는 곳을 제외한 모든 회의실에 이러한 시설이 갖추어져 있지는 않다.

바. 시청각 기구 그리고 연출 장비

어떤 보조장비들은 연출장비로 정의될 수 있으며 프로그램 혹은 회의의 명확한 구분에 따라 다르게 사용이 되는 것이다. 부가적으로 시청각 기구, 부속품, 프로젝터, 스크린, 포인터를 포함한 5개의 범주로 구분된다.

4. 계획표

행사장과 객실의 배치를 위한 계획표는 동일한 시간 내에서 주최자가 여러 개의 행사를 편리하게 진행할 수 있도록 하며 이러한 회의는 충분한 회의공간배치를 고려한 각각 다른 시간대에 이벤트를 계획해야 한다.

회의편의시설은 회의진행자들이 편리하게 사용하도록 배려해야 한며 특별히 계약서에 명기하지 않는 한 행사장을 24시간 동안 사용하기 위해 비용을 지급하는 것은 다른 집단으로부터 다른 행사를 진행할 경우 회의에 방해가 되기 때문에 야간을 포함하여 하루 동안 회의실을 사용하는 계약을 해야 하는 것이다.

외의기획가는 대표적인 편의시설을 확인하여 참가자들이 같은 장소를 사용하면서 충분한 시간을 가질 수 있도록 해야 한다.

예를 들어, 호텔 무도실을 이용하는 계획을 수립할 때 오후일과가 끝나고 미리 방을 청소하고 나서 식사를 계획할 경우 의자나 테이블을 옮기거나 테이블 배치와 기본적인 양념, 식수, 버터와 같은 것을 옮기는 것을 고려해야 한다.

협상을 하는 과정에서 편의시설의 사용과 배치, 정리를 포함한 모든 시간계획을 알고 있어야 한다. 그리고 참가자를 위해 비어있는 방을 기억해야 한다.

방 배치를 할 때는 호텔의 직원과 지속적인 접촉을 해야 하며 회의장비에 대한 체크를 철저히 해야 한다. 장비가 사용되는 곳에 따라 배치를 해야 하기 때문에 관리자 혹은 컨벤션서비스 운영자와 협의하여 되도록이면 주변공간을 모두 사용할 수 있도록 해야 한다.

5. 지 시

각각의 행사장 배치를 위한 기구와 일람표를 미리 배치해야 하며 종이에 배치도를 그리고, 복도와 문, 연설대, 가구 등 모든 장비 등에 일람표와 배치도를 요구해야 한다. 컨벤션서비스 운영자에게 배치도를 주고 그것을 담당자들에게 배포할 수 있도록 해야 한다.

회의를 위해 개최장소에 도착하자마자 각각의 회의실을 확인을 해야 한다. 예를 들어 편의시설 행사장의 한 부분을 개조하는 계획을 임의대로 할 수 없기 때문에 편의시설의 위치와 목록, 설비들을 이해하고 있다면 불필요한 프로그램의 변경을 줄일 수 있을 것이다.

회의실 배치를 끝낸 후에 회의가 시작되기 한 시간 전에 마지막으로 시청각 장비들을 점검해야 한다. 시청각 장비의 코드와 인입선들을 바닥에 테이프로 붙이고 음향시스템, 마이크, 조명제어를 확인해야 하며 그리고 수정할 내용이 있으면 이 시간에 수정을 해야 한다.

Keypoint

아래의 주요 용어의 개념을 기술해 보시오

1. 접대실(Hospitality room)
2. 연사휴게실(Speakers lounge)
3. 방 배치(Room setup)
4. Theater style
5. Auditorium style
6. Schoolroom style
7. Conference style
8. Rounds
9. 강의대(Lecterns)
10. 연단(Platforms)

제18장 시청각 기자재

학습 목표

1. 회의형태에서 시청각장치의 중요성이해
2. 시정각 기자재의 특징과 유형 이해
3. 컨벤션산업에서 사용되고 있는 시각기법 이해
4. 효과적인 시청각 프리젠테이션을 위해 필요한 장비 이해

초청연사와 발표자들이 발표를 준비할 때 회의기획가는 그들에게 시청각장비의 사용방법을 알려주어야 한다.

이러한 방법을 사용하는 이유는 장시간의 공식발표에 다양한 변화를 주기 위한 것이다. 하지만 시청각 기자재는 흥미 이외의 더 많은 것을 제공한다. 시청각장비는 또한 이해하는 과정을 도와준다. 참가자들은 회의가 시청각장비로 수행된다면 보다 더 프로그램목록을 기억하기 쉽다.

많은 회의시설들은 시설비에 포함되어져야 하는 것과 명목상의 요금으로 빌려야 하는 오디오와 비디오 장비가 있다. 요구된 장비를 구할 수 없을 경우에는 그 장비는 지역의 장비공급자에게 요청할 수 있다.

시청각장비는 회의산업에서 아주 중요하기 때문에 계획입안자는 장비에 대한 약간의 지식과 다양한 시각기법을 통해 요구되는 물리적인 배치를 알아야 한다. 연사들이 요구하는 시청각장비가 무엇인지도 확인해야 한다. 이것은 적절한 장비사용을 위해 준비해야 하기 때문이다.

1. 시청각 장비는 무엇인가?

시청각장비는 두 가지 요소로 구성되는데, 단지 소리만을 전송하는 장치와 그림(영상)을 전송하는 장치가 있다. 시청각 용어를 사용할 때, 프로젝션 스탠드와 스크린과 같은 필요한 보조장치를 포함한다.

오디오 장치는 마이크와 사운드 시스템을 포함하며 슬라이드, 비디오테이프, 오버헤드컬러 슬라이드, 모션픽쳐 필름 그리고 연속된 긴 영사 슬라이드의 사용은 모두 다른 시청각 기자재와 프로젝션 기법을 필요로 한다.

몇 가지 유형의 시각장치는 소규모 단체에 잘 어울리며, 나머지는 모두 대규모 회의에 적합하다. 시청각 장비취급자는 기자재를 조작할 수 있어야 하며, 프리젠테이션을 하는 사람에게 도움을 주어야 한며 도움을 주지 못할 경우 숙련된 시청각 공급자의 도움을 받아야 할 것이다.

가. 오디오 장비(Audio Equipment)

몇 가지 유형의 마이크는 겸목적회의에 적합하고, 각각의 마이크는 적용방법이 따로 있다. 아래의 내용들은 가장 흔하게 사용되는 오디오 장비들이다.

1) Table Microphones — 테이블 마이크는 연사가 앉은 채로 발표하기 위해 테이블 위에 놓은 짧은 스탠드이다.
2) Floor Microphones — 플로어 마이크는 바닥에 놓여 있는 조절 가능한 금속 스탠드이며 연사가 연단에서 전선줄이 허락하는 한 이동할 수 있도록 마이크는 바닥에서 이동될 수 있다.
3) Roving Microphone — 로빙 마이크는 연사가 청중에게로 이동하는 것이 가능하며 손으로 들고 이동할 수 있는 무선이거나 긴 전선으로 연결되어 있다.
4) Cordless (Wireless) Microphone — 무선 마이크는 휴대하기 쉽고 배터리

로 작동된다. 이것은 스피커로 전달된 라디오 송신기에 의한 음향시스템과 증폭기에 연결된 라디오 수신기에 연결되어 있다. 무선 마이크는 보통 손으로 들거나 목걸이(lavaliere) 스타일이다.

5) Lavaliere Microphones — 목걸이(lavaliere) 마이크는 연사가 목을 움직이거나 무대 주위를 움직이기 위해 목 주위에 걸거나 옷에 부착한다.

6) 강연대 또는 지휘대(Lectern or Podium Microphones) — 구부려지는(gooseneck)형태로 연단에 고정된 연단이나 연설대의 마이크는 위치를 변화시킬 수 있다.

7) Sound System — 많은 회의시설은 영구적인 스피커를 통해 증폭하는 실내 시스템을 구비하고 있으며 대부분의 시스템들은 회의용으로 적당하다. 그러나 적당한 하우스시스템을 믿지 못할 경우와 회의실에 사운드가 내재되지 않을 경우에는 외부의 공급자로부터 도움을 받아야 할 것이다.

회의기획가가 처음으로 회의장소를 조사하고자 할 때, 사운드의 질을 점검해야 하며 마이크를 점검하기 위해 회의 전까지 기다려서는 안 된다. 만약 회의실이 공용방송 시스템이나 음악방송에 사용된다면 그 소리는 또한 회의실 안에서는 꺼지도록 해야 한다는 것을 명심해야 한다.

2. 시각장비(Visual Equipment)

오디오 장비보다 훨씬 많은 종류의 시각장비가 있으며, 시각장비의 질과 성능은 매년 발전하고 있다. 몇 가지 장비는 아주 비싸고 많은 예산이 요구되며 대규모회의에 사용된다. 다른 형태의 장비는 소규모 회의에 사용되어진다.

가. 35mm Slides

슬라이드는 양질의 영상을 제공하며 편집하기가 쉬우며, 사진과 컴퓨터에서 실행된 그래픽에 이르기까지 거의 모든 것은 슬라이드에서 재생되어질 수 있다. 35mm 슬라이드의 다른 이점은 사용하기 쉬운 장비이며 가장 흔하게 사용되어지고 있는 프로젝터는 회전트레이(carousel) 타입이다.

나. Film

보통 상영되는 모션픽쳐 16mm필름을 작동하기 위해서는 보다 많은 전문지식이 필요하다. 몇몇 Film Prozectors는 자동필름 투입기가 있지만, 그 외의 것들은 수동으로 필름을 투입해야 한다. 대규모 회의일 경우 사운드는 사내 사운드 시스템으로 연결해야 하며 여러 가지 문제점을 피하기 위해 전문사용자를 고용해야 한다.

다. Video

필름보다 비디오테이프는 컨벤션산업에서 널리 사용되어지고 있으며, 비디오테이프는 값이 싸고 재생하기 간단하며, 그리고 청중에게 미리 기록해두거나 생생한 영상을 투사하는데 이용된다. 비디오는 차트나 그래프와 같은 출력된 데이터를 투사하는 데는 35mm 슬라이드보다 효과적이지 못하다. 비디오테이프를 보려면 모니터가 있어야 하며 표준 TV set, 비디오 모니터와 비디오 프로젝터(투영기)는 그러한 것을 할 수 있는 장비이다. TV set이 가장 비용이 적게 들며 비디오 모니터는 좋은 영상을 제공하지만 항상 필요하지는 않다. Projection units는 청중이 많을 경우에 필요하다.

라. Overhead Projectors(OHP)

OHP는 사용하기 쉽고 저렴하며, 교육용으로 인기 있는 프로젝트이며 사용요령은 슬라이드를 평평한 유리판에 올려놓고, 거울이나 렌즈시스템 위에서 반사된다. OHP는 용지위에 그림을 그리고 글로 쓰여 진 것을 보여 줄 수 있으며 프로젝트를 사용자 옆에 두고 사용자가 OHP를 통해 투사를 하게 되면 뒤에 있는 스크린 위로 투사가 된다. 이러한 OHP는 어느 회사의 필름이든 9×9인치까지 사용할 수 있다. 또한 OHP는 투명필름의 가격이 저렴한 편이며 책이나 프린터가 된 내용를 복사기로 복사를 해서 사용하기 때문에 사용이 간편한 장점이 있으나, 장시간 사용을 하게 되면 뜨거워지는 단점이 있다. 오버헤드 프로젝트는 대규모 청중을 위한 것이라기보다는 소규모 회의를 위한 것이다.

마. LCD Panels

LCD패널은 평평하고, 얇은 Units를 오버헤드 프로젝터 위에 놓거나 컴퓨터에 연결해야 한다. 컴퓨터 스크린 상에 나타나는 모든 것은 오버헤드 스크린 상에 나타난다. 몇몇 연사들은 이것을 좋아하는데 오늘날 프리젠테이션 그래픽 소프트웨어 패키지가 시각적으로 흥미로운 영상을 만들 수 있기 때문이다. LCD 패널은 청중과의 대화를 제한하게 되는데 회의실은 적당한 조도를 위해 반드시 어두워야 하기 때문이다.

바. Multi-Media Presentations

Multi-image(다중 영상은) 슬라이드(화면과)와 소리를 일치된 Presentation으로 합쳐준다. 다중 영상은 동시에 프리젠테이션에서 화면과 소리를 일치시켜 준다.

사. 빔 프로젝트

빔 프로젝트는 조명아래에서도 차광이 힘든 공간에서도 비디오 화면을 생생하게 감상할 수 있기 때문에 시청각 기자재로 많이 사용되고 있다. 회의기획가들은 원격조작으로 프리젠테이션을 할 수 있을 뿐만 아니라 동영상을 실시간으로 움직이는 물체를 빔 프로젝트를 통해 보여 줄 수 있다.

3. 프로젝션(Projection)

프로젝션 시스템에는 프론트 스크린과 리어 스크린 두 가지 유형이 있다. 이 중에서 예산에 적절한 시스템을 선택해야 한다.

가. Front Screen Projection(전방 스크린 프로젝션)

대부분의 사람은 프론트스크린 프로젝션시스템에 친숙하며 프로젝터는 청중의 가운데나 뒤에 놓아야 하며, 영상은 스크린표면 앞에 투사된다. 이러한 프로젝션 방법을 사용한다면, 프로젝터와 스탠드, Projectionist(필요한 경우) 그리고 스크린을 준비하기 위해 회의실에서 공간을 마련해야 한다. 또한 프로젝션에 방해가 되는 모든 의자를 치워야 하며 사람들이 스크린 앞에 서 있거나 앉아 있다면 프론트스크린 프로젝션을 사용할 수 없다. 왜냐하면 그림자들이 스크린에 나타나기 때문이다.

나. Rear Screen Projection(후방 스크린 프로젝션)

후방 스크린 프로젝션은 전문적인 사용기술이 필요하며 비용이 많이 든다. 리어 프로젝션에서 프로젝터가 스크린 뒤에 놓이게 되며, 영상은 스크린을 통해 투사되어진다. 회의실은 이 기법을 사용하기 위해 어둡게 할 필요가 없으며 스크린 뒤는 어두워야 한다.

이 방법은 옆, 위, 뒤의 스크린을 완전히 덮을 필요가 없으며 회의실에서 스크린은 소수의 사람들이 앉을 수 있도록 스크린 뒤에 프로젝트가 충분히 앞으로 설치되어야 한다.

그러나 회의실에는 프로젝션 장비가 없기 때문에 무대 위에서 스크린에 그림자를 만드는 사람들 때문에 걱정할 필요가 없다. 또한 대부분의 시각기법 슬라이드, 필름, 리어프로젝션 기법과 함께 비디오를 투사할 수 있다.

만약 연사들이 프리젠테이션에서 슬라이드를 사용한다면, 사용할 프로젝션 시스템의 종류가 무엇인지 그들에게 확실히 물어봐야 한다.

4. Projection Screens

프로젝션시스템은 청중의 수에 따라 사용되는 4가지 시스템이 있다. 따라서 회의실과 청중의 수에 따라 스크린의 크기와 위치를 고려해야 한다.

가. Projection Screens Type

몇 가지 다양한 유형의 스크린이 있으며 프론트스크린에 적당한 스크린은 Matte White, Glass-Beaded, 수정체(Lenticular), Rear Projection이 있다. 리어프로젝션은 특별한 스크린이 필요하다.

1) Matte White — 이것은 가장 흔한 스크린 표면으로 Matte White 스크린은 넓은 시야각도와 예리한 사진을 공급하며 회의실은 사용을 위해 어두워야 한다.

2) Glass-Beaded — 스크린의 표면은 Matte White 스크린보다 3배나 밝은 화학적으로 코팅된 유리구슬로 되어 있으며 투사된 영상은 예리하지 않다. 시야 각도는 좁은 회의실에서 사용을 제한하기 위해 Matte White의 절반 수준이다.

3) Lenticular — 이 스크린은 어두울 필요가 없는 스크린으로 소회의실에 사용되며, 스크린의 크기는 다른 것들보다 훨씬 작다. 투사된 시야 각도는 Matte White의 각도보다 적다.

4) Rear Projection — 리어프로젝션은 영상을 스크린 표면을 통하여 투사하기 위해 반투명의 스크린이 필요하며, 그것은 정면에서 볼 수 있다.

   리어프로젝션스크린은 리어프로젝션 기법과 함께 사용되며, 스크린 뒤에 프로젝션 공간은 완전히 어두울 필요가 있다. 청중이 앉아있는 회의실은 어두워질 필요가 없으며, 청중이나 프로그램 발표자에게 빔(광선)이 방해할 위험이 없는 것이 장점이다.

나. 스크린 규모와 배치(Screen Size and Placement)

회의실 준비와 청중의 수는 스크린의 크기를 결정하는 요소이며, 만약 시설에 적당한 크기의 스크린이 없다면, 시청각 공급자로부터 임대를 해서 사용해야 한다.

스크린의 위치와 청중의 좌석배열을 결정하는 몇 가지 공식으로 이상적인 것은 스크린 높이의 1.5배에서 2배보다 가깝게 참석자들을 앉히면 안되고 6배에서 8배 이상 뒤에 앉히면 안 된다. 만약 스크린이 8피트 높이라면, 그 때 첫번째 줄은 스크린으로부터 12에서 16피트에서 시작하고, 마지막 줄은 48에서 64피트를 뒤를 넘으면 안 된다.

또한, 천장 높이는 스크린의 크기를 고려해야 하며, 스크린의 바닥은 지면으로부터 5피트(앉아있는 동안 참가자의 머리 위)정도이며 천장은 적당한 스크린의 크기를 위해 충분히 높아야 한다.

5. 시청각 전문가(Audio-Visual Specialists)

시청각 장비분야는 사용하기 쉬운 프로젝션시스템에서부터 매우 전문화되고 기술적인 장비 등 다양하다. 만약 복잡한 시청각 장비가 회의에서 중요한 부분이라면 시청각 전문가의 조언을 얻거나 조작을 의뢰해야 한다. 그러나 회의기획가는 기본적인 시청각 용어와 기술을 이해해야 되며 참가자에게 가장 많은 기여를 할 수 있는 사람이어야 한다.

6. 초청연사와 시청각장비 (Guest Speakers and Audio-Visuals)

앞에서 언급한 바와 같이, 프리젠테이션에서 초청연사에게 몇 가지 유형의 시청각장비를 통합하는 방법을 알려주어야 한다. 프리젠테이션이 시작되기 전에 사용되는 장비를 연사들에게 미리 사용해 보게 하여 친근하게 될 수 있는 기회를 주어야 한다.

또한 회의실을 프리젠테이션 목적에 맞게 준비해 주어야 하며 회의 전에 모든 장비를 시험하고 여분의 전구, 슬라이드 쟁반(tray) 그리고 휴대용 코드 연장선을 준비하는 것을 잊지 말아야 한다.

Keypoint

아래의 주요 용어의 개념을 기술해 보시오

1. Audio-visual materials
2. Microphones
3. In-house sound system
4. Video
5. Overhead projectors
6. Multi-media presentation
7. LCD panels
8. Front screen projection
9. Rear screen projections
10. Audio-visual specialist

제19장 현장등록과 안내

학습 목표

1. 등록방법과 절차이해
2. 등록에 필요한 인원분석을 위한 목록 이해
3. 현장등록 배치도 필요성 이해
4. 회의관리에서 배치의 중요성 이해

회의와 컨벤션에서 등록은 참가자들이 행사에 대한 평가를 하게되는 첫 번째 단계이다. 회의기획가는 개인적으로 친절하게 환영을 표시하고 회의의 장점을 느낄 수 있도록 최대의 노력을 발휘해야 한다.

등록은 단지 환영의 목적이 아니라, 참가자들의 등록을 통한 자금이 모이고, 자료들이 공급되고, 확실한 참가들이 결정되고, 정보가 공유될 수 있도록 팸플릿이나 유인물을 나누어주고 서비스가 제공되는 것이 등록이다. 앞에서는 현장 등록에 대해 논의되었지만, 이 단원에서 중요한 부분을 심도 있게 다루고 있다.

1. 등 록

회의가 현실화되기 이전에 협회에 의해 승인된 등록방법에 대한 리스트를 개발해야 한다. 등록방법이 결정되고 난 후 등록과정이 부드럽게 이루어지도록 계획을 세워야 한다

가. 방 침

방침은 여러 가지 상황이 조정되고 확정되어 어떤 것에 대한 윤곽을 잡은 문서화된 규칙이다. 이러한 상황은 등록진행 중에 발생된 것이고 다른 것은 현장등록이 시작될 때 발생한 것이다.

매번 가능성이 있는 상황이 발생할 것을 예측하고 다양한 상황에 대비할 수 있는 적당한 직원에게 방침을 주도록 노력해야 한다. 직원이 제공하는 참고 리스트가 문제가 발생할 때 일관된 처리가 중요하며, 이 공통된 상황들에 대한 처리방법을 개발해야 할 필요가 있다.

1) 사전예약 : 우편으로 보낸 등록형식이 잘못되면 어떻게 할 것인가? 등록요원이 보낸 등록형식이 잘못 되거나, 등록이 제 시간에 진행되지 않으면 어떻게 할 것인가?
2) 다수인의 예약 : 기업에서 회의에 몇몇 종업원을 보내고 다음으로 모든 등록에 대한 가격을 인하해 줄 것을 요구할 것이다.
3) 환급 : 어떤 사람이 사고를 당하거나 또는 가족 중에 누가 부상을 당했을 경우 환급방법은 등록형식상에 명시되어 있어야 하지만, 환급방법에는 어떤 예외가 있는가? 이러한 것은 이번에 등록비를 환급하지만 다음 행사에 대표자가 분명히 참가할 것으로 판단할 것이다.
4) 부분적인 참가자 : 어떤 이가 3일간 회의에 단지 하루만 참가하기를 원한다면, 등록비 할인을 어떻게 해줄 것인가? 참가자가 식사를 하기를 원하지

않거나 특별행사에 참가하길 원하지 않는다면? 등록비를 어떻게 할 것인가? 다양한 등록에 대한 선택권을 줄 수 있어야 한다.

5) 무료등록 : 회의프로그램 추천인이 협회의 소속이 아니라면, 그들에게 등록비를 내라고 요구해야 할 것인가? 연사가 모든 회의에 참가한다면 많은 조직들은 등록비를 요구한다. 언론소속, 지역고관 혹은 다른 VIP 고객이면 무료등록을 해줄 수 있다. 그들이 기본적인 회의에 참가한다면 정식연회와 특별행사에 참가할 수 있는 모든 요건을 충족시켜 주어야 한다.

6) 기능적 티켓 : 만약 개별 요소에 맞는 티켓을 만들었을 경우 어떤 참가자가 티켓을 잃어버리면 어떻게 할 것인가? 만약 어떤 회의에 참가하는 사람의 수를 제한한다면 참가하고자 하는 이가 늘어나면 어떻게 할 것인가?

2. 절 차

등록절차는 등록을 진행하는 정책적인 방법을 실현하는데 이용되는 방법이다. 회의기획가가 개별적인 요소를 해결하는데 필요한 전체적인 윤곽이 필요하면 적절한 절차를 개발해야 한다. 회의기획가는 아래의 등록과정에 대해 이해를 해야 한다.

가. 형식 : 참가자들에게 사본을 받을 것인가? 완성된 형식은 어디로 보낼 것인가? 어떠한 순서로 진행될 것인가?

나. 금전 운용과 보안 : 준비된 사본 영수증들을 가지고 있어야 하며 영수증의 한 장은 참가자에게 주고 나머지 한 장은 협회가 보관해야 하며 참가비와 등록비를 접수하기 위한 확실한 절차를 개발해야 한다.

다. 신용카드 : 만약 참가자가 신용카드로 참가비나 등록비를 지급한다면 카드 영수증에 서명을 하게 해야 한다. 신용카드의 결제방법에 대한 데스크 요원에 대한 교육을 시켜야 한다.

라. 프론트 문제해결 : 등록라인의 혼잡과 지연을 피하기 위해 등록 문제를 조

절할 수 있는 특별 데스크를 설치해야 한다.

마. 컴퓨터 : 컴퓨터시스템을 이용한다면 등록과정에 포함된 모든 사람들에게 시스템 설명서를 주어야 하며 등록이전에 컴퓨터를 숙지할 수 있는 시간을 주어야 한다.

바. 기능티켓 : 기능티켓을 어떻게 조절할 것인가? 만약 기능 티켓 교환시스템 도구를 가지고 있다면 사용에 대한 설명을 함으로써 참가자는 티켓의 사용기한과 교환방법을 이해할 수 있다.

환급을 해야 할 경우가 발생한다면 환급에 대한 지침을 알려주고 참가자들이 이용할 수 있게 한다.

3. 등록요원의 배치

등록데스크의 직원을 적재적소에 임무를 수행할 수 있도록 배치하고 또한 등록과정을 발전시키고 이에 대한 평가를 해야 한다. 각 등록데스크의 역할(안내소, 티켓 교환 데스크 등)과 이 역할을 조절할 수 있는 직원의 수가 첫 번째 리스트이다.

등록기간동안 필요한 사람이 얼마나 될 것인가를 판단함으로써 하루에 필요한 시간을 분석한다. 등록이 오전 8시에 시작하고 첫 번째 행사가 9시에 시작한다면 오후 3시에서 5시 사이에는 많은 인원이 필요치 않을 것이다.

하루 일정을 준비할 때 필요한 등록요원의 수를 판단할 수 있어야 하며 회의기획가는 지원 가능한 직원과, 호텔의 동원 가능한 직원, 소속된 조직(협회 등록위원회 소속과 같은), CVB, 그리고 임시로 도울 수 있는 업체와 자원봉사자 등을 고려해 보아야 한다. 회의기획가는 등록지역에 지원자 또는 종업원을 다양하게 이용가능한 인원으로 동원해야 한다. 대규모 회의를 위해 임시적으로 도움을 줄 수 있는 사람을 찾아야 한다.

앞 단원에서 언급했듯이 대부분의 CVB는 등록현장에 경험이 있는 개인의 리스트를 가지고 있다. 그리고 그들은 임시로 도움을 줄 수 있고 컨벤션업체의 명단도 가지고 있다. 어떤 사람은 회의가 진행되는 동안에 등록데스크 안내소를 지키고 있어야 한다.

첫째 날 이후 등록자가 없을지라도 참가자들은 회의에 대한 각종 궁금한 사항에 대해 질문을 하게 될 것이고 이에 대한 적절한 답은 하지 못한다면 회의에 대한 이미지가 나빠질 것이고 또한 참가자는 매우 혼란스러워 할 것이다.

4. 현장배치도

앞 단원에서 알아보았듯이 등록지역에 대한 범위가 정해져 있어야 한다. 미리 등록지역 내에서 필요한 기능이 요구되는 모든 공간을 결정해야 한다. 또한 참가자를 위한 등록데스크 이외의 기타 공간을 제공해야 한다는 것을 잊지 말아야 한다. 사전등록과 현장등록 데스크는 분리되어 있어야 하며 사전등록 데스크는 참가자들에게 등록피켓을 주는 역할을 하기 위해 만들어진 것이다. 만약 어떤 문제가 있다면 개인적으로 문제해결 데스크를 이용하면 된다.

5. 유도 안내물

유도 안내물은 능률적인 등록과정 중 실질적인 요소이며, 안내와 지시간판은 명확하게 보일 수 있어야 하고, 교육을 통해 쉽게 이해할 수 있어야 한다. 잘못된 것을 찾아냄으로써 참가자가 등록을 하기 위해 오랜 줄서기를 하지 않도록 해야 한다.

따라서 유도안내물은 주위에 사람들이 서 있더라도 충분히 잘 보일 수 있도록 높게 설치되어 각 데스크에서 수행되는 기능을 등록하는 사람이 잘 보이도록 해주어야 한다.

가장 많은 수의 참가자들이 등록할 때, 몇 개의 데스크가 하나 또는 두 개의 데스크로 집약되어 형성된 기능이 있어야 한다. 이러한 것은 등록업무를 담당하는 사람의 업무를 줄일 수 있다.

6. 배지(badge)

명찰은 컨벤션관리에서 중요한 부분이지만 참가자가 펜으로 직접 기록한 값싼 접착식 명찰을 제공하게 되면 명찰의 가치를 과소평가하게 될 것이다.

가. 목 적

명찰은 참가자들에게는 기본적인 기능이지만, 참가자 개개인을 명확하게 확인하고 구분할 수 있다. 따라서 참가자의 이름, 참가자의 회사와 지역, 보상의 제공, 등록자의 구분, 특별한 자격을 인식하고, 그리고 정보의 원천과 등록의 우선순위를 제공하여 서로를 이해하는데 도움을 준다.

1) 의사전달: 명찰은 대표자의 이름을 알 수 있게 한다. 그러므로 이름은 명찰에 있어서 가장 큰 상징이다. 등록형식에서 명찰에 기입할 개인적인 신상내용과 이름을 확인하여야 한다.

2) 회사와 지역확인: 대표자의 이름에 추가해서 명찰에 참가자의 회사 이름과 지역을 포함시킨다.

3) 안전: 참가자가 명찰을 착용했을 때 행사에 참가하는지 여부를 알 수 있는 기능을 한다. 회의기획가는 모든 참가자가 등록비를 지급했는지 여부를 확인할 수 있다.

4) 등록자 구분: 참가자와 출품자, 발표자를 더 쉽게 이해할 수 있게 등록자를 명찰의 색깔로 구분한다. 가령 예를 들면 파란 명찰은 협회참가자가 사용하고, 일반적인 참가자는 붉은 색, 후원자는 노란색, 구매자는 초록색으로 구분하는 것이다.

5) 특별 자격: 리본과 인장으로 새로운 소속자, 지원자들, 학생들, 연사 그리고 행사에 중요한 자격을 인식할 수 있도록 구분해야 한다.

6) 판매 유도와 정보원천: 많은 교역전은 신용카드처럼 요철이 있는 문자들을 새긴 명찰을 사용한다. 명찰의 제거를 쉽게 하기 위해 만들어진 명찰홀더

가 있다. 그 명찰은 출품자가 명찰을 눌러 박음으로써 조절할 수 있다. 어떤 명찰은 중요한 정보를 판독기계를 통과하도록 하는 자석판이 있다.

압축으로 새겨진 정보를 이용하여, 출품자는 참가자의 정보요구에 답할 수 있고 판매 선두를 추구할 수 있다. 명찰은 물건을 구입한 정보를 제공하기 신용카드와 같은 자석판을 붙일 수 있다.

나. 명찰의 유형

이용 가능한 명찰은 몇 가지 유형이 있고 모두 장단점이 있다.

접착식명찰은 가장 값이 저렴한 반면 이용자가 많지 않다. 핀 명찰은 옷에 자국을 남기고 명찰이 잘 떨어진다. 블독유형 클립을 가진 마일다 홀더도 역시 옷에 자국을 남기지만 더 나은 질의 명찰이다. 넥찰은 목에 걸 수도 있지만 착용자가 귀찮아 할 수도 있고 명찰이 뒤집어지기 때문에 읽기 어렵다. 코트 주머니에 살며시 넣게 만들어진 것도 있으나 만약 다른 옷을 입으면 사용할 수 없다.

어떤 명찰은 매우 비싸고 화려하다. 예산에 맞추어 명찰의 유형을 결정하고, 명찰을 사용해야 할 것이다. 만약 새기거나 자석판이 있는 명찰을 사용하려고 하면 홀더를 이용해보고 적합한 판독기를 준비해야 한다. 모든 명찰은 옷의 오른쪽 면에 착용하도록 해야만 두 대표자가 악수하면서 서로의 명찰을 읽기 쉽다.

다. 글자 새기기

참가자가 직접 명찰을 작성하게 해서는 안 된다. 왜냐하면 모든 이의 명찰이 각각 새긴 글자의 스타일과 크기가 다를 것이고 읽기도 힘들 것이다. 만약 특별한 명찰에 대한 가이드라인이 없다면 명찰의 글자들은 적당한 거리에서 볼 수 없기 때문에 만족스럽지 못하다. 적당한 프린터를 가지고 있다면 몇 개의 컴퓨터 프로그램을 이용한 명찰 프린터를 이용할 수 있다. 명찰은 몇 미터 떨어진 곳에서도 읽을 수 있도록 글자가 새겨져야 한다. 만약 명찰이 없어 의사전달이 되지 않는다면 이것은 의도한 목적을 제공할 수 없다.

7. 등록패킷

등록진행이 완벽하다면 등록자에게 적어도 회의프로그램 혹은 회의일정을 알려주어야 한다. 규모가 크거나 더 복잡한 행사를 위해 등록패킷을 준비해야 한다. 패킷은 프로그램, 기능티켓, 참가자 등록리스트, 문서와 노트패드, 지역에 관한 정보, 초청연사정보, 내빈 프로그램, 호텔 팸플릿, 참가자들에게 흥미로운 다른 것을 넣어 주어야 한다.

등록도구는 큰 마닐라 봉투에 두거나 다양한 도구를 이용해서 담아 둘 수 있다. 대형 핸드백, 지퍼가 달린 봉투, 서류가방, 서류철, 표면에 협회나 행사로고가 새겨진 가방과 다른 것들도 있다. 가끔 등록후원자가 등록을 위한 패킷을 제공하기도 한다.

Keypoint

아래의 주요 용어의 개념을 기술해 보시오

1. 등록방법
2. 등록과정
3. 비슷한 회사에서의 다각적인 예약
4. 환급
5. 부분적 참여자
6. 무료등록
7. 신용카드
8. 등록직원 일정표
9. 티켓교환
10. 등록자 구분

제20장 유도안내물, 의사소통, 안전

학습 목표

1. 회의기획가에게 필요한 유도 안내물의 중요성 이해
2. 회의기간 동안 필요한 의사소통수단 종류 이해
3. 회의에 사용될 수 있는 다양한 의사소통방법 이해
4. 회의, 전시회기간 동안에 요구되는 안전사항 이해

소규모 회의일지라도 대형회의시설에서 회의가 개최될 수 있다. 회의기획가는 회의참가자가 회의장, 칵테일 파티장이나 셔틀버스 출발지점 등을 쉽게 찾을 수 있도록 준비해야 할 책임이 있다.

회의가 성공적으로 개최되기 위해서는 훌륭한 의사소통 체계를 마련해 놓고 있다는 점이다. 의사소통은 복잡하고 정교한 전자시스템에 의해서 간단히 손으로 전달되는 메시지에 의해서 통제되기도 한다.

안전은 회의기획에 있어서 중요하게 고려되어야 할 대상 중의 하나이다. 안전이라는 것은 회의참가자, 출품자, 관련상품의 안전을 확실히 보장하기 위하여 출입을 허가받지 못한 사람의 입장을 제한하고, 회의에서 제공하는 정보는 정해진 사람에게만 전달되어야 하는 것이다.

1. 유도안내물

전혀 익숙하지 않은 공간에서 시간에 맞춰 특정한 회의장시설을 찾는 것은 매우 어려운 일 중에 하나일 것이다. 효과적인 유도안내 체계를 구성하기 위해서는 ① 유도안내물이 필요한 이유, ② 유도안내물이 설치될 장소, ③ 유도안내물이 만들어지는 방법에 대해 평가해보아야 할 것이다. 이러한 작업은 동반되는 여러 가지 행사와 그 행사가 열리는 시간과 장소를 정확히 알아야 하기 때문에 회의 전에 확인해야 될 마지막 사항 중의 하나이다.

가. 유도안내물은 왜 필요한가?

유도안내물은 의사소통의 한 수단으로써 회의에 대한 전반적인 사항에 대해서 참가자들에게 방향을 알려 주기 위해 필요하다. 또한 유도안내물을 통해 여러 가지 정보, 동기부여 그리고 신원확인을 할 수 있다.

1) 방향 : 참가자들은 회의장으로 가는 방향, 등록데스크의 위치, 셔틀버스 정류소의 위치 등을 알 수 있다.
2) 정보 : 참가자들은 유도안내물을 통해 지정된 회의장에서 예정된 세션의 종류와 특정한 날의 의제에 관한 행사내용에 대해 알게 된다.
3) 동기부여 : 유도안내물은 확실한 동기부여 기능을 하며, 공항과 호텔, 회의장 외부에 설치된 거대한 환영 유도안내물은 참가자들로 하여금 자신이 매우 중요하고 필요한 사람이라고 느끼게 만든다. 유도안내물이 아닐지라도 호텔종업원들은 리본을 착용하여 참가자들을 환영한다는 것을 표현할 수 있다.
4) 신원확인 : 강연대나 벽에 부착된 회사나 협회의 로고를 통해 회의 후원자임을 표현하고 그 중요성을 인식하게 된다. 지상교통수단이나 그 외 다른 적당한 곳에 부착된 유도안내물 역시 같은 기능을 하게 된다.

나. 위 치

회의를 위해 필요한 모든 유도안내물의 배치를 나타내는 시설계획을 각층별로 철저히 준비해야 한다. 유도안내물이 필요한 주요 위치는 다음과 같다.

1) 각 행사장, 회의실의 외부
2) 계단, 에스컬레이터, 엘리베이터의 바닥과 벽면
3) 호텔로비, 컨벤션센터의 로비
4) 등록업무가 진행되는 곳
5) 지상 교통수단의 내・외부
6) 강연대나 연설대(강연자의 이름, 조직의 로고)
7) 행사장의 방향이 변경되었거나 여러 곳으로 분산되는 곳

다. 유도안내물 양식

유도안내물을 설치하기 위해서는 유도안내물이 어떻게 사용될 것인가에 대해 미리 예측해야 한다. 각 회의장을 나타내는 유도안내물은 주로 회의장 문밖의 이젤(받침대) 위에 설치하고 쉽게 읽을 수 있을 만큼 크게 제작되어야 한다.

종이 재질로 된 것은 접혀지지 않도록 빳빳한 재질로 만들어야 한다. 하지만 유도안내물은 일회적인 행사를 위한 것이기 때문에 유도안내물 제작에 드는 비용을 최소화하여야 한다. 일부시설은 회의장 좌・우측에 전자식 안내판을 설치하여 이 역할을 수행하도록 하기도 한다.

회사나 협회의 로고와 환영을 표현하는 배너를 사용할 때가 있다. 만약 어떤 유도 안내물을 다음에 재활용할 계획이라면 좀더 영구적인 소재로 유도안내물을 제작하고 보관장소 등도 신중하게 고려해야 한다.

어떤 유도안내물은 벽에 걸어 설치할 수도 있기 때문에 회의시설의 제한사항을 사전에 체크해야 한다. 작은 유도안내물일 경우 그것을 고정시키는 방법을 숙지하여 가벼운 소재로 그것을 제작해야 한다.

반면에 큰 유도안내물을 벽에 설치할 경우에는 시설관리 부서와 협조하여 그 유도안내물이 건축의 무게 제한 범위에 문제가 없도록 제작하여야 한다.

한 개의 받침 위에 세워진 유도안내물의 경우 옆으로 쓰러지지 않을 만큼의 무게를 지탱할 수 있어야 하지만 무거운 유도안내물은 불안정하게 보여질 수도 있다.

라. 인 쇄

유도안내물이 전문가에 의해 전문적으로 제작되지 않으면 행사나 조직의 이미지를 좋게 하기는 커녕 오히려 이미지 손상을 초래할 수 있다.

잘 읽을 수 없고 이해할 수 없는 유도안내물은 돈을 낭비하는 것이며 참가자들을 불쾌하게 만든다. 유도안내물은 적절한 거리에서 쉽게 읽을 수 있도록 인쇄되어야 하고 유도안내물에 적힌 카피는 가능한 간결하고 명료해야 한다.

유도안내물을 시의적절한 방식으로 완수해줄 수 있는 인쇄업자를 찾아야 한다. 리드타임(주문시간)과 개최지 주변에 있는 인쇄시설의 상태를 고려하여 유도안내물을 제작할 업체를 결정해야 한다. 회의개최지가 아닌 다른 지역에 있는 업체를 선정할 경우, 제작된 유도안내물의 운반비용도 고려해야 한다.

전시회를 기획할 경우 전시서비스 계약자가 유도안내물를 제작해 줄 것이다. 어떤 경우에는 대형 전시회에 필요한 수백 개의 유도안내물을 제작하기 위해 컨벤션센터 내부에 임시로 인쇄시설을 갖추어야 할 것이다.

유도안내물과 배너의 필요성을 평가하기 위해서 유도안내물 각각의 위치, 카피, 크기, 색상, 종류(이젤, 배너), 그리고 유도안내물의 재료나 원료가 기록된 계획표를 만드는 것이 좋다. 이러한 계획표는 필요한 사항을 분석하는 것을 쉽게 하여 유도안내물의 효과를 극대화시킬 수 있을 것이다.

2. 의사소통

순조롭고 효율적으로 진행되는 행사를 기대하기 전에 우선 회의에 참가하는 다양한 종류의 사람들 간에 이루어지는 의사소통방법을 고안해야 한다. 유도안내물은 이러한 의사소통 수단의 하나가 될 수 있다. 하지만 유도안내물은 비인간적인 수단이고, 미리 정해진 항목에 대해서만 의사소통을 할 수 있으며, 최종 순간의 메시지나 즉각적인 피드백을 요하는 의사소통에는 적합하지 않다.

가. 회의에서 의사소통의 유형

의사소통 체계를 종합적으로 구성하기에 앞서 어떤 유형의 의사소통이 필요한지 결정해야 한다. 회의과정에서 의사소통이 필요한 상황은 다음과 같다.

1) 직원들의 의사소통 : 직원 간에 이루어지는 의사소통을 원활하게 하는 수단
2) 참가자의 메시지 : 회의참가자가 직장상사나 가족으로부터 연락을 받을 경우 메시지를 전달받는 방식
3) 회의시설 관련 의사소통 : 회의기획가와 직원, 그리고 회의시설 직원간의 의사소통
4) 공급자와의 의사소통 : 전시서비스 계약자와 오디오, 비디오 업체나 육상교통운영자와의 의사소통
5) 전시서비스 계약자와의 의사소통 : 필요한 업무수행을 위한 전시/국제회의 주최와 전시업체간의 접촉
6) 기타 경우 : 참가자들이 식사를 예약하고 지역행사 티켓을 구하는 과정에서의 의사소통

나. 의사소통 수단

의사소통체계를 구축하는 방법에는 여러 가지가 있으며 어떤 회의에 여러 가지 수단을 사용할 수 있다.

어떤 경우 전자 메시지 체계와 무전기, 그리고 휴대폰 등의 사용이 필요할 때도 있다. 호텔전자기기와 메시지 게시판을 잘 이용하기만 해도 효과적인 의사소통 체계를 구축할 수 있는 경우가 있다.

1) 회의 : 직원과 회의개최지의 대표자와 의사소통을 하는 한 가지 방법은 회의 전에 이루어지는 회의와 매일 이루어지는 브리핑 시간을 통해 이루어질 수 있다. 이러한 방법은 최종 의사결정과 그 전날과 당일에 일어난 문제를 해결하는 데 좋은 수단이 된다.

2) 메시지 게시판 : 눈에 띄는 장소에 설치된 코르크판이나 게시판은 등록 데스크와 안내데스크처럼 참가자들에게 전할 메시지를 알리는 데 사용된다. 실질적인 메시지는 데스크에서 제공할 것이다.

3) 호텔교환시설 : 간단한 회의에서는 호텔교환 통신시설로 당일 일정을 알리고, 사람들을 접촉하고, 또한 전화메시지 등을 알릴 수 있다.

4) 전시서비스 계약자의 서비스 데스크 : 전시회에서 전시서비스 계약자는 전시 주최자와 직원 그리고 회의시설 직원들의 회합장소로 사용될 수 있는 데스크를 운영한다.

5) 전자 의사소통 도구 : 무전기, 호출기, 전화기, 휴대폰, 컴퓨터로 이루어지는 의사소통이 있다. 회의에 이러한 종류의 체계가 필요하다고 판단되면 회의시설 제공자나 다른 용역업체에게 조언을 구해야 한다.

6) 회의본부 사무실 : 회의를 통제하도록 지정된 현장사무실이 있어야 한다. 이러한 사무실은 직원과 다른 현장요원들 간의 좋은 의사소통 수단이 될 것이다.

3. 안 전

회의기획가가 고려해야 할 몇 가지 안전사항이 있다. 가장 공통된 사항은 참가자의 신변보장과 참가자 개인물품과 전시품의 도난방지이다. 이러한 사항은 모든 종류의 회의에서 마찬가지이며, 몇몇 행사에서 회의보장과 테러 행위를 고려해야 할 때도 있다.

가. 신변보장

참가자들은 회의기간 동안 신변보장을 받을 권리가 있다. 몇 가지 방법을 통해 참가자들의 안전보장을 도울 수 있다.

1) 현장점검 : 현장점검을 할 때 객실열쇠, 호텔 보안체계, 공공장소의 안전을 확인해야 한다. 또한 참가자들이 방문할 만한 장소에서 생길지도 모르는 만약의 문제에 대해서도 생각해야 한다.
2) 공지 : 참가자들에게 안전문제에 대한 정보를 제공해야 하며, 호텔강도, 소매치기, 화재, 노상강도 등의 위험을 경고하는 지침들을 사전 등록서류에 동봉하여 보내거나 등록서류에 포함시켜야 한다. 이러한 일련의 정보는 "여행지침"이라 할 수 있으며, 이러한 위험한 상황은 언제나 일어나는 것은 아니지만, 개개인에게 미리 조언을 해 주는 역할을 할 것이다.

나. 참가자 개인의 소지품

많은 참가자들이 회의에 참가하는 동안 자신의 소지품 관리를 소홀히 하는 경우가 있다. 참가자들이 호텔객실 화장대에 카메라와 비싼 보석을 두고 떠나거나 귀중품이 든 가방을 의자에 두고 휴식을 하러 나가는 경우가 많이 나타나고 있다. 이러한 상황에 대비하여 참가자들에게 주의사항을 제시해야 한다. 물품보관소와 휴대품 보관장소를 안전하게 관리해야 할 필요가 있다.

다. 전시품

전시참가자가 자신의 작품을 보호하는 몇 가지 방법이 있는데, 이는 작은 품목의 경우 전시회가 끝난 뒤에 강철로 된 보안창고에 보관할 수 있다. 이러한 서비스는 대개 전시서비스 계약자가 제공하며, 경비를 고용할 경우에 전시참가자가 책임을 져야 한다.

전시시간 이후에 누군가가 전시장 부스에 침입할 경우 경비에게 알리기 위해 감지기, 전자 아이빔, 동작탐지기 그리고 다른 여러 가지 방법을 이용한 경보시스템을 설치해야 한다.

라. 회의안전

배지(badge)착용은 외부인이 회의에 참가하는 것을 방지하는 값싼 안전고안장치가 될 수 있다. 만약 정부관리나 저명한 인사가 연사로 초빙된 경우 부가적인 안전에 대한 주의가 요구된다.

또한 극히 민감하거나 비밀내용이 논의될 경우 특별한 주의가 필요할 것이다. 극도로 민감하고 비밀내용을 회의하는 경우에 참가자와 회의장소를 외부와 단절시켜야만 한다.

이러한 계획은 개최지선정과 협상과정에서 이루어질 수 있다. 참가자들이 따로 떨어져 호텔에 숙박하는 것보다 한 곳에 집중적으로 숙박하는 것이 좋다. 그리고 회의장은 다른 외부 사람으로부터 멀리 떨어진 곳에 있어야 한다. 이런 경우 호텔 전체가 다 필요하지 않더라도 안전을 위해 건물 전체를 예약할 수도 있다. 또한 보안수준을 향상시키기 위해 부가적으로 더 많은 안전요원을 고용해야 할 것이다.

대통령, 부통령 또는 대통령 후보가 회의에 참가할 경우 이들의 보안은 비밀경찰에 의해 이루어진다. 비밀경찰의 요구사항을 파악하기 위해 가능한 한 빠른 기회를 통해 그들과 협조해야 한다. 저명한 인물이 회의에 참가할 경우, 개인적으로 안전요원을 자체 고용한 경우도 있지만, 그렇지 않을 경우 그들의 안전에 대한 책임은 회의기획가의 역할이 된다.

마. 테 러

테러는 몇 가지 행사에서 꼭 고려되어야 할 사항으로 만약 행사가 해외에서 개최될 경우 더욱 신경을 써야 하는데, 얼마 전 미국이 테러에 무방비 상태로 노출되었던 것을 우리는 볼 수 있었다.

대표자가 회의 개최지를 여행할 때 비행기를 갈아타는 동안 문제가 생길 수도 있고, 회의 개최지 자체가 테러조직의 목표가 될 수도 있다.

행사참가를 위해 가는 도중에 테러를 당할 경우도 있고 회의장에서 테러를 당할 수도 있기 때문에 이에 대한 대비책을 마련해야 한다.

회의기획가는 회의개최지와 위험가능성을 주의깊게 평가하고 회의가 있기 수개월이나 몇 년 전부터 다른 행사 진행과정을 관찰해야 한다. 만약 개최지역의 정치적 세력이 약해지는 추세라면 다른 개최지를 선정해야 한다. 아니면 그 개최지에 숙련된 안전시스템을 제공하는 경우도 있는데 이것은 비용이 많이 든다. 테러행위에 대해 조직이 부담하고 책임져야 할 요소를 평가해 두어야 테러에 대한 철저한 대비를 할 수 있다.

Key point

아래의 주요 용어의 개념을 기술해 보시오

1. 유도안내물
2. 의사소통시스템
3. 안전
4. 방향
5. 정보
6. 동기부여
7. 신원확인
8. 개인안전
9. 회의안전
10. 테러

제21장 비상대책과 문제해결

학습 목표

1. 회의의 성공에 영향을 줄 수 있는 위기상황과 문제점 이해
2. 회의를 하고 있는 상황에서 일어나는 시위와 대립의 결과 이해
3. 회의참가와 관련된 기후에 대한 이해
4. 뜻밖의 사고에 대비한 계획의 중요성을 이해

화재, 의료 응급상황, 날씨, 노동문제, 그리고 기대하지 못했던 사건을 포함한 다양한 상황에 대한 위기관리계획을 준비해야 한다. 평상시에 실행되는 계획에는 중요하지 않으나, 행사의 위기관리는 매우 중요하다. 화재나 의료응급상황과 같은 상황에 대비하여 개개의 시설물은 위험상황에 대처할 수 있는 계획을 수립하여 참가자들이 안전하게 회의에 참가할 수 있는 위기관리계획을 수립해야 한다. 다른 말로하면 위기관리에 대한 전략을 개발해야 한다.

위기상황을 적절히 고려하지 않고 회의가 개최되는 동안 다른 문제들이 발생할 수 있으며, 이러한 일들은 회의의 목적을 방해하는 상황들이다. 이 단원은 회의가 진행되는 동안 일어날 수 있는 여러 가지 문제에 대해 알아보고자 한다.

1. 시위와 대립

회의가 개최되는 동안 회의와 관련된 시위와 대립이 유발될 수 있다. 이러한 시위와 대립은 회의후원자, 회의참가자, 전시회 출품자 또는 초청연사가 물의를 일으킬 수 있는 예상되는 여러가지 상황이 행사 일정표에 포함될 수 있는데 시위와 대립의 정의를 소개하면 다음과 같다.

가. 시 위

시위란 불쾌감을 느끼게 하는 교역전이나 파티에 대항하여 종종 반대의견을 제기하는 경우를 말하는 것으로, 이 시위는 대개 피켓, 논문 던지기, 고함지르기 등과 같은 형태로 나타나게 된다. 만약 시위집단이 제한을 받고 있거나, 평범한 회의활동들을 방해하지 않거나, 회의가 개최되는 건물로부터 일정한 거리 이상 떨어진 지역에서의 시위는 허용하게 한다.

나. 대 립

대립이란 회의를 혼란시킬 의도로 상반되는 의견을 표출하는 상호작용을 의미하며 대립은 시위보다 조정하기가 더 힘들기 때문에 대립이 발생되기 전에 시위를 막아야 한다. 집단 혹은 회의가 작은 손해를 보더라도 이런 사건들을 어떻게 조정할 것인가에 대한 대책을 수립하는 것이 중요하다.

주요 회의시설들은 대개 몇 개의 집단행사들이 동시에 개최된다는 것을 명심해야 하며, 회의와 관계가 없는 일일지라도 다른 협회의 행사에서 대립이 발생할 수 있다. 이러한 상황은 회의를 고의적으로 방해하려는 것은 아니지만, 시위가 다른 조직을 목표로 했어도 수송을 담당하고 있는 셔틀버스가 승차장에서 운행되지 않을 수 있으며, 참가자들이 피켓라인을 건너는 것을 두려워할 수도 있다. 이러한 대립상황은 혼자서 조절할 수 있는 것이 아니라 회의개최지와 협회조직의 양쪽 임원들이 대립상황을 조절하는데 지원해야 되는 경우도 있다. 대립상황을 다루는 훈련된 인원과 비상 연락수단의 중요성을 인식해야 한다. 만약 필요하다면 임시적인 개인 보안요원을 고용하거나, 지역 내 법조인과 친밀한 관계를 유지해야 한다. 가장 좋은 것은 방해가 일어날 가능성을 미리 예측하는 것이다.

이러한 예측은 참가자에게 작은 충격을 주는 시위와 대립으로 인한 영향이 참가자들에게 어떠한 영향을 줄 것인가를 고려해야 하고, 또한 시위와 대립으로 인한 영향을 최소화시킬 수 있는 위기관리대책을 수립해야 한다.

2. 의료응급 상황

회의기획가는 행사장소를 점검하는 동안 참가자들이 이용할 수 있는 의료서비스들을 점검해야 한다. 어떤 회의기획가들은 등록패키지에 긴급시에 대비한 의사와 치과의사의 전화번호와 이름, 가까운 병원이나 의료보호센터, 약사, 그리고 구급차까지 포함하여 안내하고 있다.

호텔객실에도 이러한 안내서를 비치하고 있어야 하며, 또한 회의기획가는 의료상황을 쉽게 처리할 수 있는 안내서를 가지고 있어야 한다.

다른 현장점검요소는 어떻게 의료응급상황을 조치할 것인가에 대해 알아야 한다. 대부분의 시설들은 의사 혹은 구급차를 연결하는 일련의 비상연락과 관련된 계획을 수립하고 있다.

응급상황이 발생한 행사장에서 재빠르게 대처할 수 있도록 훈련이 되어 있어야 하며, 회의기획가는 이러한 응급상황에 대처할 수 있도록 위기관리계획에 정통해야 한다.

어떤 단체들은 참가자들의 나이와 신체적인 조건 때문에 응급의료 기관을 찾아야 되는 경우가 있다. 회의시설 직원들 중 누가 심폐소생술과 인공호흡 등 응급조치를 취할 수 있는지를 파악하고 있어야 한다. 사소한 질병과 상해에 대비해서 어디에서 참가자들이 응급조치를 받을 수 있을 것인가? 그리고 응급환자와 관련된 지정병원을 지정해 두어야 한다. 그리고 대형 컨벤션호텔의 응급실에서는 참가자들이 밴드, 아스피린 등과 같은 비상의약품 등을 호텔 선물용품점에서 구할 수 있도록 세심한 배려를 해야 한다.

3. 날 씨

회의가 어떤 장소, 어떠한 시간에 개최되든 기후의 영향을 받게 마련이다. 전국적으로 개최되는 형태의 회의는 특별히 기후에 대한 위험에 처할 수 있다. 오늘날 대도시 터미널 집중방식의 항공 교통시스템은 편리하게 자신의 회의 스케줄에 맞추어 도착과 출발을 할 수 있는 장점이 있다.

종종 회의는 다른 문제보다 기후문제로 영향을 받기 쉬우며, 기후는 폭설이나 태풍이 일어날 수 있는 여러 지역으로 분산되어서는 안 된다. 이러한 도시는 대도시 터미널 집중방식 항공노선이 있지만 홍수, 안개, 폭설, 폭풍 등으로 인해 최근에 항공여행에 지장을 초래하는 경우가 흔히 발생하고 있기 때문이다.

우리나라는 사계절이 명확하기 때문에 장점이 있는 반면에 여름의 무더운 날씨는 폭풍과 태풍 및 홍수가 발생할 확률이 높고, 추운 겨울에는 안개, 폭설, 폭풍의 영향을 받기 쉽기 때문에 기후의 문제로 인해 연기되기 쉽다. 회의기획가가 날씨를 바꿀 순 없지만 "상황에 맞게" 어떤 뜻밖의 사고에 대비할 수 있어야 한다.

만약 다른 야외 이벤트를 계획한다면 특별한 경우에 대비하여 실내공간을 확보하고 있어야 한다. 이는 우천시를 대비한 우발계획의 일환으로 준비되어야 하는 것이다. 또한 회의개최지에 대한 협상과정 동안 기후 때문에 참가자들이 떠날 수 없을 경우 단체 할인율로 그들의 방을 이용할 수 있도록 호텔에 요청해야 한다.

또한 기후로 인한 참가자들의 수의 감소에 대비해서 회의장과 변경되는 식사에 대한 보증을 해야 한다. 이와 같이 기후는 계획한 연회를 제공하고 준비하는 데 많은 어려움을 주게 된다.

기후가 작은 불편이 될 수 있으며, 이것은 이벤트에 중요한 충격을 줄 수 있다. 후자의 경우라면 어떠한 목적을 위해 회의를 개최하지 못한다는 사실을 받아들이고 변경할 수 있는 계획을 최상의 상황으로 만들어야 할 것이다.

4. 기계적인 문제들

만약 7월 중순에 에어컨이 고장난다면 어떻게 할 것인가? 만약 마이크가 끽끽 소리를 내거나 안 나오면 어떻게 할 것인가? 이러한 상황은 이벤트에 부정적인 영향을 미치게 된다.

예를 들면, 만약 내부가 일정한 기온보다 높아서 전시회 전산시스템의 오작동을 유발하지 않도록 해야 하며, 음향시스템이나 시청각 기자재가 제대로 작동하지 않게 된다면 참가자들은 회의장 밖으로 나갈 수도 있다.

현장점검 과정은 회의기획가에게 이러한 가능성을 시설대표자와 논의할 수 있는 기회를 준다. 장비의 고장과 수리에 대한 책임을 질 수 있는 관련자들의 전화번호와 이름을 소지하고 있어야 하며, 어떤 행사를 위해 기계적 어려움을 현장에서 조절할 수 있는 기술자를 확보하고 있어야 한다.

5. 노동자

노동자 문제는 회의를 망칠 수 있으며, 특히 중요한 컨벤션이나 교역전에서 더욱더 심각하게 될 수도 있다. 회의기획가 스스로가 부스를 설치하고 옮기거나, 전기 연결을 하거나 그 밖의 서비스를 제공할 수 없는 일이다. 따라서 이러한 노동자 문제를 충분히 고려해야 한다.

만약 그 지역의 교통종사자들이 파업중이면 셔틀버스의 운행시스템을 어떻게 해야 할 것인가? 만약 식당의 종업원들이 파업중이면, 누가 식사를 준비할 것인가?

협회계약서는 정기적으로 약관을 3년마다 갱신하며, 협회에서 회의에 영향을 주는 약관의 갱신사항을 충분히 알고 있어야 한다. CVB와 전시서비스 계약자들은 이러한 정보제공이 가능하도록 해야 한다. 또한 회의 스케줄을 작성할 때 새로운 계약협상이 될 수 있는 협회에 속해 있는 항공사 종업원들이 있다면 확인을 해야 할 것이다.

6. 발표자 프로그램

만약 기조 연설자가 대관령에 내린 폭설로 인해서 행사장에 도착하지 않게 될 경우, 혹은 패널 사회자가 질병으로 갑자기 병원에 입원하게 된다면 어떻게 할 것인가?

이러한 상황은 일반적으로 흔히 일어날 수 있는 경우인데, 만약에 다수의 발표자로 구성되어 있는 회의의 경우라면 그 가능성은 더욱 높아지게 된다. 만약 대형 행사를 통해 연사를 대행할 수 있는 프로그램을 만들고, 필요에 따라서 최종 순간에 대리 연사를 선정해 두어야 한다.

7. 회의용품 운송지연

기획하고 있는 회의 프로그램, 등록양식, 그리고 다른 용품들은 회의가 시작되기 전에 회의장소에 도착해야 한다. 회의를 위해 적기에 회의용품이 배치되어야 한다. 완전한 선적물품이 도착하고, 적절한 장소와 안전한 장소에 회의용품 보관을 확실하게 해야 함으로 여러 가지 경로를 통해 확인 점검해야 한다.

모든 것을 계획하였을 때 문제가 발생할 수 있다. 이러한 문제는 배가 제 시간에 도착되고, 물품들이 적절하게 진열되어 있어도, 중요하고 꼭 필요한 것들이 도착하지 않을 수 있다.

이럴 경우에 우발상황계획을 작성하게 된다면 시간을 절약할 수 있게 된다. 만약 전시장에 출품할 전시품이 분실되거나 도착이 지연되었을 경우에 어떻게 대처할 것인지를 미리 고려해야 한다. 회의기획가는 소속직원이 여행 중에 이러한 위기상황에 대처할 수 있는 각종 리스를 작성해서 언제나 소지하고 있어야 하며, 또한 상황조치능력을 갖추고 있어야 한다.

8. 컴퓨터 파손과 고장

컴퓨터는 시간과 인력을 절감시키고 회의기획가들을 편리하게 도와주는 없어서는 안 될 중요한 사무기기이다. 그러나 컴퓨터는 가장 결정적인 시간에 고장이 날 수도 있다. 이때 어떻게 할 수 있을까?

소규모 회의라면 적당한 수리센터(응급상황 전화번호부 중의 전화번호)를 불러 도움을 받을 수 있다. 컴퓨터시스템 작동의 의존도가 높은 행사라면 행사 동안 현장 기술자를 확보하고 있어야 한다. 컴퓨터시스템이 복구되지 않거나 작동오류가 발생할 경우에 어떻게 할 것인지를 결정해야 한다.

9. 수송의 결렬

회의의 중요한 부분이 육로로 수송되어야 하는데, 계약된 수송회사의 육로 수송 노동자들이 파업을 하고 있다면 어떻게 수송결렬 등을 조정할 것인지 해결방법을 분석해야 한다.

이것은 협상할 때 수송회사와 해결해야 할 문제이다. 거기에 무전기 통신이나 전달수단 지원이 없다면, 좋은 무전기 통신시스템을 전달 지원 수단으로 활용할 수 있다.

10. 화 재

대형호텔의 화재로 인해 회의기획가들과 시설대표자들은 이러한 상황에 대비하여 적절한 보호대책을 강구해야 한다. 현장점검은 연기탐지기, 비상구, 비상구 표지판, 화재 소화기, 스프링클러 시스템, 다른 화재 안전요소 같은 안전시설들을 점검해야 한다.

종사자들이 화재를 대비한 훈련을 어떻게 했는지에 대해서도 알고 있어야 한다. 많은 회의기획가들은 화재가 발생하면 어떻게 대처할 것인지를 참가자들에게 알려 줄 수 있는 화재안전에 관한 소규모 소책자를 등록 패킷 안에 포함시켜야 한다.

11. 응급상황과 문제점을 어떻게 조정할 것인가

위 내용을 통해서 알 수 있듯이 현장점검과 응급상황 계획들을 이해해야 한다. 어떠한 응급상황은 부가적인 충격을 완화시킬 수도 있다. 현장방문으로 다른 내재적인 문제들을 발견하게 되면, 다른 현장을 고려해야 한다. 이때에는 세밀하게 작성된 체크리스트를 가지고 현장점검에 임해야 한다.

체크리스트를 활용하여 회의기간 동안에 갑자기 발생할 수 있는 문제의 빈도를 줄일 필요가 있다. 일부 기획가들은 응급상황에서 기술적인 문제나 위기가 발생하게 되면, 즉시 행동해야 할 "위기관리요령"을 작성하여 이용하도록 하고 있다.

이렇게 하는 이유는 사전에 문제의 요소를 점검해 봄으로써 문제발생을 방지하고, 갑자기 그러한 상황이 발생하였을 때 당황하지 않고 대처할 수 있는 방법을 제시함으로써 즉각적인 행동을 취하도록 하고 있다.

Keypoint

아래의 주요 용어의 개념을 기술해 보시오

1. 시위

2. 대립

3. 피켓

4. 의료서비스

5. 심폐소생술

6. 상황대처계획

7. 조합계약

8. 기조연설자

9. 회의보험

10. 위기관리

제22장 현장관리

학습 목표

1. 회의관리자들에게 요구되는 4가지 기능 이해
2. 잘 짜여진 목표와 계획이 감독과 통제의 기능 이해
3. 서술된 지시사항, 방의 배치도와 회의장의 중요성 이해
4. 통제와 감독에 있어서 회의기획가의 역할이해

회의가 진행 중일 때 뒤에 앉아서 편히 쉴 수 없다. 회의가 진행될 때 회의기획가의 의무는 기획에서 행사 모니터와 행사 도중에 발생하는 여러 가지 상황에 적절한 대처를 해야 한다.

현장에서 수행할 기능의 규모와 횟수는 기획활동의 질과 직접적으로 비례한다.

현장운영은 기획가가 행사현장에서 운영의 묘를 살리는 것을 의미한다. 기획과 조직의 부분은 끝이 나고 이 단계에서는 부하직원을 지도하고, 안내하며, 작업을 감시하고 필요한 수정을 하는 등, 감독과 통제의 역할을 하게 된다.

1. 현장 운영의 기능

앞에서 우리는 성공적이고 효과적인 모임과 회의, 혹은 Trade Show를 구성하는 데 필요한 기획과 조직의 기술에 대해 알아보았다. 기획과 조직은 매니저가 하는 4가지 기능 중에 2가지이다. 실행의 단계에서는 감독과 통제의 기능을 사용하게 된다.

다음의 논의에서는 우리가 이미 행한 기획과 조직은 행사기간 동안에 가장 많은 시간을 소요하게 될 감독과 통제의 기능에 대해서 자세히 살펴보면 다음과 같다.

가. 기획(Planning)

기획은 학술상의 용어로 목표를 정하고 그 목표를 수행하는 방법을 결정하는 단계이다. 행사기획단계의 첫번째는 행사의 매단계마다 제1, 제2의 목표를 설정하는 것이다.

이 단계까지 회의기획가의 업무는 기획과 직접적으로 관련이 있으며, 목표를 정하고, 프로그램을 계획하고, 장소를 선정하고 행사에 필요한 다양한 회의장, 식음료, 시청각시설들을 예약한다. 이 부분들을 어떻게 결합하느냐에 따라 이 목표들을 어떻게 수행해야 할지를 결정하게 된다. 잘 계획된 목표와 자세한 계획은 다른 운영기능이 쉽게 달성되도록 도와준다.

비록 기획의 중요부분이 행사가 시작되기 전에 완료되지만, 통제의 기능을 수행하는 동안에 이전에 수립된 계획을 계속 언급할 것이다. 상황에 따라 마지막 순간에도 계획의 필요를 느낄 것이다.

나. 조직(Organizing)

조직은 어떤 임무와 기능을 수행해야 하는가와 누가 실제로 그 일을 수행할지를 결정하는 과정이다. 회의의 요소(프로그램, 지상 교통시설, 특별 이벤트, 등록, 촉진, 전시 등)들을 결합할 때 이러한 기능들을 결정해야 한다. 권한을 위임하고 각 기능에 대한 분야별 책임을 할당해야 한다. 어떤 진행자들은 계획단계에서 결정이 되지만, 현장등록요원은 행사가 시작되기 전에 선정되기도 한다.

행사기간 중에는 조직의 행위는 이루어지지 않는다. 왜냐하면 그런 결정을 하기에는 너무 늦기 때문이다. 현장관리는 통제의 요소로써 조직의 기능과 관련이 있다. 진행요원의 세팅은 효율성에 입각하여 배치하되 필요에 따라서는 적절히 조절할 필요가 있다.

다. 감독(Directing)

"감독"이라는 단어는 어떤 사람이 부하직원들 뒤에 서서 명령을 하는 이미지를 떠올리게 한다. 그러나 운영에 있어서 "감독"이란 다른 사람들을 안내하고 지도하고 훈련시키는 일이다. 대부분의 감독은 현장에서 이루어지며 사전 준비가 이 기능을 쉽세 해 줄 수 있다.

행사운영에서 부하직원들을 감독하는 것만이 아니다. 시설관리와 전시서비스업자와 공급자, 그리고 행사와 관련된 사람들을 관리하기도 한다.

기획의 과정에서 도출된 세부계획, 지시사항, 행사개요, 회의장의 배치도와 다른 사항 즉 오리엔테이션, 훈련, 정보 등에 대한 감독을 해야 할 것들이다.

본서의 다른 부분에서 제시하고 있는 훈련과정, 사전 미팅 브리핑, 대인관계의 의사소통도 감독과정의 일부분이다.

필연적으로 감독은 행사 중에 진행되는 과정이다. 이 과정은 행사와 관련된 사람들이 그들의 임무를 어떻게 수행해야 하는가에 대해 정확히 알 수 있도록 그들과의 지속적인 의사소통을 해야 한다. 만약 개선이 필요한 부분이 있으면 즉각적으로 협의해서 조정해야 한다.

라. 통제(Controlling)

감독의 과정과 함께, 통제는 부하직원에게는 부정적인 이미지를 가지게 한다. 그러나 운영에 있어 통제는 작업을 모니터하고, 이 단계의 기준에 따라 결과를 평가하여, 필요한 경우에 수정을 하기 위한 것이다. 통제의 기능을 수행하면서 행사를 기획할 때 왜 목표를 잘 설정해야 할 필요가 있는지를 알 수 있게 한다. 효과적인 통제를 위해서는 행사의 결과를 모니터해야 한다.

- 참가자들이 행사장에 정시에 도착했는가?
- 행사장의 온도는 적당한가?
- 행사장의 형태는 어떠했는가?
- 등록 대기시간은 얼마나 길었나?

결과를 평가하기 위해서 기획가와 진행요원은 어떤 결과가 예상되는지를 알아야 한다.

- 몇 시에 회의가 시작되기로 되어 있는가?
- 행사장의 형태는 극장식인가, 아니면 학교식인가?
- 행사장의 온도는 어느 정도인가?
- 등록 데스크에서 대기를 하게 된 원인은 무엇 때문인가?

2. 회의감독활동(Direction Meeting Activities)

일상의 거주지(home city)를 떠나기 전에 회의를 효과적으로 감독할 수 있는 필요한 것을 모두 준비해야 한다. 이런 감독도구에는 회의개요, 행사장 배치도, 지시사항, 진행요원의 스케줄, 그 이외에 행사에 필요한 것들이 있다. 회의가 시작되기 전에 필요한 진행요원 회의와 훈련프로그램을 마련해 두어야 한다.

가. 행사준비사항(Materials)

행사의 규모와 시설 요구사항에 따라서 행사개요를 컨벤션서비스 매니저나 임명된 다른 사람들에게 행사 시작 6주전에 제출해야 한다. 편의시설은 회의개요에서 정보를 획득해서 시설의 정형화된 포맷에 넣어 적당한 관리자에게 그것을 할당한다.

만약 다른 사람들이 그들에게 기대되는 것이 무엇인지 모른다면 효과적으로

운영할 수 없으므로 행사개요는 중요한 정보를 담고 있어야 한다. 그리고 제출 마감일을 준수함으로써 프로정신을 보여 주어야 한다.

현장에 도착했을 때 행사개요에는 다양한 행사장에 대한 배치도와 등록과정에 대한 서술된 지시사항, 특별 활동, 그리고 진행요원 스케줄을 포함한 보완된 자료들이 있어야 한다. 이 자료들은 훈련과정이나 진행요원과 시설관계자들에게 설명할 때 필요한 자료가 된다.

나. 사전회의 브리핑(Pre-meeting Briefing.)

진행요원과 회의의 간접지원자(컨벤션서비스매니저, 음식제공 매니저 등)와 만나서 최종협의를 해야 하는데 필요시에는 매일같이 브리핑을 할 경우도 있다. 이와 같이 브리핑을 실시하게 되면 발생할 수 있는 활동들을 유기적으로 통합시키게 되며 행사 중에 발생할 수 있는 문제점을 해결하는데 도움을 제공하게 된다.

다. 연습세션(Training Session.)

등록요원과 기타 회의관계자들이 사전에 주어진 직무를 이상 없이 수행할 수 있도록 훈련을 실시할 필요가 있는데, 그 이유는 사전에 실시하는 간단한 예행연습을 통해 각자의 역할과 직무를 숙지시키는데 도움을 제공할 수 있기 때문이다.

3. 회의운영통제(Controlling Meeting Performance)

통제, 혹은 직무 모니터링은 운영기능에 있어서 매우 중요한 것이다. 이 기능은 기획가가 각 활동이 어떻게 진행되고 있는지를 이해할 수 있게 할 뿐만 아니라 상황에 따라서는 적절하게 조정을 가능하게 한다.

회의진행과정은 매시간마다 지속적으로 모니터되어야 한다. 무엇이 변해야 하는지 알아야만 수정을 할 수 있다. 진행 중인 많은 행사들을 혼자서 확인·점검하는 것은 거의 불가능에 가깝다.

대체로 회의기획가는 자원봉사자와 진행요원들을 행사보조자로 활용하게 되는데, 이들 보조자들은 무엇을 발견해야 하고, 발견된 정보를 어떠한 방법과 절차로 회의기획가에게 전달해야 할 것인지를 사전에 숙지시켜야 한다.

가. 회의실(Function Rooms)

행사가 실시되게 되는 장소를 미리 둘러보고 회의준비상황과 형태가 적합한지를 확인해야 한다. 예를 들면 의자공간, 시청각시설, 발표자의 연단과 연사용 탁자 등을 세심하게 점검할 필요가 있다.

나. 등록지역(Registration Area)

등록과 관련된 사전 준비사항은 다음과 같은 것들이 있다.

- 등록에 필요한 자료가 적당한 위치에 있는가?
- 관련 사무용품이 제대로 구비되어 있는가?
- 행사에 필요한 관련 기자재들은 이상 없이 작동이 되고 있는가?
- 탁자와 의자가 적합하게 배치되어 있는가?
- 안내표지판은 제대로 설치되어 있는가?
- 참가자의 입장에서 호텔과 컨벤션센터의 제반 시설과 유도안내물은 이상 없이 배치되어 있는지 등을 종합적으로 검토하여야 한다.

다. 초청연사와 VIP(Guest Speakers and VIPs)

초청연사와 VIP와 관련된 기획가의 준비사항은 다음과 같다.

- 이들을 위한 수송일정이 제대로 마련되어 있는가?
- 초청연사가 준비하는 데 필요한 장소와 공간, 시청각 시설의 이용여부, 준비된 서류를 보고 읽을 수 있는 보조대는 마련되어 있는가?
- 회의장으로의 방향표시는 적정하게 되어 있는가?

라. 특별기능지역(Special Function Areas)

기자실이나 응접실 같은 공간에는 세심한 주의가 요구된다. 이런 공간에는 진행요원을 배치하여 이곳을 이용하는 사람들에게 신속한 서비스를 제공할 필요가 있다.

마. 전시회(Exhibition)

전시장은 하루에 몇 번이라도 반복해서 점검을 해야 한다. 전시회 입점 관계자들과 대화도 하고 참가자들이 어떠한 반응을 보이는지도 확인하여야 한다. 예를 들면, 전시자들이 현재설비에 대한 만족도 등에 대한 분석을 통해 차후 배치시 활용할 수 있도록 해야 한다.

바. 식사기능(Meal Functions)

참가자들이 등록한 후에 처음으로 해야 할 일은 식사 형태별로 적정 숫자를 파악해야 한다. 만약 처음에 예상한 숫자보다 참가자들이 초과하여 계약내용을 바꿀 수 없는 상황이라면 초과된 인원에 대해 어떠한 방법으로 식사를 제공할지에 대한 결정을 해야 한다.

식사장소에서 제공되고 있는 서비스를 모니터해야 하며, 만약 제공되고 있는 식사형태와 내용이 적합하지 않다고 판단되면 식사를 담당하고 있는 관계자와 협의를 통해 식사형태와 내용을 변경해야 한다.

참가자들이 정해진 시간에 양질의 식사를 할 수 있도록 세심한 주의를 기울여야 하며, 만약 방심하게 되면 식사의 질이 낮아지거나 참가자들이 다음 행사에 늦을 수도 있게 된다.

사. 회의세션(Meeting Sessions)

이미 행사장의 형태를 확인하였다. 다음은 참가자들에 대한 관심을 가질 필요가 있다.

• 참가자들이 눈을 뜨고 있지만 어떠한 반응을 보이는가?

• 참가자들이 졸고 있거나 심심해하고 있지는 않은가?

• 행사장의 온도는 적절한가?

• 조명은 적절한가?

• 연사의 소리를 행사장 뒤에서도 들을 수 있는가?

아. 기타문제와 불평처리(Grievances and Other Problems)

회의에서 자주 발생하는 긴급상황과 관련된 문제는 앞에서 이미 언급하였다. 논쟁과 불평을 다루고 질문에 답하며 다른 대부분의 문제를 극복할 수 있어야 한다. 참가자들이 항상 회의장에 참가할 수 있도록 하는 것은 기획가의 책임이다(you can be located at all times)

회의기획가가 사무실에 없을 때에는 다른 진행요원들에게 어디에 있을 것인지 알리고, 긴급히 호출될 수 있는 휴대용장비를 항상 휴대하고 다녀야 한다.

4. 기록유지(Record Keeping)

행사에 관한 방대한 자료수집은 다음 행사를 기획하는데 중요한 도움 자료가 된다. 통계적 자료는 모든 기획가에게 중요한 파일이 된다. 게다가, 비디오테이프를 만들고 워크숍과 세미나에서 나누어준 핸드아웃과 차트는 보관해 두어야 하며 이러한 자료들은 보도자료를 만들거나 참가자들에게 보내 줄 때 쓰인다.

어떤 팀은 회의의 모든 진행을 출력하여 자료들을 참가자나 다른 홍미를 가진 사람들에게 판매한다. 이 경우, 모든 핸드아웃은 다시 출력하기 위해 모아두고 적절한 행사는 녹화해 두어야 한다.

Keypoint

아래의 주요 용어의 개념을 기술해 보시오

1. 현장관리
2. 운영기능
3. 기획
4. 조직
5. 감독
6. 통제
7. 각 행사장별 배치도
8. 진행요원 스케줄
9. 사전 브리핑
10. 훈련세션

Convention

제5부 컨벤션 전산관리 서비스

제23장 컴퓨터 사용

이장의 주요내용

1. 컴퓨터 사용에 대한 이해
2. 회의기획 소프트웨어 이해
3. 소프트웨어로 사용 가능한 프로그램 이해
4. 회의관리에 필요한 프로그램 이해

컴퓨터는 사무적인 면에서 업무수행에 전문적인 혁명을 일으키는 사무기기이다. 현대는 퍼스널컴퓨터에 적합한 소프트웨어에 의해 많은 시간과 많은 종이를 취급하였던 이전과는 달리 좀더 짧은 시간과 적은 노력으로 회의와 관련된 업무수행이 가능하게 되었다.

이제는 회의기획의 모든 면에서 소프트웨어적으로 처리가 가능하게 됨으로써 많은 인력과 시간을 절약하게 되었다. 그러나 컴퓨터 사용의 선결과제는 여러 가지로 유통되고 있는 소프트웨어 중에서 회의에 적합한 프로그램을 효과적으로 통합할 수 있는 소프트웨어 제품들을 결정하는 것이다. 부가적인 과제로는 하루가 다르게 빠른 속도로 변화하는 기술에 뒤떨어지지 않고 경쟁에 이기기 위해선 소프트웨어에 대한 투자가 우선이 되어야 한다. 이 장에서는 이러한 컴퓨터 사용에 대한 여러 분야에 대해 알아보고자 한다.

1. 사무의 표준화

사무실 소프트웨어 제품들은 오늘날 전문적인 회의에서 사용되고 있는 대부분의 소프트웨어 프로그램들이다. 퍼스널 컴퓨터는 다양한 부분에서 기본적인 문서처리, 스프레드시트, 접점관리 그리고 스케줄링 기능은 아주 유용한 비즈니스 도구로 사용되고 있다.

전문적인 회의에 사용되는 소프트웨어 중의 하나는 워드프로세서이며 마이크로소프트웨어 워드뿐만 아니라, 한글워드가 국내에서 사용되어지는 워드이다. 이러한 기존의 프로그램들은 이제 널리 보급되어 있으며 또한 개인이 사용하기 쉽도록 개발되어 사무실에서 패키지형식으로 더욱더 쉬운 사용법으로 사용되어지고 있다. 이러한 소프트웨어 패키지 중에 상대적으로 낮은 비용의 프로그램을 설치하여 정보들을 관리하고 있다. 엑셀의 기능인 스프레드시트 작업은 예산을 편성하는 것과 계획을 하는데 사용되고 있으며, 데이터베이스 프로그램은 기록보관을 자동화하는데 사용하기도 한다.

이러한 패키지들은 문서처리기와 스프레드시트 그리고 데이터베이스를 공유하기 위해 네트워킹을 하는 통합된 수준을 제공하고 있다. 그리고 전화와 웹 지원을 위한 시스템 등 다양한 기능을 가진 컴퓨터와 프로그램이 개발되어 사무기능에 대한 편리함을 제공하고 있다.

2. 회의기획 소프트웨어

회의기획 소프트웨어 프로그램은 여러 가지 계획을 수립하는 데 있어서 특정한 해결책을 제공하고 있다. 예산 편성에서부터 회의 후 평가의 피드백까지 자동화가 가능하고, 자료의 분석 및 행사 계획 등 모든 회의를 관리하는 데 도움을 주고 있다.

회의기획가는 프로그램을 사용하기 위해 컴퓨터 프로그램 작성자가 될 필요는 없다. 그러나 이러한 프로그램을 통해 계획한 대로 회의를 진행할 수 있도록 주문제작을 할 수 있는 능력이 있어야 한다. 주문제작 프로그램의 단점은 일반적으로 다른 제품들에 비해 소량으로 생산되기 때문에 프로그램의 가격이 높게 책정이 되며, 업그레이드 지원과 프로그램 개발을 위해 충분한 자금이 있어야 한다. 왜냐하면 프로그램 중 상당수는 복잡한 프로그램 작성으로 인한 시행착오 발생시 프로그램을 수정해야 하는 번거로움이 있기 때문에 많은 예산이 소요된다. 이러한 과정을 거쳐 완벽한 제품으로 만들어지게 되는 것이다.

특정 제품을 결정하는데 있어서 하나의 독립적인 프로그램을 선택하거나 통합된 프로그램을 선택할 수 있다. 이는 회의기능에 따른 선택을 해야 하기 때문이다.

3. 예산관련 소프트웨어

예산관련 소프트웨어는 예산업무를 자동화하고, 판매기록과 경영을 분석하기 위한 프로그램이다. 이러한 프로그램의 특징은 다양한 회의기획 상품들이 모두 포함되며 상품별로 특별한 업무를 취급할 수 있는 패키지가 있다. 이러한 패키지의 특징들 중에 공통적으로 포함되는 것은 다음과 같다.

■ 예산안 예측 및 요약	■ 예산안 업무	■ 경영성과
■ 세부적인 소비	■ 이벤트 개런티	■ 수 익
■ 업무성과 비율	■ 협상안	■ 객실단가
■ 매각 지불비용	■ 매각물자	■ 매각업무

4. 전시회관리 소프트웨어

전시회는 소프트웨어가 고정된 동일한 업무를 요구하므로 이 프로그램은 계약 및 부스설치장소, 경쟁사, 그리고 제품에 대한 다양한 정보를 포함하고 있기 때문에 다양한 분야에 대한 자세한 내용을 등급별로 분석하여 제공된다.

제품 중 상당수는 전시장 평면도를 포함하고 있으며, 이러한 프로그램은 평면도를 포함하는 전문적인 프로그램이 필요하다. 이 도면들은 매우 복잡하게 구성되어 있고, 전시공간이 팔릴 때 오픈되어지고 거기에 따른 변화를 주어야 한다. 몇 개의 제품은 출품자들이 웹과 공간, 수수료를 요청하도록 만들어진 온라인 인터페이스를 포함하고 있다.

이 패키지제품의 특징은 다양하게 고려될 수 있으나 대부분의 상품들은 다음과 같은 항목을 포함하고 있다.

- 부스과제 및 재고관리
- 부스가격
- 출품자예상과 계약관리
- 계약업무
- 전시내력
- 출품 등록부스, 배지 및 확인편지
- 출품 경쟁 및 부스할당과 제품배열 보조업무
- 출품장소 및 필요품
- 출품송장
- 층별계획
- 지급업무
- 부스할당 우선권 결정사항
- 이사진 / 제품소개
- 통계치(장소, 크기 및 부스 효율성 등)
- 광고 및 출품 내력
- 장소 요청

5. 등록 및 배지 제작

배지제작과 등록업무는 대부분 회의에서 필요한 부분으로 품질좋고 판매가능한 수준에서 만들어진 프로그램 상품(배지는 본질적으로 라벨의 형태이다)들의 가격계산, 티켓팅, 온라인 등록 등 다양한 부분에 이용된다.

배지 제작 및 등록옵션에는 다음과 같은 것들이 포함된다.

- 회계(지급, 미납총계, 환급, 보증금, 할부금)
- 참가자 명단
- 긴 이름들에 알맞은 자동 텍스트
- 선례에 의한 바코드 가능성
- 분류 제한업무
- 등록명부 분류
- 확인편지
- 주문된 스크린
- 메일링 라벨
- 복합적인 이벤트
- 로고 혹은 그래픽이 삽입된 배지 스타일 및 이름
- 보고서(출납, 확인편지, 인구통계, 이벤트등록, 등록수)
- 개인적인 송장
- 개인 티켓팅
- 등록코드 업무
- 인구통계 및 특별한 필요에 의한 데이터베이스 적용
- 스피커 감독
- 대기 리스트

6. 회의실 배정프로그램

회의실을 배정하는 소프트웨어는 당연히 층별로 따라 회의공간이 주어지고, 회의장소에 있어야 할 의자, 테이블, 무대, A/V 장치 등은 층별로 준비되며 내부를 정리한 후의 업무들이 어떻게 수행할 것인가를 정확하게 예측해 주는 프로그램이다. 주요 좌석형태들(학교, 극장, 텅빈 공간, U자형, 회의스타일 등)은 무대뿐만 아니라 음향설치도 포함될 수 있다. 옛말 중에 "사진 한 장은 천 가지 말의 가치가 있다"는 말이 여기에 적용된다. 시설관리자는 처음 예상했던 대로 비슷하게 배치하고 나서 배치도를 보고 정리를 하게 된다.

회의실 배치 프로그램에는 다음과 같은 특징들이 포함된다.

- A/V설비와 무대설치
- 문, 기둥, 벽의 곡선, 돌출부
- 웹에서 이용할 수 있는 Download 가능한 평면도
- 아웃렛의 선택과 유틸리티 기호
- 측정기호
- 회의실의 계획
- 원본 꼬리표들
- 선호하는 좌석 및 통로배치
- 음향설치 및 무대장소
- 여러 가지 바와 아이콘, 무도 층, 기타
- 다른 회의실의 빠른 배치
- 다양한 좌석 스타일과 자동으로 배치할 수 있는 계획

7. 스케줄 프로그램

스케줄과 날짜는 회의계획과정의 공통된 한 부분이며, 특히 복합시설에서 대규모 회의들은 며칠에 걸쳐 회의가 진행된다. 이 프로그램 중 상당수는 시설공간을 관리하는 기능에 사용된다. 이러한 시스템을 관리하는 도구는 전체 호텔매상과 케이터링관리가 포함된다.

이러한 상품들은 범위와 특징에 따라 다양하게 진행되며 대부분 다음과 같은 특징들이 있다.

- 가장 적절한 공간할당
- 휴일을 고려한 계획
- 불편해소 및 이중계약 체크
- 일간, 주간, 월간예정표
- 종합보고서
- 객실계획
- 탐색가능한 행사계획 데이터베이스
- Web에 기초한 위치
- 지급 및 송장
- 연회 및 음향시설업무
- 고객과 데이터베이스 연결
- 각 시간대별로 적합한 행사
- 객실임대
- 공간배치의 표준화
- 선호객실, 휴일, 준비자세 등

8. 회의관리 프로그램

회의관리는 많은 회의와 행사를 운영할 수 있도록 디자인된 종합적인 목적의 프로그램이다.

정보시스템 단말기는 데이터베이스의 효율성을 이해하는 것이 중요하다. 이러한 효율성은 참가자, 판매자, 출품자, 스피커 등 참가자들과의 회의 및 계획, 업무처리와 관련된 다양한 사항을 다루게 된다.

관련 데이터베이스는 싱글레코드로써 개별적인 데이터베이스의 개체를 추적한다. 그리고 이보다 더 많은 데이터베이스 범주에 관련개체를 연결시킨다. 예를 들면, 개별적인 개체는 연설자, 동일한 회의의 출품자와 참가자들이다.

만약 이 개체가 참가자들의 주소를 변경하게 되면 관련 데이터베이스들이 함께 변경하도록 조작된다.

그 다음에는 이와 관련된 여러 개체에서도 주소의 변경이 이루어지게 되며 보고서는 데이터로부터 실행될 수 있다. 출품자들과 일반적인 참가자들의 정확한 주소가 나타나게 되는 많은 회의계획 소프트웨어 분야들이 있다. 대부분 프로그램의 공통된 특징은 다음과 같다.

- 도착 및 출발자명단
- 참가과정
- 참가자 스케줄
- 음향 및 회의실 준비
- 날짜별 역할
- 연회업무
- 확인편지
- 관련사항
- 지속적인 교육
- 세부적인 회계, 송장, 지급 및 예산
- 전시자 등록
- 공간기능
- 객실 공급과 보유
- 회의등록
- 회의설명
- 종합보고서(메일링 목록, 참석명단, 코스멤버들, 도표)
- 배지명칭, 티켓팅 및 주거카드 등
- 연설자 편성 및 등록(음향설비, 관련정보)

이러한 소프트웨어 제품들은 비용과 특징에 따라 다르게 구성되는데, 이러한 제품들은 3개의 부류로 구분되는데, 일반모임 계획, 복합 소프트웨어 형태와 통합경영 소프트웨어 형태들이 있다.

일반적인 회의계획은 다양한 형태로 관련된 데이터베이스에 의해 만들어진다. 이러한 소프트웨어는 단 한 명의 사용자를 위하여 개발 될 수도 있다. 또한 하루 행사를 위한 것도 있으며, 대부분 위의 표와 같은 특징들을 포함하고 있다. 소프트웨어를 계획한 법인조직은 법인들이 일반적으로 회의에 참가하기 위해 그들의 직원, 그리고 참가자를 위한 여행비용을 지급하기 때문에 법인조직의 프로그램으로 구성된다. 일부 계획은 전산화된 항공료와 실제로 통합이 되고 있으며 이는 여행자료를 쉽게 찾아서 정보를 설명해주고 예약이 가능한 시스템이다.

복합소프트웨어는 대부분 복잡하고, 회의를 계획하는데 있어 비용이 많이 들게 된다. 이 제품들은 복합적이고 다양한 것을 다루도록 디자인된 것이기 때문에 회의운영의 전반적인 것을 해결하게 된다.

전반적인 관리에 초점을 맞춘, 지급의무, 자금의 효과적인 관리 및 회계와 관련된 사항이 포함되며, 회의계획과 전시회관리를 효과적으로 할 수 있는 제품이다. 일반적으로 제품이 크고 조작과 기능이 복잡하기 때문에 소프트웨어 설치비용이 많이 들게 된다.

9. 시스템의 평가

첫 번째 단계는 전산화 상태를 확인하고 정보서비스(IS) 분야 또는 독립 컨설턴트와 관련성이 있는가를 알아보는 것이 중요하다.

- 광범위한 조직 네트워크를 갖추고 있는가?
- 사용하는 데이터베이스는 무엇이며, 그것은 광범위한 네트워크를 갖추고 있는가?
- 데이터베이스를 가지고 어떠한 새로운 소프트웨어 제품들과 결합되기를 원하는가?

만약 위의 질문에 대한 대답이 "예"라면 특히 대규모 조직이 필요하며, 주요한 부분에서 그렇다면 정보서비스부서(IS) 또는 관리자가 필요하다.

10. 업무흐름 분석

다음 단계는 현재 소프트웨어를 통해 자동화가 가능한 부분을 찾아야 한다. 병목이 있는 곳을 알아보기 위해 업무흐름을 분석하는 것이 필요하다.

- 기존의 어떤 소프트웨어를 사용하고 있는가?
- 지금 사용하는 회의계획 소프트웨어는 무엇인가?
- 현재 네트워크에서 나타나는 문제점, 데이터베이스 및 소프트웨어상품은? 사용하기가 편리하고 배우기가 쉬운가?
- 새로운 소프트웨어는 사용하고 있는 시스템과 통합될 수 있는가?
- 회의계획시 필요한 유형의 시스템은 무엇인가?
- 얼마나 많은 사람들이 자료에 동시접근이 가능한가?
- 작동이 잘되는 업무와 그렇지 못한 것은 무엇인가?
- 시스템의 전반적인 수리가 필요한가?
- 예산 및 주기의 변화는?
- 어떤 특정한 업무들과 제품범주들이 최적의 호환성이 있는가?

11. 제품형태 선택

필요한 소프트웨어 형식은 매우 중요하며 소프트웨어가 모든 업무를 처리할 수 있는지, 혹은 수많은 특별업무를 하는 제품의 하나인지, 어떻게 배지가 만들어지고, 예산, 전시, 등록, 객실표시가 계획되어지는지, 구매하려고 하는 상품이 조직의 업무에 부합되는지 여부를 판단해야 한다.

12. 소프트웨어 구입

조직을 위해 필요한 제품타입의 선택을 좁혔으면, 소프트웨어 구입을 위해 공급자들에게 다음과 같은 몇 가지 사항에 대한 질문을 한 후 가장 최적의 조건이 제시되는 제품을 구입해야 할 것이다.

- 얼마나 오랫동안 그들이 이 사업을 했는가? 제품수명주기는 얼마나 빠르고, 제품의 출시와 제품의 라이프사이클, 그리고 앞으로 몇 년간 애프터서비스를 할 것인가에 대한 지속성을 파악하여 적절하면 구매결정을 해야 한다.
- 제품이 출시된 지 얼마나 오래 되었는가?
- 기업에 얼마나 많은 직원들이 있는가 등이다.
- 제품의 지원정책은 어떠한가(지원기간과 비용, 무료서비스, 훈련, 웹에 대한 기본지식, 이-메일 지원)?
- 고객과 친밀성 정도는 어떠한가?
- 부가서비스 제공여부는?
- 비용의 지급방법은(개별사용, 사이트이용과 이용자의 수)?
- 데모(선정용)버전을 가지고 있는가?

Keypoint

아래의 주요 용어의 개념을 기술해 보시오

1. 회의계획 소프트웨어
2. 예산 소프트웨어
3. 전시관리 소프트웨어
4. 등록과 배지제작 소프트웨어
5. 스케줄 소프트웨어
6. 회의관리 소프트웨어

제24장 인터넷 사용항목

이장의 주요내용

1. 기획가의 인터넷사용 이해
2. 인터넷 상에서 조사이해
3. 사이트와 서비스 이해
4. 온라인 제안요청서 이해
5. 온라인 대화 도구이해
6. 인터넷에 관한 기술적인 팁 이해

인터넷은 회의산업과 사회전반에 영향을 미치고 있다. 인터넷 정보는 실시간별로 효과적인 온라인 자원을 사용할 수 있다. 회의기획가는 기획, 촉진, 성공적인 회의개최와 관련된 모든 업무를 가까운 편의시설-회의성공을 평가하는 온라인 조사를 통해 회의목표와 목적을 분명히 알 수 있다. 빠른 속도와 기술의 진보는 새로운 인터넷 기술의 변화를 가져오게 했다. 이번 장에서는 온라인에서 유용한 회의산업 자원의 형태를 소개하고 인터넷을 효과적으로 사용하는 방법에 대해 소개하고자 한다.

1. 기획가는 어떻게 인터넷을 사용할 것인가?

국제회의 전문가와 Plan Soft사는 편의사업에 인터넷의 사용을 장려하고자 독립적인 후원을 하고 있다. 인터넷은 새 천년에 등장하는 산업처럼 신기술효과의 수용과 범위 그리고 깊이를 증명했다. 이러한 결과는 산업에서 인터넷을 친밀하고 보편적인 사용을 할 수 있는 기초를 만들게 되었다.

회의기획가, 시설운영요원, 컨벤션뷰로(CVB), 산업공급자 등 1,200명의 전문가를 조사한 결과, 기획가, 참가자, 박람회출품자, 공급자 및 자원 봉사자와 의사소통을 하기 위해 인터넷을 사용한 것으로 나타났다.

그리고 사이트 조사와 서비스 경쟁자를 연구한 결과 공급자는 경쟁자를 연구하고 온라인 제안요청서(RFPs)를 통한 새로운 사업의 진로를 지도하기 위해서 인터넷을 우선적으로 사용한 것으로 나타났다.

가. 조사결과 :

- 회의기획가의 92%가 동료들과 대화를 할 때 인터넷을 사용하고, 82%는 공급자와 인터넷으로 의사소통을 한다.
- 회의기획가의 85%는 인터넷을 통해서 개최예정지를 조사하고, 84%는 행사장소 조사, 83%는 상품과 서비스를 조사할 때 인터넷을 사용한다.
- 회의기획가의 46%는 개최장소를 조사하기 위해 인터넷을 사용해 특정한 호텔의 웹사이트를 방문한다.
- 조사를 할 때 또는 상품이나 서비스를 구입할 때 회의기획가들은 통합서비스 사이트보다 더 좋은 개별서비스 제공자 사이트를 방문한다. 55%는 호텔 사이트를 방문하고, 35%는 컨벤션 뷰로(CVB) 사이트를 방문하고, 32%는 항공사 사이트를 방문한다.
- 인터넷으로 가장 빈번하게 구매하거나 예약하는 품목으로 기획가의 23%는 책과 종이를 구매하고 22%는 교통수단 예약을 하고 있는 것으로 나타났다.

- 기획가는 가까운 미래에 더 많은 시간을 인터넷 사용을 할 것이라 예상되는데, 인터넷을 이용하는 가장 주된 이유로는 68%가 조사를 위해 사용하는 것으로 나타났다.
- 기획가와 공급자를 비교해 볼 때 경쟁자를 조사할 때 인터넷을 주로 사용한다(시설운영자의 84%, 산업공급자의 74%와 컨벤션뷰로(CVB) 관리자의 76%). 그리고 제안요청서를 작성할 때와 판매지도(시설운영자의 83%, 산업공급자의 66%와 컨벤션 뷰로(CVB) 매니저의 76%)로 나타났다.
- 공급자와 시설운영자 77%, 제안요청서(RFPs)의 42%가 인터넷 사용이 증가했고, 최근 6개월 동안 인터넷을 통한 지도를 받았다고 한다. 산업공급자의 64%는 제안요청서(RFPs)와 지도안 만드는 것이 32%로 증가했고, 컨벤션뷰로(CVB) 행정업무 담당자 61%는 37%의 증가를 목격했다고 한다.

2. 전시회 주최자의 사용

2000년 베일러(Baylor)대학의 제프 테이너 박사(Dr. Jeff Tanner)의 연구논문에 따르면 미국 전시산업 연구소(CEIR)의 전시회 매니저들은 새로운 참가자, 새로운 출품자, 증가하는 출품자(잠재적인 참가자)를 끌어들이기 위해 인터넷을 사용한다고 한다.

100명의 전시회 매니저를 대상으로 조사한 결과 정보를 알리는 수단으로는 웹상에서 방송형태를 가장 많이 사용했다고 한다. 응답자의 절반만이 온라인 등록을 권했고 몇몇은 온라인 상품판매를 권장했다.

전시산업 연구소(CEIR)의 결론: "웹사이트 사용은 조직위가 투자방법을 찾고 대화를 할 수 있는 기회 증가수단으로 사용하고 있다. 전시회 조직위는 웹상의 수많은 박람회 출품자와 잠재참가자가 기대를 조사하는데 사용하고 있는 것으로 나타났다. 웹사이트 사용은 다양한 산업의 변화처럼 몇몇 조직위는 그들의 사이트를 이용해서 전시공간은 팔고, 등록, 관광, 인재교육, 조직 멤버십 등에 사용하고 다른 몇몇은 일반적인 대화 도구로 사이트를 사용한다."

가. 회의계획 기능

인터넷 사용은 회의, 컨벤션, 전시산업 전반에 걸쳐 빠른 속도로 보급되고 있다. 회의기획가가 조사할 때, 대화할 때 혹은 시장이나 사업문제 해결을 할 때 인터넷을 사용하던지 하지 않던지 간에 회의도구의 중요한 부분으로 자리매김하고 있다.

이러한 도구를 효과적이고 능률적으로 사용하는 법을 배우는 것은 시간과 돈을 절약하고 기획가의 능력과 이벤트를 확장시키는 역할을 한다. 또한 인터넷 사용으로 획기적이고 중요한 잠재력이 있기 때문에 인터넷을 사용한다.

회의기획가는 특별한 회의계획 기능으로 다음과 같이 인터넷을 사용할 수 있다.

- 프로그램 계획 — 화제 거리와 주요논쟁을 조사하고 경쟁 프로그램을 평가하고, 회의 파트너와 실시간으로 의사소통을 하게 된다.
- 발표자 선택 — 주제에 맞는 발표자를 찾기 위해 발표내용을 조사한다.
- 장소선정 — 장소의 내용들을 점검하고, 제안요청서를 제출한다.
- 후원서비스 — 공급자를 선정하고, 서비스와 비품을 주문한다
- 숙소의 예약 — 예약 확인과 객실추적과 숙박차단
- 수송 — 참가자와 진행요원을 위해 항공과 지상 교통수단을 예약한다.
- 등록 — 안전한 신용카드 처리를 하고, 참가자 데이터를 기록하고 관리한다.
- 선적 — 회의자재와 전시물을 추적하고 배달을 확인한다.
- 연회장 정리 — 공간을 확인하고 층별계획을 다운로드받고 요구공간의 견적을 내본다.
- 전시회 서비스 — 부스선정, 서비스와 비품주문, 출품자 웹사이트를 연결시킨다.

- 마케팅, 촉진과 광고 — 시장연구와 예상프로그램 세부사항 기술의 갱신, 이메일 뉴스, 온라인 쇼, 편집용 프린트와 인쇄도구의 사용
- 효과적인 이벤트 — 온라인 지역사회와 효과적인 무역전시회, 인터넷방송 회의프로그램과 특별한 이벤트를 개발한다.

이 장에서 인터넷 정보와 제공받은 웹사이트들은 온라인상에서 이용할 수 있는 더욱 포괄적인 기획자원을 설명하고 있다.

3. 인터넷상에서 조사

매일 수백 개의 새로운 웹사이트가 인터넷에 새로이 개설되고 있다. 웹사이트 디렉토리는 공개하는 순간 구식이 된다. 중요한 건 온라인 회의계획 자원의 검색과 사용은 유용한 자원의 형태와 검색엔진, 무역간행물, 협회 웹사이트를 효과적으로 찾는 방법을 이해하게 해준다.

가. 검색 엔진과 디렉토리

검색엔진과 디렉토리 색인을 찾아 구성하고, 웹사이트를 평가하고 검토한다. 이러한 것들은 다양한 방법에 대한 기능을 제공한다.

- 야후는(www.yahoo.com) 색인과 웹사이트 혹은 웹페이지의 항목과 디렉토리를 가지고 이용자들이 사용할 수 있게 한다.
- 고컴(www.go.com), 구글(www.google.com), 핫밧(www.hotbot.com)과 레이징 검색(www.raging.com)같은 인터넷의 웹사이트에 주요 단어 백만개가 색인에 있는 정교한 소프트웨어(로봇, 말파리 유충 혹은 거미라고 부른다)를 사용한다.
- 몇몇은 마이크로소프트 컴(www.msn.com)이나 넷츠 스케이프 넷 센터(www.netcenter.com)같은 통합서비스 사이트를 이용한다.
- 그 외에 애스크 지브스(www.askjeeves.com)와 도그파일(www.dogpile.com)

같은 사이트는 동시에 많은 검색엔진은 찾는다.

www.forrester.com에서 평가한 2000년도 웹상에 있는 페이지 수는 500백만에서 600백만 개에 이르고 그 숫자는 급격히 증가하고 있다. 그렇지만 대형 검색엔진의 하나인 레이징 서치는 단지 약 350만의 페이지가 있다. 새로운 계획자원을 찾고 사용하기 위하여 다양한 검색도구를 사용할 것이다

나. 초기화면

웹사이트의 초기화면은 이메일, 포럼, 검색엔진과 온라인 쇼핑몰에서 거대한 회원을 유지하고 흥미를 끄는 것처럼, 서비스와 자원의 넓은 정렬을 권유하고 있다. 특정주제 검색사이트, 디렉토리 그리고 온라인 커뮤니티와 같은 수직 포털들은 산업과 틈새시장분야에 주력함으로써 검색대상의 폭을 더욱 좁혀갈 수 있게 도와준다.

회의산업 초기화면은 특별산업 웹사이트의 데이터베이스를 유지한 이후 조사의 좋은 시점이 되었다.

회의산업과 관련된 웹사이트는 다음과 같은 것들이 있다:

- 이벤트 기획가 (www.event-planner.com)
- 엑스포베이스 (www.expo.com)
- 엑스포월드 점 넷ⓒ (www.expoworld.net)
- 호스피탈리티넷TM (hospitalitynet.org)
- 회의산업몰 (www.mim.com)
- 거래 전시뉴스 네트워크 (www.tsnn.com)

이외에도 지속적으로 웹사이트가 만들어지고 있다.

4. 무역간행물과 협회사이트

온라인 무역과 협회간행물은 찾을 수 있는 기사 기록보관소, 산업자원 디렉토리 및 계획 가이드와 같은 현재 뉴스를 제공한다.

회의 공업 간행물을 포함한다:

- 아담스 비즈니스 미디어 (www.meetingsnet.com)
- 컨빈 (www.pcma.org)
- 이벤트 솔루션 (www.event-solutions.com)
- 전시매거진 : 엑스히비터넷닷컴 (www exhibitornet.com)
- 엑스포 (www.expoweb.com)
- 회의뉴스 (www.meetingnews.com)
- 회의전문가 (www.mpiweb.org)
- 회의와 컨벤션 (www.meetings-conventions.com)
- 특별이벤트 (www.specialevents.com)
- 성공적인 회의 (www.successmtgs.com)
- 주간무역전시 (www.tradeshowweek.com)
- 유에스에이이뉴스 (www.usaenews.com)

온라인 간행물과 기사보관소, 산업협회 웹사이트 또한 회원과 손님, 디렉토리, 봉급조사, 기록경향, 백서, 포럼, 직업과 메시지 보드의 인터넷 자원 특성이 있다. 컨벤션산업 멤버 조직위와 웹주소 등의 모든 리스트가 있다.

5. 장소와 서비스 찾기

장소와 서비스 선정시 인터넷 사용의 도움으로 내용 점검을 할 수 있다. 회의공간계획의 기능은 크기와 수용력을 찾는다. 웹 브라우저에서 사진감상, 비디오 혹은 360도 이미지에 의한 일반적인 walk-throughs 관리, 이름, 형태에 의한 공급자 조사 그리고 온라인 제안요청서를 제출하게 된다.

대부분의 특급호텔, 회의 및 컨벤션센터와 공급자는 그들의 재산과 서비스에 관한 정보를 설명한 웹사이트를 가지고 있다. 일반적인 이름 혹은 특별한 산업 검색 사이트, 포탈, 무역간행물과 연합회로 시설과 공급자를 조사한다. CVB 웹사이트에서 개최지와 공급자 위치를 찾을 수 있다.

CVB 위치 :

- 컨벤션뷰로닷컴 (www.conventionbureaus.com)
- 컨벤션뷰로 국제연합회 (www.iacvb.org)

CVB에는 어떤 회의중심지로부터 장소와 서비스를 찾는데 도움을 줄 수 있도록 만들어진 사이트의 수가 증가하고 있다. 그들은 전형적으로 개최예정지, 행선지와 서비스의 최신 데이터베이스를 가지고 있다. 몇몇은 표준비용 사용에 대한 조사를 허가해주고 몇몇은 그들의 사이트로부터 제안요청서 제출시 공급자들 스스로가 기입을 가능하게 해준다.

이러한 사이트는 다음과 같다.

- 올미팅닷컴TM (www.allmeeting.com)
- 컨벤션 기획가 (www.conventionplanner.com)
- 이벤트소스닷컴TM (www.eventsource.com)
- 회의와 이벤트 시설의 가이드(www.theguide.com)
- 핫데이트 핫레이트 (www.hotdateshotrates.com)
- 매드서치닷컴 (www.madsearch.com)

- 전문전시홀닷컴ⓒ (www.majorexhibithalls.com)
- 미팅패스 (www.meetingpath.com)
- 패스키 (www.passkey.com)
- 플랜소프트Ⓡ (www.plansoft.com)
- 스타사이트TM (www.starcite.com)
- 티에스센트럴 (www.tscentral.com)

몇몇 사이트는 그들의 서비스를 사용하기 전에 등록을 할 것을 요구한다. 이러한 서비스를 사용하기 전에 공급자가 사이트에 어떻게 등록했는지를 이해하고 있는지 확인한다(무료 혹은 참가비, 등록비 지급에 찬성해야 한다). 그리고 서비스에 대해 어떻게 요금을 지급했는지(광고비, 회원 가입비 혹은 당신 혹은 공급자가 지급하는 거래금액) 조사시에 다양한 도구를 사용하기를 원하는지 혹은 신뢰성 있는 결과를 찾을 때 하나 또는 두 가지의 일관된 도구를 사용할지는 소비자의 필요에 달려 있다.

6. 온라인 제안요청서 제출

인터넷을 통한 제안요청서 제출은 다양한 내용과 공급자를 검토하는 효과적인 방법이다. 전통적인 제안요청서 작성방법은 문서작성과 첫 통화자격을 포함한다. - 때때로 반복해서 동일한 명세서를 요구한다. 만일 활용할 수 있는 새로운 정보를 수정한다면 공급자에게 메일이나 팩스(때때로 반복적으로)를 경유하여 보내고, 더 많은 통화와 팩스를 경유해서 정보를 첨부해야 한다.

온라인 제안요청서의 중요한 이점으로 표준화된 양식과 서류를 보내고 받을 때 자동화되어 있다는 것이다. 제안요청서를 별다른 불편 없이 시작한다면 필요한 시설의 정보를 생략할지도 모른다. 온라인 제안요청서는 완벽한 표준양식을 제공하고, 극히 중대하고 제한된 정보를 부주의로 생략해서는 안 된다. 온라인 제안요청서 양식을 한번에 저장하고 갱신 혹은 필요에 따라 재사용하는 등

완벽하게 할 수 있다.

이렇게 만들어진 제안요청서를 즉시 다양한 수령인에게 보낸다. 그리고 자동 확인된 제안요청서를 받는다. 또한 제안요청서에 대한 자격을 얻었다면, 협상을 시작하기 위해 전화로 개인접촉을 시작한다.

이용자가 신뢰하는 사이트(호텔사이트 혹은 통합계획 사이트)를 온라인 제안요청서 작성과 다양한 특징을 활용할 수 있는 사이트를 이용한다.

이러한 특징은 아래와 같은 것들이 포함된다.

- 개인 저장능력은 제안요청서에 의해 만들어지고 저장되고, 수정되고, 다시 사용되고 인쇄된다.
- 암호보안
- 회의의 특별한 뉘앙스를 지적하는 원본형식에 비평을 추가하는 능력
- 회의역사와 수익발생은 사업을 고려할 때 많은 자산을 요구한다.
- 개최장소에서 참가자 수를 기준으로 기획가가 요구한 적당한 사이즈의 방을 사용할 수 있도록 정리할 것이다.
- 회의개최 일을 기입할 수 있는 달력
- 이메일, 편지, 전화 혹은 팩스를 통해서
- 본부에 모든 제안요청서를 추적 대응
- 의사결정을 할 수 있도록 도와주는 것.
- 온라인 시스템을 사용한 무료 전화번호

많은 통합회의 계획사이트는 인터넷 상업능력과 편안한 항법 등의 다양한 기능들이 있다. 시스템을 사용한 기획가들로부터 피드백 받은 것을 기초로 시스템을 끊임없이 업그레이드한다.

제안요청서를 좀더 합리적으로 작성하도록 하고, 사용하기 쉽고 간단하게

할 때 이용자들이 필요로 하는 서비스와 장소 선정 시 이용자들에게 강력한 도구가 될 것이다. 이용자들이 온라인 제안요청서를 사용하기 시작할 때 힘들었던 노동집약적인 전통시스템의 절차로부터 해방될 것이다.

7. 온라인 대화도구

온라인 대화도구는 직원, 참가자, 전시출품자, 공급자, 자원봉사자 및 기획파트너를 전 세계적으로 빠르고 쉽게 해준다. 많은 온라인 도구가 더 효과적으로 의사소통을 할 수 있도록 도와준다. 이용자들이 자주 사용하는 도구는 아래에서 보는 바와 같다.

가. 웹에 기초를 둔 이메일

인터넷산업은 거의 보편적으로 이메일을 채택했다. 그러나 이용자가 어느 곳에서라도 웹을 통한 이메일의 접근을 원한다면 이용자가 많은 계정을 열 수 있고 다른 제안에 의해 다른 계정을 사용할 수 있다.

자유로운 웹 이메일 서비스는 다음과 같다:

- 핫메일Ⓡ (www.hotmail.com)
- 주노 웹메일 (webmail.juno.com)
- 야후!Ⓡ메일 (www.yahoo.com)

나. 이메일 뉴스레터

이용자는 기술, 마케팅경향, 인터넷 상업과 회의산업 뉴스의 최신소식을 유지하는 것을 목표로 하는 자유로운 이메일 뉴스를 구독할 수 있다. 구독할 때 자동으로 유지되고 업데이트되는 이메일 편지 리스트(편지목록 서버)를 더한다. 몇몇 리스트는 모든 구독자에게 회답을 하고 이메일을 기초로 한 토론그룹에 참가할 수 있게 해준다.

이러한 내용은 절제된 혹은 절제되지 못한 토론일 수도 있다.

이용자가 접속할 수 있는 회의산업 목록이다. :

• 이벤트웹 (www.eventweb.com)
• 밈리스트 (www.mim.com/mimlist)
• UNLV 프리미어 플러스 (www.unlv.edu/Tourism/premierplus.html)

기획파트너, 참가자, 전시 출품자, 공급자에게 이메일 뉴스나 편지를 보내는 자신의 이메일 계정을 만들 수 있다.

• 이그룹스TM (www.egroups.com)
• 리스트봇 프리 (www.listnot.com)

다. 실시간 채팅 이용

실시간 참가, 일대일 혹은 그룹으로 실시간 채팅 신청으로 사용한다. 이용자는 다운로드를 받고 파일전송, 전화통신, 개인화와 기타 새로운 특성을 추가하게 되면 계속 자유롭게 사용할 수 있다.

• 빠른 메시지 (www.aol.com)
• 야후 개인 메시지 (www.yahoo.com)

라. 웹에 근거한 그룹 공동조사

위원회의 재검토를 위하여, 토론, 공동조사, 변용 그리고 분배를 위해 온라인 문서들을 공유한다. 경우에 따라서 사용자들은 참여할 그들의 컴퓨터에 인스톨된 자료를 생성할 소프트웨어 적용을 할 필요가 있는 도구를 포함한다.

• netdocuments TM (www.netdocuments.com)

• 넷미팅 (www.microsoft.com/netmeeting)

마. 번역도구

번역도구들은 대충 틀만 잡은 기초적인 번역을 제공한다. 그러나 보통 메시지의 요점을 얻는 충분한 정보가 된다. 이용자들은 문서의 원문을 번역할 수 있거나, 아니면 원하는 웹페이지를 웹사이트의 주소에서 번역할 수 있다. 이것은 국제회의 참가자들과의 만남에서 특별히 유용하게 사용되기도 한다.

주의할 점: 발표할 최종 문서에 이 무료번역을 의지하지 마라. 이것은 100퍼센트 정확하지 않다. 전문번역가들이나 모국어를 쓰는 사람들로부터 번역을 검증하라.

무료번역을 이용할 수 있는 곳 :

• 알타비스타 월드 (world.altavista.com)

• Dictionary.com/Translate (www.dictionary.com/translate)

• Go Translator (translator.go.com)

• Voila Translate (www.voila.com/Services/Translate)

Keypoint 인터넷 사용 체크 리스트

1. 컴퓨터 인터넷 사용 준비

가. 필요한 것

• 컴퓨터
- 윈도우와 486프로페서 이상의 PC
- 시스템 7.0 이상의 매킨토시

• 모뎀
- 최소 28.8Kbps(56Kbps면 더 좋음)의 전화모뎀
- DSL 또는 케이블모뎀

• 인터넷정보제공자(ISP)가 장착된 인터넷

• 인터넷 브라우저(주로 마이크로소프트사의 인터넷 익스플로어 또는 넷스케이프사의 네비게이터)
- 최신의 컴퓨터에 미리 탑재
- 구형 컴퓨터를 위해 CD-ROM 사용가능

나. 인터넷 정보 제공자(ISP) 선택

• ISP가 국가 전체적인가 지역적인가 시내인가?

• 회사는 사업한지 얼마나 되었는가?

• 만약 전화모뎀이라면
- 전화는 시내인가 장거리인가?
- 연결이 얼마나 빠른가(T3, Y1, DSL, ISDN, 56Kbps, 33.6Kbps 또는 28Kbps)?
- 얼마나 자주 통화중 신호를 받는가?

• 요금체계는 무엇인가(시간당, 월간, 균일요금, 사용제한, 프리)?

• 부가요금이 있는가(추가 이메일 박스, 별명 등)?

• 사용계산에 제한은 있는가?

• 시험사용료가 매겨져있는가?

• ISP가 부가 요금없이 24시간 기술지원을 제공하는가?

• ISP가 기술지원을 위해 시내 혹은 800번호를 제공하는가?

2. 인터넷 조사 수행

가. 어디서 찾을 것인가

- 검색엔진과 파일목록 검색
- 산업-전문 포털 사이트와 파일목록들
- 통상 출판물들
- 웹사이트 연합

나. 어떻게 찾을 것인가

- 여러 사이트의 키워드와 어구(語句) 리스트
- 어구들을 검색 안에 단어들과 함께 인용부호로 두어라
- 더 많은 특정 키워드를 써서 결과물들 중 근접한 검색을 하라
- 각각의 웹사이트에서 특정 팁을 위해 "Help"나 "검색팁"을 사용하라
- 다양한 검색 도구들을 사용하라

3. 온라인 제안의뢰서(RFP) 제출하기

가. 찾을 때 주안점들

- RFP를 위해 만들어지고 저장된 개인적인 기억장치성능
- 패스워드 보호
- 텍스트 형식에 부가설명을 덧붙일 능력
- 미팅 기록자료와 수익발생을 위한 공간
- 스페이스 계산기
- 쌍방향의 일람표
- 얼마나 응답할 속성을 원하는지 나타낼 능력
- 중심부에서 응답들을 추적할 능력
- 추가 서비스들
- 온라인 시스템을 사용하는데 도움을 줄 무료 전화번호

제25장 회의 & 컨벤션 Web sites

이장의 주요내용

1. 웹사이트의 목표와 목적이해
2. 웹사이트 운용분야의 이해
3. 웹사이트의 내용과 계획의 이해
4. 웹사이트 옵션의 이해
5. 웹사이트의 주요 기능 이해
6. 웹사이트 부서할당의 이해

회의와 전시회 참가자는 개최되는 이벤트가 세계적인 인터넷 집단 또는 기업내 인트라넷에 접근하게 될 수 있는 웹사이트를 통하여 판촉할 것을 기대하고 있다. 회의계획자로서 웹사이트 기능성이 계획하고 있는 이벤트와 조직을 위해 최선책인지를 결정한다. 예를 들면, 개최되는 세미나와 훈련회의를 계획할 때 일반 이벤트 정보와 온라인 등록서식을 포함하는 단순한 웹사이트가 필요할 수도 있다. 그러나 개최되는 이벤트가 국제박람회이거나 국제참가자를 위한 것을 제시할 계획을 하고 있다면, 이해력이 있는 도구와 기능성을 통합하는 다재 다능한 웹사이트를 관리해야 할 것이다.

이 장에서는 개최되는 Convention을 강화하는 웹사이트를 사용할 수 있고, 대면회의에 대한 애호를 나타낼 수 있고, 뛰어난 고객지원을 전달할 수 있는 방법에 대해서 알아보고자 한다. 이러한 웹사이트는 주최자와 참가자간에 더 많은 정보의 교환이 가능하도록 하고, 가장 적절한 고객과의 커뮤니케이션을 유지하기 위한 것이다.

1. 웹사이트 목표와 목적

회의기획가는 중요한 목표와 목적을 달성하기 위해 웹사이트를 만들 수 있다. 이벤트의 성공적인 웹전략을 실행할 수 있는 방법은 다음과 같다.

가. 참가자의 증가

많은 회의와 컨벤션 웹사이트는 개최되는 이벤트에 참가자를 독려할 목적으로 개발되어야 한다. 새롭게 개최되는 회의를 촉진하고, 온라인을 통해 사전등록을 할 수 있는 프로그램을 제공함으로써 웹사이트를 통해 더 많은 사람이 회의에 대한 정보와 손쉬운 등록을 할 수 있도록 하여 개최되는 이벤트에 더 많은 관심을 가지게 될 것이다.

인터넷을 모든 사람이 자유롭게 이용할 수는 없기 때문에, 문서화된(예컨대 팩스, 메일과 전화) 전통적인 전달방법을 항상 염두에 두고 있어야 한다. 의무적으로 참가하는 이벤트(예컨대 전사적인 세일즈미팅)는 모든 참가자에게 기업내 인트라넷을 통하여 온라인으로 등록하는 것을 요구할 수도 있다.

나. 부스 공간판매와 스폰서확보

전시회 제품 또는 이벤트는 웹사이트를 통해 참가자와 후원자에게 참가를 촉진시킬 수 있다. 일부 회의기획가는 제한된 선전용 제품을 통해 미래의 잠재적인 참가자를 촉진할 목적으로 웹사이트에 상품을소개하기도 한다.

그리고 일부 회의기획가들은 대규모 행사에 참가할 출품자 및 협회회원에게 참가를 촉진시키기 위해 웹사이트를 이용한다.

참가자의 인구통계학적인 구매력 정보를 통해 주최되는 이벤트출품자가 부스공간을 안전판매하기 위해 온라인에서 기입할 수 있는 부스계약뿐만 아니라 다양한 정보를 웹사이트에 제공한다.

다. 발표자 유인

웹사이트는 개최되는 이벤트의 홍보를 용이하게 하고, 더 많은 산업발표자에게 이벤트를 알리는데 도움을 주게 된다.

웹사이트에 다양한 섹션을 추가하는 정도에 따라 발표자에게 온라인 프리젠테이션 제안을 할 수 있는 기회의 빈도수가 높아지게 될 것이다. 이를 통해 개최되는 이벤트에 대해 잘 알고 있는 잠재적인 발표자의 수를 늘릴 수 있고, 효과적인 홍보가 성공할 경우 발표의 품질과 다양화를 추구할 수 있다.

라. 적용범위의 확대

웹은 발표자와 출품자와 연락을 취하는 우수한 동신공개사도서 온라인과 오프라인 출판물의 저널리스트다.

웹사이트를 친근하게 함으로써 적당한 산업 비즈니스와 소비자 신문, 출판물, 라디오 쇼, TV와 케이블 프로그래밍에서 회의와 컨벤션의 범위를 조절할 수 있을 것이다.

마. 새로운 수입기회 창출

웹사이트를 새로운 수입기회를 창출시키기 위해 활용할 수 있다.

- 두드러진 광고의 형태로 온라인 후원기회를 만들고
- 기존과 다른 프리젠테이션의 후원을 받고 시청한 만큼 요금을 지급하는 방식의 웹캐스트를 생산하게 된다.
- 온라인 교육프로그램을 제공한다.
- 쇼핑 카트 적용을 통하여 책, 테이프와 다른 상품을 판매한다.
- 출품자와 구매자를 위해 온라인 시장을 개설한다.

이러한 웹사이트의 흥미로운 점을 이용해서 새로운 수입기회를 창출하기 위해서 다양한 고객을 유인할 수 있는 프로그램을 만들어야 할 것이다.

바. 고객서비스 강화

웹사이트는 단지 판매만을 위해서 개설하는 것이 아니다. 추가적인 기능은 마케팅수단으로써 고객과 상담을 하고 의사소통을 하는 다양한 고객지원의 중추적인 역할을 하는 것이다. 웹사이트 방문자는 웹사이트를 개설한 직원과 통화할 수 있는 수단을 강구하여야 한다.

그리고 이메일 질문에 대한 시기적절한 답변을 할 수 있어야 하며, 또한 웹사이트상에 등록이 복잡하게 되면 고객은 웹사이트를 방문하지 않으려고 할 것이다. 이러한 웹사이트에 대해서는 고객들이 불평을 하게 됨으로써 나쁜 이미지를 심어주게 될 것이다. 따라서 웹사이트상의 등록과 이용방법을 언제 어디서든 간단하게 등록하고 접속할 수 있는 절차를 간단하게 해야 될 필요성이 있다.

사. 온라인 대화

회의 전과 회의 중, 회의 후에, 참가자들이 의견을 교환하고 상호작용할 수 있는 게시판, 토론목록, 대화방과 인스턴트 메시지 서비스를 사용함으로써 웹사이트의 이미지를 더욱 좋게 할 수 있으며, 또한 방문자 수를 확대할 수 있을 것이다.

진일보된 웹사이트에서는 고객들이 교육프로그램과 제품의 평가를 하고 견적서를 뽑을 수 있도록 개설되어 있다.

이러한 온라인 커뮤니티가 어떤 형태가 되든지 고객들이 중요하다고 생각하면 많은 접속을 하게 될 것이다. 참가자가 온라인 채널을 통하여 의사소통을 가능하게 함으로써 계속적인 상호작용을 통해 이벤트에 참가하는 기회가 많아지게 될 것이다.

2. 연중 중요 이벤트 개발

인터넷과 웹의 역할이 증가함에 따라 웹을 중심으로 한 교육, 전문논평과 기고는 회의와 전시회 성공에 중요한 역할을 하게 된다.

참가자들의 관심을 집중시키려면 개최되는 회의/전시이벤트의 웹 전략의 이점을 살려야 한다. 이러한 웹전략은 온라인으로 배우는 기회, 비즈니스 교환과 결합된 커뮤니티는 참가에 관심을 가지고 있는 사람에게 연중 지속적인 관심을 가지도록 할 수 있다.

따라서 웹사이트는 새로운 수입을 창출할 수 있으며 개최하려고 하는 전시/이벤트를 미리 홍보하여 참가자들에게 지속적인 관심을 가지게 하여 성공적인 행사를 치를 수 있도록 하는 핵심적인 역할을 하게 되는 것이다.

가. 내용의 계획발전과 관리

개최되는 행사의 웹사이트에 대한 목표와 목적을 결정했다면 다음 단계는 웹사이트의 특성과 기능성을 결정하고 또한 사이트를 구성하고 지원하는 구성원을 할당하고 조직해야 한다

가능한 신속히 웹페이지를 디자인 하고, 웹사이트의 효과를 강화하는 여러가지 기능들을 신중하게 계획하고 지속적으로 웹사이트를 업그레이드해야 한다.

웹사이트를 구성시에 중요하게 고려해야 할 사항은 다음과 같다.

- 웹사이트의 중요한 정보를 어떻게 구성하고 탑재할 것인가를 세부적으로 계획해야 한다.
- 논리적인 설계와 네비게이션시스템과 웹사이트의 전반적인 내용에 대해 "보고 느낀 점"에 대해 객관적으로 판단하고 잘못된 점이 있으면 과감하게 수정해야 한다.
- 그리고 웹사이트에 관련된 새로운 기술이나 정보가 있으면 기술을 개선하거나 정보를 적시에 이용할 수 있도록 과감하게 투자하여 참가자들이 홍

미롭게 접근할 수 있도록 해야 한다.

일단 웹사이트가 개설되면 관리를 위해 웹사이트 개발팀과 밀접한 관계를 유지하여 고객의 필요성에 부합할 수 있도록 신속히 반응하고 유기적인 상호작용을 할 수 있는 매력적인 정보를 전달해야 한다.

이러한 목적을 달성하기 위해서는 웹사이트의 내용을 주기적으로 갱신해야 한다. 따라서 웹 페이지 개발자, 디자이너와 프로그래머 등과 협조하여 지속적인 관심을 가져야 할 것이다.

나. 특징과 기능성

웹사이트의 내용을 계획할 때, 웹사이트 이용자가 최소한의 기초적인 정보를 가지고 있다고 보아야 한다. 따라서 대부분의 회의와 컨벤션 웹사이트는 다음 내용을 포함시켜야 한다.

- 회의와 전시이벤트 대한 소개와 중요한 내용과 부서에 링크할 수 있는 기능.
- 모든 이벤트의 시간, 날짜, 프로그램과 회의활동을 제공
- 교육 프로그래밍에 관한 상세한 정보를 제공하는 워크숍 페이지
- 주요연사의 기본적인 정보와 사진
- 전시부스예약희망자와 참가자 등록에 관한 예약방법과 등록정보를 제공
- 특정의 판매인, 제품과 서비스를 위해 고객이 조사할 수 있는 참가자 데이터베이스(트레이드쇼 제작자를 위해)를 구축
- 등록서식의 제공으로 사이트 방문자는 온라인 등록할 수 있고, 이메일 확인을 받을 수 있도록 해야 하며, 뿐만 아니라 세부사항은 팩스, 전화, 이메일과 규칙적인 메일에 의해 등록하는 방법을 알려주어야 함
- 회의와 전시회에 관련된 유관기관과의 온라인 링크(여행사, 항공사, 호텔 등 관련업자의 웹사이트와 링크)
- 개최되는 이벤트에 대한 최신의 뉴스제공

- 사이트 방문자에게 최신 정보를 알려주고 자료 올리기를 할 수 있는 회의 메모 또는 이메일 대화방 마련
- FAQ(자주 묻는 질문) 참가자가 자주하는 질문에 대한 명확한 대답을 제공하는 페이지.
- 사이트 방문자가 적당한 사람과 쉽게 연락을 취할 수 있도록 하기 위해 그들의 이메일 주소, 전화번호와 함께 중요한 이벤트 실행요원의 연락처를 표시할 수 있는 난을 만들어야 한다.

이러한 웹사이트는 참가자, 출품자, 후원자 또는 연설자를 만나는 특정의 카테고리가 있어야 한다. 이러한 웹사이트는 회의와 전시에 참가하는 사람들의 차원을 넘어 전 세계적으로 개최되는 이벤트를 홍보하는 효과가 있다.

3. CVB 웹사이트 구성요소별 성공요인

웹사이트에서 고객을 유인하기 위해서는 다음과 같은 것을 최적화 해야 한다.

가. 검색엔진 등록

웹사이트 구축 후 초기의 홍보전략에서 가장 중요한 것은 웹사이트가 주요 검색엔진에 등록되어야 한다. 이러한 검색엔진은 다음, 야후, 알타비스타, 심마니와 같은 검색엔진에서 수많은 접속이 이루어지기 때문이다.

나. CVB 관련산업의 웹사이트 홍보

- 일반인들이 자주 접속하는 사이트보다는 CVB 관련산업 분야(컨벤션센터, 호텔, 항공사, 관광관련산업)의 사이트를 검색하여 해당 사이트 내에서 홍보할 수 있는 전략을 수립해야 한다.
- 관련산업의 접속횟수가 많은 웹사이트를 검색하여 홍보가 가능한지를 확인하고 알맞은 홍보전략을 세워야 한다.

- CVB관련 산업분야의 웹사이트를 방문하는 사용자들은 일반 사용자보다 고객이 확보될 가능성이 높은 사용자들로 훨씬 더 높은 홍보효과를 올릴 수 있을 것이다.

다. CVB, 컨벤션, 전시회 정보제공 웹사이트 홍보

- 무료로 컨벤션 및 전시회 개최정보를 알려주는 사이트나 CVB 관련협회에 컨벤션이나 전시회의 개최정보와 CVB 웹사이트 정보를 제공하고 홍보해야 한다.
- 이러한 웹사이트에는 일반인보다는 CVB, 컨벤션, 전시회와 관련이 많은 사람들이 접속하기 때문에 홍보효과가 매우 높을 것이다.

라. CVB웹사이트와 Link 교환

- 해외의 잠재고객들을 웹사이트로 유인하기 위해 각국의 CVB들이 운영하고 있는 웹사이트와 무료로 배너교환을 통해 홍보를 촉진해야 한다.
- 이러한 방법은 웹의 분산적 성격을 이용한 것으로 해외 CVB웹사이트에 Link시킴으로써 해외의 사용자들을 유인할 수 있으며, 해외 홍보효과도 할 수 있는 계기가 되는 것이다.

마. 배너광고

- 배너광고는 수동적인 수용자를 능동적으로 변화시켜 타깃광고로 끌어들이기 위한 수단으로 활용된다.
- 대부분의 매스미디어광고와 마찬가지로 배너광고는 수용자가 보기를 원하든 원하지 않든 간에 웹사이트에 자동으로 뜨게 되어 있는 시스템으로 지속적인 홍보효과가 있다.
- 배너광고는 수용자가 흥미를 느껴 클릭하게 되면 타깃광고의 웹사이트로 연

결되는 특성이 있다.

사. 오프라인 광고

오프라인 마케팅의 목적은 전통적인 마케팅방법을 통하여 웹사이트의 사용을 촉진시키는 것이다.

① 엽서발송

웹사이트 주소가 들어간 기념엽서를 제작하여 잠재고객들에 발송한다. 기념엽서 발송은 고객의 웹사이트 유도와 같은 단일목적으로 사용하는데 효과적이다.

② 홍보우편물

고객이 가장 관심을 보일 가능성이 높은 서비스나 제품에 대한 정보나 최근의 산업동향 등과 같은 정보나 고객이 구매결정을 유도할 수 있는 문구를 삽입하여 고객을 웹사이트로 유인하는 효과가 있다.

③ 기념품 제작

기업의의 로고나 URL 등이 표시된 마우스 패드, 펜 등과 같은 기념품을 제공하여 웹사이트를 홍보하고 잠재고객들을 웹사이트로 유인하기 위해서이다.

4. 사용자의 지속적인 관심 유지 방안

사용자들을 웹사이트에 유인한 후에는 디자인, 콘텐츠, 커뮤니케이션 도구들을 이용하여 고객의 관심을 끌고 지속적으로 유지시킬 수 있는 전략개발이 필요하다.

가. 웹사이트 화면 설계

- 웹사이트를 디자인 할 때에는 고객으로 하여금 구매결정을 할 수 있는 웹사이트 디자인을 해야 함(다른 분야와 차별화).
- Navigation(검색)을 이용하여 흥미를 유도함으로써 웹사이트의 재방문을 유도하기 위해서는 그래픽 표현요소들의 적절한 이용이 필수적임
- 네비게이션을 원활히 하기 위해서는 내부검색엔진이 있어야 하며, 세부검색까지 가능한 복합단어검색이나 연산자 검색까지 지원해야 함.
- 다양한 브라우저를 지원할 수 있도록 설계.
- 독립적인 도메인명을 부여하여 자료의 횡단적인 검색이 가능하도록 설계(재방문 유도).
- Image Mapping과 압축률을 높임으로써 전송속도를 최대한 빠르게 설계.
- 페이지 제작시 화면출력용과 인쇄용으로 구분하여 text, pdf방식으로 적절하게 설계.
- Category작업에는 계층구조, 네트웍구조(거미줄 구조), 격자구조 등으로 범주화.
- 설명서나 기다림이 없이 최소 3번 클릭으로 사이트의 목적을 달성할 수 있도록 설계해야 함(브랜드 이미지 강화).
- 메뉴를 분류할 때 한 화면에 메뉴분류는 탑-메뉴 5개에서 서버-메뉴 20개 정도가 적당함
- 중요한 정보나 강조하고 싶은 정보는 첫 페이지에서 가장 먼저 눈에 들어올 수 있도록 제작하여 New, Hot 등의 강조포인트를 주어야 함.

나. 웹사이트 화면 설계시 고려할 사항

- 소개문구
- 간결하고 일관된 그래픽
- Heading on Every Page
- 연락처 표기
- 읽기의 용이성
- 프린트의 용이성
- The Acrobat Reader Alternative
- Password Management
- Sitemap 작성 및 정기적인 업데이트

5. 콘텐츠의 설계

가. 웹사이트 콘텐츠 설계시 고려사항

- 콘텐츠는 정기적인 업데이트로 최신의 정보를 제공해야 한다.
- 공사중 표시를 남발하는 것도 피해야 한다.
- 웹사이트를 신속하게 업데이트하여 최신의 정보를 유지하려면 구축단계에서 개념을 명확하게 설정하고 기획하여 운영지침으로 정형화해야 한다.
- 업데이트 데이트베이스나 CGI 등을 이용하여 웹상에서 자동화하는 것이 효율적으로 운영된다.
- 뉴스의 경우 입력기 창에 제목과 본문만 텍스트 형태로 입력시키면 자동으로 초기화면과 뉴스 인덱스 페이지, 본문을 html 파일 형태로 변환시켜주는 자동화 프로그램을 사용하여 시간과 비용을 절약할 수 있음.

• 운영사이트만의 콘텐츠로 독창성이 있어야 한다.
• 마케터와 온라인 소매업자는 상품에 대한 정보, 뉴스, 지식, 지혜 그리고 조언으로 사이트를 채워야 한다.
• 읽기 쉽고 이해하기 쉬워야 한다.

나. 컨벤션 콘텐츠 설계 시 고려사항

• CVB Marketing Material
• 컨벤션/전시회 사업계획서 - 전시회 개요, 컨벤션/전시회의 이점, 자세한 통계자료
• Lead or Inquiry Form
• 연락정보
• 컨벤션, 전시회, 이벤트 행사일정
• 호텔정보(객실 수 및 요금)
• 컨벤션센터 및 전시장 도면
• 교통안내(항공, 기차, 버스, 지하철 정보)
• 관광정보
• 후원정보

6. 잠재고객의 계속적인 관심 유도

가. 맞춤메일(Option- in Mail)

웹사이트 방문객들을 메일링 리스트에 가입시켜 주기적으로 개최될 컨벤션, 전시회, 이벤트와 관련된 메일뉴스를 발송하여 고객의 관심을 유지시켜야 한다. 이러한 방법을 사용할 때 중요한 부분은 메일 뉴스의 내용을 html을 이용하여

고객이 클릭하는 경우 웹사이트와 연결될 수 있도록 하여야 한다.

나. 콘텐츠 업데이트

관련산업 분야의 최근소식 같은 "New" section 이나 자사의 "Press Release"와 같은 콘텐츠를 주기적으로 업데이트해야 한다.

7. 참가자와의 커뮤니케이션

가. 고객 커뮤니케이션

1) 참가자 커뮤니케이션

① 무료통화 옵션

잠재참가자 고객으로부터 무료통화가 가능하다는 것을 알리기 위해 웹사이트 무료전화번호를 표시해 주고 해외의 사용자들을 위해 국가코드를 웹사이트를 표시하여야 한다.

② 이메일(e-mail)

웹사이트를 방문한 고객들이 전자메일을 클릭하기 쉽도록 찾기 쉬운 곳에 위치해야 한다.

③ Lead Form

웹사이트에 "lead form"을 제공하여 웹상에서 사용자들이 행사나 숙박 등과 관련된 더욱 자세한 정보를 요청할 수 있도록 한다.

④ Fax

팩스로 정보를 요청하는 고객에 대비하여 팩스번호도 웹사이트에 제공한다.

나. 원활한 커뮤니케이션 과정의 보장

1) Contact Information

고객이 영업담당 직원과 연락할 수 있는 정보를 웹사이트상에 항상 보일 수 있도록 웹사이트를 설계한다.

2) Contact Information의 세분화

담당직원의 업무영역, 이름, 전화번호, 이메일 주소 등과 같은 정보를 세분화하여 제시하여야 한다.

3) 업무시간 표시

상담하기에 가장 좋은 시간과 업무마감 시간을 표시해주고 다른 국가의 고객들을 위하여 표준시를 사용하는 것이 좋다.

8. 인터넷마케팅 전담인력 구성을 통한 매출 증진

가. 웹기반의 판매옵션

1) Web-Initiated Transaction

사용자가 웹사이트에 처음으로 방문하여 서비스나 제품을 검색하고 상세한 정보를 얻기 위해 이메일이나, 전화, 팩스 등을 통해 담당직원에게 연락하는 단계이다.

2) Web-Facilitated Transaction

고객과 전화 등을 통해 연결된 상태에서 담당직원 웹사이트상의 서비스나 제품에 대한 정보를 고객에게 실시간으로 제공하는 단계이다.

3) Web-Based Transaction

고객과의 커뮤니케이션 과정 없이 전체 거래과정이 온라인상에서 일어나는 단계이다. 현재 대부분의 거래는 이전 두 단계를 거쳐서 이루어지며, 온라인상에서 직접적으로 모든 거래가 다 이루어지는 경우는 매우 드물다. 그러나 인터넷 기술의 발전과 인터넷 사용자 인구의 증가추세를 살펴볼 때 온라인 상에서의 직접적인 거래는 더욱더 확대될 것이다.

나. 인터넷 및 정보기술의 요구사항

1) 고성능의 네트워크화된 컴퓨터

웹사이트에서 영업담당 업무를 맡은 직원은 고성능의 네트워크로 연결된 컴퓨터로 중앙의 영업관리시스템을 이용하여 고객의 매출현황을 추적하고 작성할 수 있어야 한다. 또한 고객과의 데이터 교환이 일어날 경우를 생각하여 고객이 일반적으로 사용하는 범용 소프트웨어의 사용에 대해서도 고려해야 한다.

2) 빠른 인터넷 접속 및 노트북 컴퓨터의 활용

영업활동의 지원을 위하여 기업의 규모에 맞는 적절한 정보기술과 인프라를 구축해야 한다.

다. 영업담당 직원의 교육

1) 전담인력 교육

담당직원은 인터넷, 이메일 등과 같은 정보기술을 능숙하게 사용할 수 있어야 하며, 지속적인 교육을 통해서 인터넷상에서의 고객과의 커뮤니케이션 능력을 확보해야 한다.

2) 고객의 판매요청에 대한 응답

웹사이트를 이용하는 고객이 웹사이트의 정보를 통해 서비스상품의 구매를 요청하는 경우 담당직원은 인터넷상에서의 고객과의 커뮤니케이션 옵션과 자사의 웹사이트에 대한 정확한 이해가 필요하다.

① 고객 커뮤니케이션 옵션의 이해

웹사이트를 통한 마케팅을 전담하는 직원은 이메일, 게시판, 질문형태, 온라인 등록이나 회원가입 등을 통한 고객 DB 등과 같은 인터넷 상에서 사용할 수 있는 고객 커뮤니케이션 옵션에 대한 정확한 이해 및 활용능력을 갖추어야 한다.

② 고객의 질문에 대한 응답지침

영업담당 직원은 웹사이트를 통한 고객의 요청에 대해 응대하기 위해 통일된 응대지침이 필요하다. 예를 들면 이메일에 대한 응답시간은 24시간 이내이고, 마케팅자료를 송부할 때는 응대시간은 얼마나 빨리 해야 하고, 자료의 범위는 어느 범위까지 해야 하는가의 지침이 필요하다.

③ 웹사이트에서 제공하는 정보에 대한 정확한 이해

영업담당 부서의 직원은 웹사이트의 콘텐츠나 서비스 범위에 대해서 정확히 파악하고 있어야 한다. 자사의 웹사이트 정보에 대한 정확한 이해가 중요한 이유는 잠재고객이 웹사이트에서 상품정보를 얻은 다음에 세부적으로 전화나 기타 방법으로 상담을 요구한 경우 담당 직원은 웹사이트의 콘텐츠에 기초한 상담을 해야 하기 때문이다.

3) 신규고객 획득

웹사이트를 방문하지 않은 고객을 대상으로 마케팅활동을 전개하기 위해서는 경쟁전략 분석 및 목표고객을 설정하는 것이 중요하다.

① 경쟁분석 수행

기업의 입장에서는 전통적인 전략수립과정에서 자신을 둘러싼 산업을 분석하고 전략을 도출한 것과 같이 새로운 인터넷 환경을 분석하고 정보재화의 특성을 고려하여 전략을 수립할 필요가 있다.

② 목표고객 설정

신규고객 창출을 위해 마케팅활동을 전개하는 경우 온라인 설문조사 등을 통한 정보수집과 같은 방법을 통해 목표고객을 정확하게 설정하는 것이 중요하다.

4) 고객과의 커뮤니케이션을 위한 선택

① 신속한 응답

고객의 이메일 질문에는 항상 빠르게 응답하여 고객이 항상 관심을 받고 있다는 인상을 심어 주어야 한다.

② 서명파일 삽입

이메일 메시지 마지막 부분에는 서명파일을 삽입시켜야 한다. 서명파일에는 이름, 이메일 주소, 전화번호, 팩스번호, 홈페이지 주소 등과 같은 연락정보가 포함되어 메일이나 전화 등으로 다시 응답을 받을 수 있도록 해야 한다.

③ 웹사이트 업데이터

웹사이트는 주기적으로 업데이트 되어야 하며, 웹사이트가 업데이트 될 경우 관련 담당직원에게 변경된 사항을 알려야 한다.

④ 경쟁시장 분석

인터넷마케팅 전담인력은 CVB관련 웹사이트를 주기적으로 관찰하고 직·간접적인 경쟁자들을 분석해야 한다.

9. 고객관리(고객별 가치제공)

이전의 4가지 단계에서는 고객확보에 집중을 하였으나, 이번 단계에서는 고객들을 계속 방문하게 하고 서비스제품을 사용하게 함으로써 기업의 평생고객으로 만드는 것이 최종목적이다.

가. 웹사이트상에서 서비스항목 신청

전시회참가자 사용자들이 화물, 부스, 카펫, 전용회선, 컴퓨터, 부스장비 등과 국제회의 참가자들이 온라인 등록, 숙박등록, 항공료 결제와 같은 관련 서비스를 온라인상으로 신청할 수 있도록 해야 한다. 실제로 이러한 서비스가 컨벤션 센터, 호텔, 항공사 등의 솔루션을 사용하여 처리가 되지만, 고객들의 사용편의를 높이기 위해 모든 거래처리가 CVB 웹사이트상에서 이루어지도록 웹사이트를 구축해야 한다.

나. On-line Form 제공

컨벤션, 전시회, 관광 등과 관련되어 고객들에게 필요한 각종 서류들을 on-line 상으로 처리될 수 있도록 한다.

다. 후원업체 목록

후원업체에 대해 소개를 하고 후원업체에 대한 혜택을 소개하고 온라인상으로 후원업체 등록을 받을 수 있도록 한다.

라. 일정표

컨벤션이나 전시회 참가자들이 행사에 참가할 때까지 일정과 해야 될 일들을 표시한다.

마. CVB관련 산업체들에 대한 교육프로그램 제시

항공사, 여행사 등의 업체직원 등을 대상으로 성공적으로 마케팅활동을 마칠 수 있도록 On-line 교육자료를 배포하고 교육을 실시한다.

바. 설문조사 Form

여러 종류의 고객서비스에 대해서 설문조사를 하고 데이터를 수집하여 다음 전시회에서 고객서비스를 향상시키는 데 사용한다.

Keypoint

아래의 주요 용어의 개념을 기술해 보시오

1. 웹사이트란?

2. 웹사이트 기능과 특성

3. 웹사이트 화면 설계시 고려사항

4. 웹사이트에서 할 수 있는 기능

5. 웹사이트 콘텐츠 설계시 고려사항

6. 컨벤션 산업에서 웹사이트 홍보 가능요소

7. 효과적인 웹사이트 운용방안 기술

제26장 U-컨벤션 서비스

이장의 주요 내용

1. 유비쿼터스 시스템에 대한 이해
2. U-관광정보: 단말기를 통한 관광지 정보의 위치기반 서비스, U-쿠폰
3. U-시티투어: 위치기반 관광지 안내서비스 이해
4. U-커뮤니케이션: 전자명함, VoIP 음성통화 서비스 이해
5. U-회의시설: 통역서비스, 화상콘퍼런스 이해
6. U-안전/보안: 전시품 보안, 참가자에 대한 안전이해
7. U-페이먼트: 자동인식결제서비스 이해
8. U-컨벤션의 핵심기술 및 요소기술이해
   RFID: chip, reader, 안테나
   네트워크 인프라: IPvb, USN, BcN
   통신/네트워크 기술: WPAN, WLAN, WCDMA, Wibro, HSDPA, EV-DO
   LBS: LBS Platform

유비쿼터스 환경하의 모바일 서비스(mobile service)란 이동통신 단말기를 통해 언제, 어디서나 자유롭게(곧 '유비쿼터스'를 의미) 인터넷상에 존재하는 각종 데이터와 정보를 송수신하는 서비스를 의미한다. 따라서 모바일 관광정보서비스란 관광정보에 대한 모바일 서비스로서 이때의 관광정보란 관광행위를 할 때 필요한 모든 정보를 포함한다.

1. 유비쿼터스 환경하의 모바일 관광정보서비스

유비쿼터스 환경하의 모바일 서비스(mobile service)란 이동통신 단말기를 통해 언제, 어디서나 자유롭게(곧 '유비쿼터스'를 의미) 인터넷상에 존재하는 각종 데이터와 정보를 송수신하는 서비스를 의미한다(정창덕, 2004). 따라서 모바일 관광정보서비스란 관광정보에 대한 모바일 서비스로서 이때의 관광정보란 관광행위를 할 때 필요한 모든 정보를 포함한다.

모바일 서비스를 포함 유비쿼터스 관광정보서비스는 인터넷의 출현으로 인한 변화(예로서 관광객행동의 변화, 여행업과 항공업간의 유통체계변화 등)보다 더 거대한 변화를 관광산업에 미칠 것으로 판단된다.

그 이유로서 첫째, 관광객 행동변화로서 개별관광 및 개별화된 서비스선호를 들 수 있다.

둘째, 신속함과 유비쿼터스 환경을 요구하는 전시・컨벤션관광의 발전이다. 국제적 테러로 인하여 순수관광이 위축되는 가운데 관광산업의 명맥을 유지해주는 전시・컨벤션관광은 글로벌시대를 맞이하여 더욱 더 발전하게 될 것이다.

셋째, 관광객의 IT지식 축적이다. 관광객들이 인터넷 등의 IT를 사용하여 관광행위를 하게 되는 경향이 가속화되고 있다.

넷째, IT산업의 판로개척이다. PC를 중심으로 한 기존 시장은 포화상태이므로 IT산업은 새로운 상품을 통한 판로개척에 나설 수밖에 없는 상황이다. 10여가지의 기능을 복합한 복합기기(convergence)로서 스마트폰, PDA폰 등을 시작으로 유비쿼터스 산업에 사운을 걸고 있다.

다섯째, 국내 환경으로서 주5일 근무로 인한 관광인구의 증가, 지방자치단체의 U-city 건설 공약 및 전시・컨벤션산업 주력, 그리고 한국인의 세계 정상급의 IT지식 등이 유비쿼터스 관광정보서비스의 강한 수요요인으로 작용할 것이다. 유비쿼터스 관광정보서비스의 개발주체는 국가, 지방정부, 혹은 IT관련기업 및 연구소 등이다. 예로서 미국의 휴렛패커드가 연구 중인 '쿨타운' 프로젝트, 스위스 연방기술연구소와 독일의 Teco, 그리고 핀란드의 국립기술연구소 등이 공동으로 진행중인 프로젝트로서 '스마트 잇' 등을 들 수 있다(최민경 등, 2003). 모바일 관광정보서비스는 주로 지리정보와 더불어 개발되어지는데, GiMoDig, LoVEUS 등이 이에 해당된다.[1] LoVEUS는 관광객에게 위치기반으로 한 개별화된(customized) 모바일 서비스 제공을 목표로 하고 있다.

2. 유비쿼터스의 개념

유비쿼터스(Ubiquitous)란 라틴어로 '편재하다(보편적으로 존재하다)'로서 "언제, 어디서나" 동시에 존재한다 라는 뜻으로 물이나 공기처럼 도처에 편재한 자연상태를 의미하며, 1998년 유비쿼터스란 용어를 처음으로 사용한 미국 제록스 팰로앨토연구소의 마크 와이저(Mark Weiser) 소장은 유비쿼터스 컴퓨팅이 메인프레임, PC에 이은 제3의 정보혁명의 물결을 이끌 것이라고 주장하였다.

모든 곳에 존재하는 네트워크라는 것은 지금처럼 책상 위 PC의 네트워크화 뿐만 아니라 휴대전화, TV, 게임기, 휴대용 단말기, 카 네비게이터, 센서 등 PC가 아닌 모든 비 PC 기기가 네트워크화 되어 언제, 어디서나, 누구나 대용량의 통신망을 사용할 수 있고, 저 요금으로 커뮤니케이션 할 수 있는 것을 가리킨다.

일본의 트론(TRON) 프로젝트를 주도해 세계의 주목을 받은 바 있는 도쿄대 사카무라 켄 교수는 저서 '유비쿼터스 컴퓨팅 혁명'을 통해 '선진국의 경우 저성장 사회로의 이행이 가속화되고 있는데 유비쿼터스 컴퓨팅은 지속적 성장이 가능한 순환형 시스템의 정착을 가능하게 해줄 것'이라고 전망하고 있다. 그는 저서에서 유비쿼터스 환경 하에서는 정보습득과 활용이 최적화돼 소모성 자

---

1) GiMoDig(Geospatial info-mobility service by real-time data integration and generalisation)은 모바일 관광정보서비스를 포함 모바일서비스에 관한 내용으로서 핀란드의 Geodetic Institute가 책임연구 주체가 되어 2001년부터 2004년 12월 31일까지 연구가 수행되어 2005년 3월 18일에 최종연구보고서가 제출되었다(http://gimodig.fgi.fi).
LoVEUS(Location aware Visually Enhanced Ubiquitous Service)는 위치기반의 관광정보에 대한 모바일서비스로서 그리스, 벨기에, 영국, 모토로라, 핀란드, 독일 등의 기업, 연구소, 정부기관 등이 연구주체가 되어 2000년부터 2003년까지 연구되었다.
(http://loveus.intrnet.gr).

원의 효율적인 사용이 가능해질 것이며, 유비쿼터스 컴퓨팅이 대량 생산의 획일적인 '하드와이어드' 사회를 개개인의 다양성에 적절하게 대응할 수 있는 '프로그래머블' 사회로 탈바꿈시켜줄 것으로 전망하였다.

세계 최대의 소프트웨어 업체인 마이크로소프트(MS)의 빌 게이츠 회장은 컴덱스 기조연설에서 'SPOT(Smart Personal Object! Technology)'를 새로운 화두로 제시했다. SPOT의 스마트 오브젝트는 인터넷 기능을 구현해 언제, 어디서나 온라인에 손쉽게 접속할 수 있도록 해주는 알람시계, 부엌용 전자기기, 스테레오 장비 등과 같은 소형 전자기기, 즉 유비쿼터스를 다르게 표현한 것으로 전 세계 IT산업에 가장 큰 영향력을 행사하는 인물 중 하나인 게이츠가 유비쿼터스 시대의 본격적인 개막을 선언하였다.

이처럼 유비쿼터스는 최근 전 세계적으로 최대 화두로 다뤄지고 있으며, 유비쿼터스의 실현으로 실세계의 각종 사물들과 물리적 환경 전반 즉 물리공간에 걸쳐 컴퓨터들이 편재되게 하되 사용자에게는 겉모습이 드러나지 않도록 환경 내에 효과적으로 심어지고 통합되는 새로운 정보통신 환경의 구축이 예상된다.

3. 유비쿼터스 개념에 대한 기본적인 이해

유비쿼터스는 농업 혁명, 산업화 혁명 그리고 정보통신 혁명에 이어 새로운 패러다임을 말하고 있고, 유비쿼터스는 단순히 혁신기술만을 말하는 것이 아닌 모든 현실 공간의 사물(object!)과 가상공간이 하나로 어우러져 조화를 이루는 혁명을 뜻한다. 예전의 정보통신화에서 말하던 자동화(automation)와 혁신기술은 인간의 우선순위를 높게 측정하지 못했지만, 유비쿼터스에서는 주로 사람의 5감, 즉 문맥(Context)을 다루는 모든 기술이 인간중심적인 기술로 부상하게 될 것이므로, 사람을 중심으로 구체화되는 컴퓨팅 환경으로 이해하면 될 것이다. 사람이 자연스럽게 컴퓨터에 접근하게 되고, 컴퓨터는 그에 맞게 환경을 제공하게 될 것이다. 자율적 컴퓨팅이 대표적인 예라고 할 수 있다. 사람이 위치하고 있는 환경의 특성을 모색한 뒤, 그가 필요로 하는 서비스를 제공하게 되는 것이다. 더 나아가서 사람의 심리 파악 역시 가능하다. 그러므로 고객의 선호도에 따른 서비스가 가능하다고 할 수 있다.

4. U-전시·컨벤션의 서비스*

유비쿼터스를 통한 전시·컨벤션 서비스는 등록서비스, 스케줄 안내서비스, 위치안내서비스, 전시 정보제공서비스, 컨벤션 정보제공서비스, 참가자 정보서비스, 전시컨벤션 관련정보의 DB를 통한 마케팅 서비스(DB화 정보: 출전사 정보, 참관객 정보, 행사정보, 주최자 정보, 마케팅 정보)이다.

이를 그림으로 도식하여 주요내용을 살펴보면 다음과 같다.

가. Pre-Convention

01. 컨벤션 참가자가 공항에 도착하여 유비쿼터스 단말기를 임대한다. 02. 임대한 단말기를 초기화하여 자신의 RFID를 단말기에 부착하여 항공사 사이트에 접속하여 돌아가는 비행기 편을 확인한다.	01. 단말기를 이용하여 투숙할 호텔에 체크인을 한다. 02. 참가자는 방문하는 손님으로서 호텔의 고객정보시스템에 정보가 저장되어 있으며, 선호하는 객실을 미국에서 이미 배정을 받았다.

* U-전시·컨벤션 서비스 관련 내용과 그림은 동명대학교 박현지 교수님의 허락을 받아 이용하였으며, 저작권은 박현지 교수에게 있음

01. 단말기로부터 교통정보를 검색하여 교통수단으로 셔틀버스를 결정한다.
02. 단말기로 버스 요금을 지불한다.

01. 버스 안에서 GPS를 통해서 공항에서 호텔까지의 도로를 찾아 본 후 소요되는 시간과 거리를 계산해 본다.

01.호텔에 도착하여 객식 Card key를 받는다.
02. 호텔고객정보를 유비쿼터스 단말기에 입력시킨다. 유비쿼터스 단말기에 호텔 이용권을 부여받는다.

01. 객실에 도착하는 과정에서 호텔내의 안전에 관한 정보를 단말기를 통해서 확인하다.
02. 내일 학회개최장소와 피트니스센터 및 지역의 특산물에 대한 구체적인 안내문을 제공함으로써 개별화된 서비스를 제공한다.

	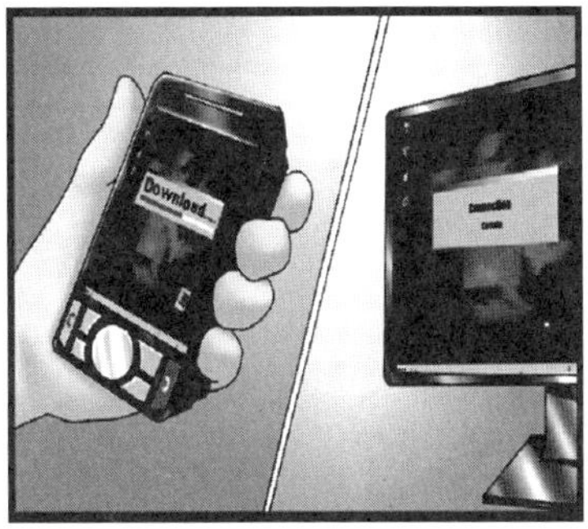
01. 호텔 식음료업장을 지나갈 때 고객정보에 의거하여 유비쿼터스 단말기에 각 업장마다 추천메뉴가 제공된다. 02. 사전 지식을 가지고 이탈리안 레스토랑에서 음식을 시킴으로써 취향에 맞는 음식을 시킬 수 있다.	01. 단말기를 통해 미국에 있는 자신의 컴퓨터에 접속하여 학회에서 발표할 논문자료를 다운받는다.

나. Convention

01. 학회에서 제공하는 서비스 사용권한을 단말기에 내려 받는다. 02. 한글로 연설되는 환영사는 단말기를 통해 영어로 문자 혹은 보이스로 서비스 된다. 학회기간동안 단말기의 통역번역 기능을 활용, 참가자간의 원활한 의사소통이 가능해진다.	01. 발표에서는 단말기를 이용하여 발표를 한다. 02. 발표 후 각 세션에 대한 정보가 유비쿼터스 단말기에 제공되고 모든 논문 및 사진 등은 유비쿼터스 단말기를 통해 미국에 있는 자신의 컴퓨터에 저장한다.

다. Post- Convention

01. 사이클링에 대한 상품을 판매하는 여행사의 웹사이트에 접속하여 본인의 정보를 제공한다.
02. 여행사는 고객이 체류하는 기간 동안의 날씨와 GPS를 이용한 사이클링 루트, 골프장, 테니스장, 쇼핑 공간, 교통정보 및 안전 상황이 LSB로서 단말기에 제공된다.

01. 관광지에서의 관광정보, 미술관에서의 작품정보를 가까이 가면 대상별 정보가 유비쿼터스 단말기를 통해 제공된다.

01. 쇼핑센터에 들어서면 유비쿼터스 단말기를 통해 상품정보 및 안전정보가 제공되며, 의류매장을 지날 때면 고객의 취향에 맞는 옷들이 단말기를 통해 추천된다.
02. 계산대를 걸어 나가면 R FID가 부착된 각 상품의 가격들이 유비쿼터스 단말기를 통해 자동 결재된다.

01. 호텔에서의 체크아웃은 객실에서 유비쿼터스 단말기로 해결하고, 출발하는 항공기 이착륙상황과 날씨정보가 실시간으로 제공된다.

5. U-전시 · 컨벤션의 서비스의 전망

당분간은 목적지 및 컨벤션의 홍보효과 및 이미지를 고양시키는데 사용되어질 것으로 판단이 되며, 기존 정보시스템의 보조적 역할과 이동성이 강한 관광산업에 적용 및 활용도가 높을 것으로 예측된다. 이를 위한 선결과제로서는 통신망 인프라 구축 정도가 U-서비스의 관건이 될 것이다. 또한 U-서비스를 제공하기 위해서는 개인의 정보 보호의 범위를 설정하여 개인의 인권침해가 이루어질 가능성이 높은 서비스는 배제가 되어야 할 것이다.

이러한 U-서비스는 공공적인 정보서비스의 비중이 큰 U-정보시스템의 수익원천이 되므로 기존 컨벤션 관련 인프라를 정비해야 할 필요성이 제기되고 있다.

Keypoint

아래의 주요 용어의 개념을 기술해 보시오

1. 유비쿼터스(Ubiquitous)란?

2. 유비쿼터스를 통한 전시 · 컨벤션 서비스는?

3. U Pre-Convention 지원사항?

4. U Convetion 지원사항은?

5. U Post-Convention의 지원사항은?

6. U-전시 · 컨벤션의 서비스의 전망은?

7. RFID는 무언인가?

Convention

제6부 컨벤션 사후관리 서비스

제27장 평 가

학습목표

1. 회의기획과정에서 평가의 중요성 이해.
2. 평가에 참여하는 사람들과 기업의 이해.
3. 평가방법의 이해.
4. 평가질문사항의 이해.

회의가 끝나고 나면 종결해야 하는 많은 업무들이 있다. 회의 후원자의 다수는 "회의의 목적들을 성취했는가?"에 대해 결산을 하게 된다. 이러한 목적을 달성했는지 여부를 판단하기 위해 평가과정이 필요하다. 잘 계획된 평가시스템은 회의 전체 목적을 위한 기준을 미리 설정하거나 개별적인 하위목표(sub-objective)가 실제적으로 달성되었는지 여부를 확인하기 위해 실제적인 행사를 비교검토해야 한다.

1. 평가는 왜 필요한가?

평가는 회의계획에 대한 실제적인 목표달성 여부를 확인하는 과정으로서 아래의 내용들을 포함한 많은 질문들에 대한 해답을 구하는 것이다.

- 참가자들에게 회의의 소감을 평가할 수 있는가?
- 다른 주제를 가진 회의 또는 다음에 개최되는 회의에 참가자들이 참가하고 싶어 하는가?
- 참가자들은 어떠한 태도를 보이고 있는가?
- 개최프로그램에서 참가자가 필요로 하는 것들을 제대로 제공했는가?
- 호텔은 참가자들을 정확히 예상할 수 있는가?
- 편리한 회의실과 적당한 기구들을 갖추고 있었는가?
- 회의기간 동안 컨벤션서비스 운영자로부터 정확한 서비스를 받았는가?
- 참가자들은 회의와 전시에 대해 만족스러워 하는가?
- 회의 참가자들은 호텔의 레스토랑, 룸서비스에 만족하고 있는가?
- 유도안내물들은 적합하였는가?
- 정해진 시간에 수송수단이 제대로 도착이 되었는가?

이러한 평가과정을 이해함으로써 회의가 끝났을 때보다 많은 정보를 획득할 수가 있으며 차후 회의시에 반영이 되어 보다 나은 차기회의운영을 할 수 있을 것이다.

2. 누가 평가를 하는가?

회의참가자가 협회를 대표하여 회의에 대한 조사결과(feedback)와 관련된 내용을 주최측에 요구해야 한다. 참가자들은 첫번째 행사를 개최하는 이유에 대해 질문을 할 것이다. 비판을 두려워해서는 안된다. 오히려 적극적인 비판은 다음 회의에서 개선할 수 있는 정보를 제공하게 된다는 사실을 알아야 한다.

모든 협회로부터 대표자는 회의서비스들(회의 편의시설, 서비스 계약자, 후원자들)에 대한 평가를 요구받을 수 있다. 협회의 대표자들은 전문적인 기술, 협회, 프로그램 등을 요구할 것이다. 또한 회의주최자가 제공하는 서비스의 질을 평가할 수 있다. 이러한 평가에서 많은 비평이 있을 수 있다. 그러나 비판을 위한 비판보다는 건설적인 비판을 제공할 것이다.

어떤 회의요소들에서는 참가자, 후원자, 간부로부터 평가를 받을 수 있다.

3. 어떤 것을 평가할 수 있는가?

회의에서 평가할 수 있는 두 개의 일반적인 부분은 회의개최지에서 적용되는 행사프로그램과 편의시설이다. 평가과정에 포함되는 수송, 오락활동, 그리고 또다른 항목들은 회의의 일부분이다. 협회는 회의관련 전문가와 학문적으로 조예가 깊은 참가자들로부터 평가받거나 회의결과를 파악해야 한다.

가. 회의개최장소

회의개최장소 평가는 회의 편의시설, 호텔, 그리고 목적지 분석이 포함된다. 회의운영자는 회의와 관련된 서비스와 회의개최장소를 평가받게 된다. 또한 회의참가자들은 회의개최장소에 대한 여러 가지 항목에 대해 관찰하고 평가를 하게 된다. 평가대상 시설은 호화로운 객실과 교외지역에 위치하고 있는 프로골프 코스를 선택할 수 있다. 그러나 참가자들은 지역에 위치하고 있는 음식점에서 식사를 하고 지역에서 실시되는 각종 오락거리를 선호할지도 모른다.

개최지역으로 선택되기 위해서는 부단한 노력을 해야 한다. 협회의 대표자들이 특정개최지를 좋아하지 않는다면 그들이 필요로 하는 것을 파악해야 할 것이다. 기획가가 개최장소를 좋아하지 않더라도 참가자들이 원한다면 또다른 회의개최지역을 선택함으로써 문제가 되는 개최지를 개선할 수 있을 것이다.

나. 프로그램

참가자들은 무엇을 평가하는가? 프로그램 내용과 계획, 초청연사들, 그리고 특별한 행사장을 평가한다. 연사가 즐겁게 혹은 지루하게 하는 것을 어떻게 생각하는가? 연사의 말을 다시 듣기를 원하는가? 그들은 다음 회의를 위한 제안을 하고 있는가? 참가자들이 필요로 하고 있는 것을 적절하게 평가할 수 있는가? 등이다.

이 질문들에 대한 해답은 차기회의 프로그램을 계획하는데 도움이 될 것이다. 이러한 평가목록이 없다면 참가자들에 대한 평가표를 다시 만들어야 할 것이다. 협회에서 잘못 판단했을 경우 협회의 특징과 이익의 분석을 다시 해야 할 것이다. 회의주최자는 완벽하게 시장에 적합한 프로그램을 만들 수 있는 경험이 있어야 한다. 평가가 세밀하게 된 평가표는 문제점을 지적할 것이다. 이러한 문제점에 대한 지적을 수정하여 차기회의 계획을 수립할 수 있을 것이다.

다. 특별활동

모든 프로그램의 일부분으로써 사회적인 행사, 음식행사, 오락적인 활동, 그룹 관광이 얼마나 계획되었는가? 평가형태들을 철저하게 조사하는 것은 필요치 않다 하더라도 개최지역에서 편성된 모든 특별 프로그램은 파악되어야 한다.

라. 홍 보

홍보의 결과들은 어떻게 평가하는가? 이것은 등록기록으로써 알 수 있다. 사전 준비된 메일링과 독촉장들로부터 어떤 대답을 얻을 수 있는가? 등록데스크에서 마지막 몇 분 전까지 참가자들을 기다리게 하는가? 회의기획가는 대표자를 참가시킬 수 있는 개인 휴대전화를 가지고 있는가? 협회는 홍보한 이러한 여러 가지 사항과 방법에 대한 개선의 필요성을 제기할 것이다.

4. 평가는 언제 하는가?

어떤 일이 발생하기 전까지 평가를 할 수 없다. 그래서 정확한 평가는 행사 후에 이루어져야 한다. 그러나 행사는 회의기간 동안 각각의 워크숍 후에 또는 회의(그러나 참가자들이 편의시설에서 떠나기 전)가 끝난 후에 평가할 수 있다.

어떤 협회들은 설문지를 참가자에게 주거나 참가자들이 한가한 시간에 설문지에 응답하도록 유도하거나 설문지를 메일로 회수한다. 또 다른 메일은 참가자들이 집으로 돌아간 후에 설문지를 메일로 발송하여 회수한다.

어떤 방법이 최선일까? 어느 방법이든 장·단점이 있다. 그러나 많은 참가자들이 회의를 마치고 돌아갔을 때 참가자들은 특별한 주제와 연사들을 마음속으로 새롭게 연상하게 될 것이다. 이러한 것들은 회의 후에 바로 응답하는 것보다 더 자세히 응답할 수 있는 것이다. 그러나 참가자들은 연사의 이름을 잊어버리거나 회의가 완료된 시점에서 응답하는 것을 원하지 않을 것이다.

설문지의 발송은 운영자에게 많은 우편요금이 소요된다. 그리고 우편으로 발송된 설문지는 회의 후에 바로 응답하는 설문지보다 회수율이 저조하다는 것을 알아야 한다.

5. 평가시스템

회의의 다양한 부분들을 평가할 수 있는 여러 가지 방법이 있다. 설문지는 아마도 가장 공통적으로 사용되는 방법이지만 회의의 모든 부분들을 포괄적으로 평가할 수 있는 다른 시스템을 고안할 필요성이 있다.

가. 설문지

설문지는 참가자들로부터 정보를 알 수 있는 설문으로 구성된 인쇄물이다. 설문지는 각각 개별적인 회의 후에 개최장소 내에서 배부하여 회수할 수도 있고, 회의가 종료된 후 배부하여 회수하는 방법도 있다. 또한 개최장소 외부에서 설문을 받을 수도 있고, 참가자들이 돌아간 며칠 후에 메일로 발송하여 회수하는 방법도 있다.

개최장소 내에서 설문지를 참가자에게 배부하여 회수할 예정이라면, 어떤 방법으로 운영자에게 정보를 수집할 수 있는가를 알아야 한다. 참가자들이 워크숍이나 각종 회의참가한 후에 보통 참가자들은 의자에 앉아 휴식을 취하거나 다른 참가자와 담소를 하고 있을 것이다. 따라서 설문지 배부와 회수는 비상구 가까이에 용기를 배치하여 배부하거나 회수하는 것이 효율적이다.

개별적인 회의 후에 수집되는 것보다 회의가 완전히 종료된 후에 설문지를 배부하여 회수하는 것이 보다 효과적인 회수방법이 될 것이다. 참가자들은 회의 편의시설에서 떠나기 전 지정된 장소에서 설문지를 작성하는 것을 원할 것이다.

참가자들이 회의 종료 후 돌아간 몇 일 후에 주든, 자기 앞으로 된 우편봉투와 함께 회의종료 후 한 주 또는 2주일 후에 메일로 보내든 설문이 완료되기 위해선 더 많은 시간이 요구된다. 설문지는 여러 장의 페이지와 활동적인 행사에 대한 전체적인 내용을 다루고 있어야 한다.

나. 사후회의(Post-Meeting)

Post-Meeting은 편의시설과 후원자들 간에 실시되는 요약된 회의이다. 개인적인 상호대화를 통해 회의에 대한 완벽한 평가기회를 제공하게 된다. 사후회의는 모든 사람들이 개최장소를 떠나기 전에 실시하는 회의이다.

다. 관 찰

관찰은 두 가지 방법으로 알 수 있다. 비형식적인 관찰은 참가자들이 참가한 회의 또는 행사에 따라서 간단하게 요구할 수 있다. 형식적인 관찰은 감독자들이 회의 일부분이나 연사, 참가자 반응을 살펴보는 방법이다. 모니터링은 비형식적인 관찰보다 더 복잡하고 브리핑이 요구된다.

라. 회의통계

회의통계량은 등록(유로, 선불, 무료), 초대된 참가자, 특별한 활동 참가, 전시 렌탈 형태, 음식행사 티켓 사용, 손님용 객실 제한 형태를 포함하고 있다. 이것들의 수량은 금번행사 뿐만 아니라 이전의 행사와도 비교해야 한다.

회의계획 평가

회의의 이름______________________________

회의의 목적______________________________

지역____________________________________ 날짜____________

편의시설 사용____________________________

아래에는 당신의 설명과 의견에 대하여 서술하였다

호텔/손님용 방____________________________

호텔 혹은 회의 편의시설/회의실______________

프로그램 계획______________________________

초청된 연사________________________________

등록______________________________________

사회적인 이벤트____________________________

전시______________________________________

외부의 후원________________________________

수송______________________________________

음식과 음료________________________________

참가자들의 워크숍 평가형태

워크숍의 이름______________________ 날짜__________________

워크숍의 주제

_____완벽했다

_____매우 좋았다

_____보통

_____나빴다

_____매우 나빴다

연사들과 패널들

_____안벽했다

_____매우 좋았다

_____보통

_____나빴다

_____매우 나빴다

이 프리젠테이션에서 교육적인 필요를 얻었습니까?

_____예

_____아니오

후에 이 프리젠테이션을 참가하시겠습니까?

_____예

_____아니오

이 토픽으로 후에 프리젠테이션을 하시겠습니까?

_____예

_____아니오

설명 ____

마. 간부회의

간부회의는 보통 협회본부로 돌아간 후에 열린다. 간부회원들과 협회는 참가에 관련되어 있다. 회의의 비평은 객관적인 기회이다. 무엇이 문제인가? 무엇이 옳은 것인가? 다음 번 행사를 위해서 이러한 문제점을 인식하고 있어야 한다.

6. 설문지계획

평가과정의 일부분으로써 설문지 사용을 선택할 경우 유용한 정보를 제공하는 형태로 된 디자인을 선택해야 한다. 설문지는 개방형과 폐쇄형 설문지, 또는 둘 다 종합해서 질문들을 만들 수 있다. 아래의 목록은 회의평가들을 발전시키는 요소들이다.

- 어떤 정보를 필요로 하는지에 대해 결정한다.
- 평가결과를 사용하는 방법을 결정한다.
- 질문들이 간단하고 쉽게 이해할 수 있도록 만들어져야 한다.
- 폭넓게 해석할 수 있는 질문들을 만들어야 한다.
- 예/아니오, 순위척도, 리커트척도 등을 사용해야 한다.
- 컴퓨터로 완성되는 결과는 개인으로부터 산출을 요구하는 자료부분이 소프트웨어에 알맞아야 한다.
- 짧은 시간 내에 응답할 수 있는 설문지를 작성해야 한다.
- 질문지를 디자인할 때 참가자들에게 기본적인 응답을 요구해서는 안된다.
- 비판적인 결과들이 나올 수 있는 설문지를 작성해야 한다.
- 순위 등급을 사용할 경우, 내용이 호의적이거나 비호의적으로 명확하게 설계되어야 한다.
- 각각의 질문들에는 오직 한 가지의 주제를 포함해야 한다.

• 정말 어떤 것을 알고자 하더라도 그 질문들을 요구해서는 안된다.

• 본 설문에 앞서 예비조사를 해보아야 한다.

• 응답자의 이름을 요구해서는 안된다.

컴퓨터 프로그램을 통한 정밀조사 형태들은 대형행사를 위해 최근에 사용되고 있다. 어떤 협회들은 참가자 응답, 공공분야 내부의 분과이거나 협회에서 사용한다.

회의의 규모가 크고 복잡할 때, 평가형태를 계획하고 전문적인 조사를 담당하는 사람에게 도움을 받아야 한다.

7. 동기부여

컨벤션분야 최고 권위자의 도움을 받아 설문지를 완성시켜서 제출하게 하는 좋은 방법은 없는가? 참가자들이 피곤하고 바쁜 와중에서도 평가를 촉진시킬 수 있는 방법은 없는가?

설문지를 효과적으로 받을 수 있는 방법은 다음과 같다. 각각 분과세션이 끝나고, 참가자들이 방에서 떠나기 전에 참가자들을 남게 하는 것이다. 어떤 회의들은 참가자들이 회의관련 비용을 지급하거나, 참가자증명, 발표자증명서를 배부할 때 함께 설문지를 배부하여 회수하는 방법도 좋은 방법이 될 수 있다.

이 형태들은 분과세션이 끝난 후 나누어주거나 참가자들이 개최장소를 떠나기 전에 돌려받기 위해서는 참가자들에게 평가를 위한 펜을 주어야 효과적이다. 또한 평가정보의 중요성을 설명하는 문구를 넣어 설명을 해야 하며, 참가자들은 특별히 느낀 것을 응답하기 때문에 회의에 대한 조언을 할 수 있도록 해야 한다.

어떠한 평가방법을 사용한다면 참가자들에게 직접적인 대답을 제공하거나, 참가자들에게 피드백이 된다는 사실을 인식시켜야 한다.

Keypoint

아래의 주요 용어의 개념을 기술해 보시오

1. 평가

2. 피드백

3. 평가시스템

4. 질문지

5. Post-Meeting

6. 관찰

7. 감독관

8. 참가자 반응

9. Post-Meeting 간부회의

10. 질문지 디자인

제28장 사례와 사후회의 활동

학습목표

1. 회의관련 서비스를 위해 지급되게 되는 선물과 팁의 세부사항 이해
2. 선물지급 대상과 선물비용 이해
3. 팁의 안내지침 이해
4. 이벤트가 끝난 후 반드시 수행할 관련 활동이해

마지막 장에서 논의된 평가과정에 따라, 회의가 끝난 후에 주의해야 할 또다른 활동들이 있다. 이러한 활동들은 회의의 복잡성과 행사기간에 의해 결정된다. 지급된 봉사료의 총액을 결정해야 하고, 대상자에게 감사편지를 보내고, 사후회의 홍보, 본국 사무소에 돌아갔을 때 전시가 끝난 선적물 정리 지시, 다양한 원천으로부터 통계상의 정보를 획득해야 한다. 이런 모든 목록들이 이 장에서 논의될 것이다.

1. 봉사료

봉사료와 팁은 행사진행에 있어서 중요한 요소로서 세심하게 챙겨야 할 분야 중의 하나이다. 봉사료와 팁은 어려운 조건도 없고 특별한 기준도 없다. 개별적인 협회 또는 회의기획가는 “적정”수량의 봉사료를 준비해야 한다. 충분한 양의 봉사료를 준비하지 않으면 어려운 문제를 초래할 수도 있다.

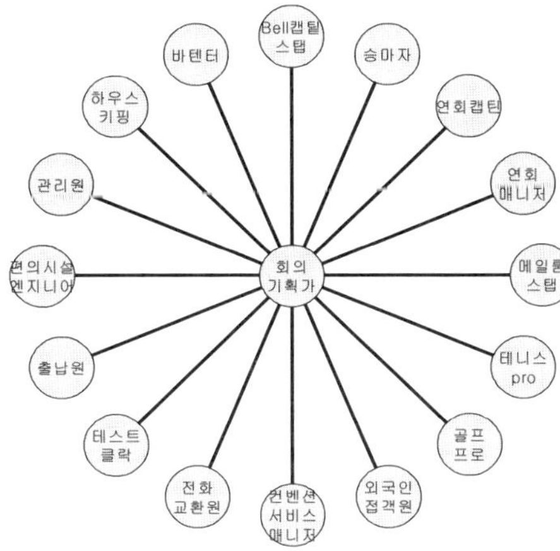

〈그림 24-1〉 봉사료의 딜레마

가. 봉사료란 무엇인가?

회의와 서비스분야에서 팁과 봉사료의 차이점이 있다. “Tip”이라는 단어는 “신속을 보장하다(To insure promptness)”로부터 그 유래를 찾을 수 있다.

팁은 좋은 서비스를 받고 나서 그 서비스에 보답하는 의미로 사용되어진다. 그러나 봉사료는 총액으로 표시된다. 봉사료는 보통 요금의 15~20%선에서 결정된다. 식·음료 행사 같은 서비스의 경우는 이보다 높게 책정되는 경우도 있다. 봉사료는 편의시설의 웨이터, 운영진, 버스기사, 그리고 또 다른 사람들에게 제공되게 된다.

나. 분류

회의를 할 경우에 필요한 팁과 봉사료는 세 가지 범주로 구분할 수 있다. 이러한 범주는 개별적인 대표자로부터의 팁, 연회행사 봉사료, 그리고 특별한 회의와 관련된 서비스를 위한 팁이 있다.

1) 대표자

회의참가 대표자들은 보통 룸메이드, 객실, 벨서비스, 도어맨, 또다른 개별적인 서비스를 제공받을 경우 자신들이 팁을 주는 것을 삼가야 한다. 대부분의 회의참가자들은 자주 여행을 하기 때문에 각각의 상황에서 적합한 팁을 주는 것을 알고 팁을 주는 경험을 가지고 있다.

어떤 단체회원들이 팁을 제공하는 것에 대해서 신뢰하지 않는다면 회의장소, 크루즈선 또는 풀 서비스를 받을 경우에 팁을 주어야 한다는 내용을 등록시에 패키지 안에 팁에 관련된 내용을 동봉하여 참가자들에게 배부해야 한다.

회의개최 장소를 선정할 경우에 회의기획가는 봉사료에 대해 협상해야 하며, 만약 후원협회에서 모든 참가자들의 팁이 지급이 된다면, 협회회원들은 팁에 대해 책임지지 않는다는 것을 알아야 한다. 어떤 호텔은 대표자나 회의기획가로부터 두 번 혹은 한 번 팁을 받는다.

2) 연회시 봉사료

위에서 거론한 바와 같이 연회에서 봉사료는 보통 음식비용 총액의 15~20%이다. 회의기획가는 이러한 봉사료 비용을 어떻게 후원받을 것인가를 고민하게 된다. 개별적인 참가자들은 봉사료를 비용에 포함하지 않고 있다. 따라서 개별적인 봉사료는 지급해야 한다.

3) 특별한 서비스를 위한 팁

특별한 서비스를 받을 경우 팁을 주는데 있어 문제가 발생한다. 참가자가 팁을 주는 것은 회의기획가와 관계가 없다. 그리고 식사서비스는 개별적인 음식서비스에 부가적으로 팁을 주지 않아도 된다.

그러나 보통 음식 서비스를 받을 경우 봉사료는 필수이다. 일반적인 호텔들은 유연한 행사를 위해 필수적인 서비스를 제공하고 있다.

연회행사에서 서비스를 제공하는 종사원은 행사의 크기에 의해 결정되거나 행사의 복잡성에 의해 다양하게 결정될 수 있다. 반나절 일정의 워크숍을 위해 회의실을 사용하게 된다면 종사원에 대한 팁은 필수적인 것이다.

그러나 대형 워크숍에서 몇 일간의 이벤트, 특별한 회의, 오락행사일 경우에 많은 부서와 외부의 공급자가 관련되어 있다. 회의를 진행함에 있어 특별지원을 제공한 사람들의 목록을 기억하라.

목록에 포함된 연회캡틴, 연회 매니저, 선박 또는 메일 룸, 데스크클럭, 출납원, 편의시설 엔지니어, 관리원, 하우스키핑, 외국인 종사원, 컨벤션서비스 매니저, 바텐더, 벨캡틴, 전화교환원, 그리고 이벤트를 부수적으로 도와준 사람 등이다.

전시를 포함한 이벤트를 할 때에는 이벤트가 끝나고 난 후 종사원들에게 보답하기 위해서는 전시담당자들에게 서비스를 제외한 팁에 대해서 알려주어야 한다. 이벤트가 컨벤션센터, 전시장에서 개최된다면 팁을 주기 전에 그곳의 규정이나 관습을 숙지해야 한다. 어떤 컨벤션센터들은 종업원이 팁을 받는 것을 허용하지 않는 경우도 있다.

팁은 얼마나 주어야 하는가? 그것은 어렵게 결정된다.

팁의 총액은 서비스의 질, 회의의 기간, 단체의 규모, 행사측의 진행예산 등과 같은 이벤트의 복합적인 요소에 의해서 결정되게 된다. 팁과 봉사료에 대한 예산은 전체 참가자의 수, 객실, 호텔요금 총액의 몇 퍼센트, 회의 예산의 일정한 퍼센트를 계산하여 책정하게 된다.

일반적으로 미국에서 적용되고 있는 호텔 관련자들에 대한 봉사료로 책정되는 비용은 아래와 같다.

- 승마자 — 관리인을 위해 $20 각각의 다른 사람들을 위해 $10, 또는 $3
- 연회 — 캡틴 여러 가지 음식과 음료연회들이 있을 경우 $10, 또는 $25

• 연회매니저 또는 컨벤션 코디네이터 — $20에서 $50, 음식과 음료 필수품의 한도와 회의실과 특별한 배치에 좌우된다.

• 선박 또는 패키지 부문 — $20에서 $50, 특별히 호텔에서 대형 선적으로 갈 경우

• 골프 또는 테니스 pro — $20에서 $50, 토너먼트의 크기에 좌우된다.

• 기타의 경우 — 서비스 제공이 발생할 때마다.

서비스에 만족하지 못했을 경우에도 팁을 제공할 것인지에 대해서 고민해야 한다. 팁은 임금의 추가성격으로 지급되는 것이 아니라 사례금의 형식을 지니고 있기 때문에 현금을 소지하고 있지 않다면 반드시 지급할 필요는 없다. 어떤 조직(기구)에서는 현금 팁을 허용하지 않고 오히려 봉사료나 필기용 노트를 감사의 표시로 제공하기도 한다.

다. 분 배

팁은 여러 가지 방법으로 분배된다. 관련부서 팀장에게 분배하거나, 아니면 각각의 종업원들에게 개별적으로 주기도 하고, 또는 회계담당자에게 팁을 포함하여 보답할 수도 있다.

라. 가이드라인

질적인 서비스의 개연성의 증가를 유도하고 팁을 주는 혼란을 줄일 수 있는 아이디어를 소개하면 다음과 같다.

• 회의 전에 팁을 줄 경우에는 우수한 성과가 있을 경우에 가능하다.

• 회의에 앞서서 팁을 주지 마라.

• 서비스가 나빴을 경우, 팁을 조정하는 이유를 호텔 관리자에게 설명하라.

• 참가자들에게 개인적인 서비스를 위해 팁을 주는 정보를 제공하라.

- 모든 팁은 한 사람에게 분배하라.
- 협상과정 동안 호텔 팁의 정책들에 대해 논의하라.
- 누구에게 어떤 액수의 팁을 줄 것인지 기록하라.
- 봉사료, 현금에 감사편지를 포함하여라.
- 팁은 현금이 없을 경우 줄 수 없다. 때때로 선물, 선물증명은 더 적합할 수도 있다. 만약 봉사료를 제공한다면 초콜릿 박스와 같이 정중하게 포장하여 제공하여야 한다.

2. 감사편지

감사편지는 회의편의시설 종업원(선물 또는 팁을 주지 못한 관련 회사를 포함하여)과 시설담당자에게 보낸다. 때때로 감사편지는 참가에 대한 감사의 표시로 참가자에게 보낸다. 이 경우에 편지는 보통 회의기획가보다 협회의 사인이 들어간다. 왜냐하면 협회의 신뢰성을 고려하기 때문이다. 이러한 감사의 편지는 사전에 정해진 그 일정에 따라서 우편 또는 메일로 발송을 해야 한다.

3. 참가자 증명

참가자증명서는 행사 종료시에 완성된 증명서를 발급해 주어야 하지만, 대체로 등록시에 참가자의 성명을 확인한 후, 즉시 발급해 주는 경우도 있다.

4. 홍 보

홍보는 이벤트 실시 이전부터 이벤트종료 이후까지 지속적으로 전개할 필요가 있다. 사후회의 홍보는 조직(기구)의 이미지를 높일 수 있고 회의의 파급효과를 연장시킬 수 있다. 또한 차기 회의홍보에 지대한 영향을 미치게 된다.

5. 통계 수치

이벤트계획을 처음 기획할 때 중요한 회의사실을 어떻게 기억하는가? 평가에 관련된 장에서 논의되었던 통계 역시 평가활동 방법을 제공한다. 수집된 통계는 다음과 같은 내용을 포함하고 있다:

호텔 등록패턴, 호텔 편의시설(룸서비스, 레스토랑)의 이용, 도착과 출발유형, 호텔사용(CVB 하우징뷰로로부터), 회의등록, 사회적인행사 참가, 특별한 이벤트 참가, 세미나 그리고 워크숍 참가, 수송 장소 이용은 회의의 개별적인 부분으로부터 정보를 수집할 수 있다.

6. 의사록 그리고 진행

회의 · 의사록의 출판을 계획한다면, 문자 그대로의 제시뿐만 아니라 요약까지 해서 정보를 수집할 필요가 있다. 모든 연사들이 프레젠테이션내용의 복사와 워크숍의 추가도구로써 복사물을 참가한 사람들에게 주어야 한다.

7. 전시장비 이동

전시참여업체의 장비해체와 장비이동은 회의가 시작되기 전에 미리 그 시기를 전달할 필요가 있으며, 장비이동과 배치 등은 회의기획가의 중요한 관심사항 중의 하나이다.

8. 선 적

등록서류와 워크숍 핸드북은 회의에서 살 수 있지만, 많은 목록들은 본부로 이동시키기 위해서는 선적이 필요하게 된다. 따라서 대형 이벤트 후에는 이를 수송하기 위해서 정열을 할 필요가 있다.

9. 다음 회의

회의인쇄물 편집은 다음 이벤트를 계획하기 위해 기본적으로 이용할 수 있다. 회의행사장 배치도, 편의시설 내용, 전화예산, 사진, 노트, 평가결과는 이벤트기간 동안 사용될 다른 것들에 포함하여 핸드북에 삽입해야 한다.

다음 회의를 위해 사전에 계획을 함에 있어서 더 쉬운 방법을 생각해 보아라. 더욱더 완벽한 핸드북을 만들어서 다음에 개최되는 이벤트에서 같은 실수를 하지 않을 것이다.

Keypoint

아래의 주요 용어의 개념을 기술해 보시오

1. 봉사료

2. 팁

3. 선물증명서

4. 선물지출

5. 감사편지

6. 참가증명서

7. 사후회의 편의시설

8. 회의의사록

9. 전시장비 이동

10. 선적

제29장 회계 및 재정 분석

학습 목표

1. 회의관련 회계, 재정분석 도출
2. 재정보고서에 포함될 사항 이해
3. 최종 예산과 수입·지출보고서 준비
4. 회의 기획단계에 있어서 재정분석의 중요성 이해

회의가 종료되면 참가자들은 집으로 돌아가고 회의와 관련된 책임자와 후원자는 회의에 소요된 비용을 지급한다. 수입이 기대치에 충족되는지와 계획된 지침 이내에서 지출이 되었는지를 정확히 판단하기 위해 모든 재정보고서를 분석해야 한다.

먼저 지출을 확인해야 하며, 적절한 시간과 제한범위 내에서 계산이 이루어져야 한다. 또한 수입이 정확한지 확인하여야 하며, 예산의 변동(더 나올 수도 덜 나올 수도 있다)에 대해서도 확인해 보아야 한다.

1. 시간적 범위

회의기획에 있어서 재정분석과 회계의 역할은 4가지 양상을 띠고 있다. 회의기획가는 이미 회계에 대해서 기획과정별 해당 내용을 항목별로 준비하고 있어야 한다.

가. 예산을 증가시켜라.

회의예산을 준비할 때 재정분석을 위한 기초를 마련하게 되는데, 필요하다면 융통성 있는 예산을 수립해야 하고 수정예산을 수립해야 한다. 결과적으로 몇 가지 준비된 임시예산을 수립해야 할 것이다.

나. 협 의

예산을 협의하는 과정 중 회계과정의 두 번째 사항이 있는데, 회의장소인 호텔, 공급자, 그 외 사람들과 함께 협의를 할 때 다양한 항목들에 소요되는 비용들과 비용의 흐름에 대해 토의를 해야 할 것이다(그리고 그 결과가 담당자에 의해서 수용되도록 해야 한다).

다. 비용 지급하기

회계과정에 있어서 다음 단계는 계산서를 지급하는 것이다. 비용 지급이 구체화된 시기는 회의 직전에 이루어져야 한다. 소규모의 회의를 개최하는 조직의 경우에는 많은 설비업체들이 즉각적인 비용을 청구할 것이다. 만약 사용한 시설이 오로지 회의실에 한정되어 있을 경우에는 다양한 형태로 비용지급이 발생하지 않을 수도 있다.

대규모의 복잡한 행사일수록 다양한 지출요소가 발생하기 때문에 비용지급 계획을 준비하여 이행할 필요가 있다.

대부분의 기획가들은 회의가 종료된 지 30일 이내에 모든 비용을 지급해야 한다.

라. 재정보고서를 준비하고 분석하라

회계과정 중 마지막 행위는 재정보고서를 준비하고 재정보고서에 포함된 내용을 분석하는 단계이다. 이 내용은 결정된 회의를 분석하는 것뿐만 아니라 다음 회의를 준비하기 위해서도 사용되어진다.

2. 수 입

앞 단원에서 언급한 바와 같이 협회행사를 포함하여 많은 회의들의 주요 수입원은 후원자에 의해서 형성되게 된다. 모든 계산서들이 작성되고 즉시 송장이 발송되어질 수 있도록 명확히 해야 하는데, 일반적으로 계산서에는 아래의 내용들이 포함되게 된다.

- 사전 등록이나 현장 등록에서 미수금된 비용
- 회의 프로그램에서 광고를 위한 비용
- 현금이 지급되지 않은 기념품목의 판매
- 현금이 지급되지 않은 교육자료들의 판매
- 행사의 후원(직접 시설업체에 비용을 지급하지 않을 때)

현장에서 발생한 수익은 적절하게 계산될 필요가 있는데, 현장수입의 주요 항목은 다음과 같다.

- 등록비(Registration)
- 특산품과 선물항목의 판매(Sales of specialty and gift items)
- 교육자료의 판매(Sales of educational materials)
- 행사티켓 판매(Function ticket sales)
- 단체여행 판매(Group tour sales)
- 프로그램 판매(Program sales))
- 기부금(Donations)

3. 지 출

회의예산에는 수입의 항목보다 지출항목이 훨씬 더 많게 된다. 기업회의와 협회회의의 경우 수입이 전혀 없다. 예정된 모든 수입을 확보하는 것이 중요하지만 정확히 지출계획을 세우고, 더 나아가서 의혹이 있다고 판단되는 비용들은 자세한 검토 없이 지급되어서는 안 된다.

이 단원을 통해서 지출에 대해서 소개하고 있지만 과거회의에 대한 재정평가를 추가하여 소개하고자 한다.

4. 환 급

우리는 앞에서 등록비 환급에 있어 지정된 정책의 중요성을 강조하고 절차를 강조했다. 이제는 이러한 환급을 해야 할 경우에 대해 알아보고 정책들을 작성하기 위해서 시간과 노력이 필요하게 된다. 환급은 구체적인 가격에서 지정된 시간의 범위 내에서 확립된 정책에 따라서 진행되어져야만 한다.

5. 회의장소

다수의 회의에서 대부분의 지출들은 회의장과 호텔(이것은 같은 장소일 수도 있음)에서 발생하게 된다. 만약 협의가 철저하게 이루어지고 모든 지출들이 명확히 이루어지도록 협의에 도달한다면, 이 시점에서 업무는 훨씬 쉬워질 것이고 기분 언짢은 일로 당황하지 않아도 될 것이다. 모든 객실이나 음식행사의 비용과 같이 어떠한 비용을 기대해도 된다. 다음은 주요 비용에서 생각지도 못한 비용들의 목록이다. 이러한 목록을 행사협의시에 명확하게 협의한다면 이러한 공급과 서비스들은 무료로 제공받을 수 있을지도 모른다.

특별한 오락시설 이젤(받침 틀)

마이크 명찰 및 배지(badge)

유도안내물	공개 연설시스템
시청각시설	전화기
등록부스 요원	보안
시설기사	복사기
연사시설(강연대, 무대)	작성대(서류작성을 위한)

위의 내용은 호텔회의장에서 필요한 지출비용들의 단순한 예시들이다. 여기에 제시되지 않은 사항들이 있을 수도 있다. 하지만 사전에 행사에 필요한 관계자와 협의하여 지출될 수 있는 비용을 충분히 검토해야 한다.

가. 주요 비용

주요 비용이란 협회가 호텔의 시설을 사용할 때 수반되는 비용을 말한다. 매일 주요비용에 대해 검토해 보아야 한다. 비용들은 지급행위를 제한하여 한정된 사람에 의해서만 지급되어야 한다. 회의가 종료되기 전에 철저히 주요 비용을 검토하여야 한다. 그리고 할인이 가능한 경우가 있다면 할인을 받을 필요가 있다.

나. 참가자 부담

개인 참가자의 계산으로 지급되어지는 비용으로 회의기획가가 지급할 책임을 지고 있다면 객실비용은 주요비용으로 계산되어야 한다. 만약 참가자들이 그들의 비용으로 계산을 책임져야 한다면, 합의한 계약서, 합의한 객실비용을 지급해야 하며 몇 가지 참가자 폴더를 체크해야 한다.

다. 초청연사와 VIP 부담

만약 협회가 초청연사와 다른 선택된 사람들의 객실의 비용을 지급한다면, 그 비용은 주요 비용이라는 것을 알아야 한다. 하지만 만약 객실내부의 영화나 다른 서비스들과 같은 부차적인 개인비용을 지급하기로 합의를 보지 못했다면, 이런 비용은 고객부담에 포함이 되어야만 한다.

6. 재정분석

회의의 재정분석 부분에서 고려해야 할 두 가지 사항은 최종 예산서와 수입·지출 보고서이다.

대규모 회의들은 납득할 수 있는 지출비용을 제시하기 위해서 대차대조표 및 주기적인 수입·지출보고서를 요구할지도 모른다. 다른 회의들은 예산서를 대신할 수 있으며, 회의 종료시점에서 준비되어진 수입·지출보고서들을 대신할 수도 있을 것이다.

만약 이러한 변수들이 중요한 역할을 한다면, 이에 관한 설명을 기록해야 한다. 이러한 변수들은 날씨, 화재, 혹은 경제적인 상황에 의해서 달라질 수 있는데, 이런 경우에는 어떤 원인에 의해서 차이가 발생하였는지를 분석하고 지출계획과의 증감정도를 행사 관계자에게 설명할 필요가 있다. 이렇게 하는 이유는 차후 행사에서 발생할 수 있는 실수를 미연에 방지하기 위해서이다.

〈표25-1 예산계획〉

지출내역	계획예산	실행예산	증감
교통수단	10,000	8,000	↓2,000
식음료	25,000	28,000	↑3,000

가. 수입·지출보고서

수입·지출보고서는 단순히 회의와 관련된 모든 수입과 지출의 보고서를 말한다. 회의기획가는 전체적인 회의를 책임지기 위해 이런 보고서가 충분하다고 판단할 수 있지만, 비즈니스 조직에 의한 대규모의 회의시에는 주기적인 보고서를 요구할 수 있다. 보고서의 구상은 모든 수입·지출 항목을 기록한 예산과 비슷하다.

수입・지출 보고서는 정확한 비용을 제시해야 하며, 그 형식은 회계적으로 통용되는 서식체계로 작성을 해야 한다. 행사의 실질적인 이익과 손실은 보고서에서 나타나게 되는데, 어떤 이익도 생기지 않는 기업회의와 기타 회의에 있어서 보고서는 회의의 종료 여부와 예산의 증감정도를 제시해야 한다.

나. 분석

준비된 수입・지출 보고서를 통해 관련된 정보를 분석할 때가 되었다. 예를 들면 1,000만원의 수입과 1,000만원의 지출이 도출되었다고 해서 모든 것이 끝난 것은 아니다. 지출항목을 세부적으로 검토하여 등록자의 비율분석과 초과 지출된 항목은 없는지를 정확하게 분석할 필요가 있다.

만약 시난 해 수입과 지출보고서가 사용 가능하다면 이러한 수치들을 비교의 기준으로 삼아 백분율로 전환시켜 보아야 한다. 만약 팁이 올해 지출의 3%에 달하는 반면, 작년에는 2%가 지출되었다면 그 이유는 무엇 때문인가?

만약 올해 프로그램 광고에서의 수입이 2% 내렸다면 왜 그러한가? 실질적인 수치보다는 백분율을 사용하여 각각의 수치를 분석해야 한다. 또한 회의의 재정적 양상을 해석할 능력은 회의기획가로서 발전할 수 있는 능력 중 가장 중요한 것이다.

만약 이것이 첫 회의라면 혹은 지난 회의에서 얻을 수 있는 재정보고서가 불완전한 것이라면 상세한 분석을 실시할 필요가 있다.

다음 회의이후 비교를 할 필요가 있는 정보를 보유하게 될 것이다. 이 때 조직에 유용한 재정분석의 다른 종류의 정보를 준비할 수 있을 것이다.

〈표 25-2〉 수입·지출보고서 샘플

수입 퍼센트		
등록비	10,000	59%
프로그램 광고	2,000	12%
전시공간 임대료	5,000	29%
총수입	17,000	100%
지출비용		
초청연사	1,000	6%
연회	3,000	18%
감사표시	500	3%
인쇄	2,000	12%
장비임대료	1,500	9%
진행요원 여행비	1,000	6%
사교행사	2,000	12%
인건비	2,500	15%
광고	1,000	6%
O.H.P.	1,000	6%
총지출비용	15,500	91%
순이익	1,500	9%

Keypoint

아래의 주요 용어의 개념을 기술해 보시오

1. 재정분석

2. 회계과정

3. 수입원천

4. 계산

5. 대차대조표

6. 주요 비용

7. 참가자 파일

8. VIP 파일

9. 제변수

10. 수입 · 지출 보고서

Convention

부 록

부록(1) 국제회의 관련 법률

1. 국제회의산업육성에 관한 법률

제정 1996. 12. 30. 법률 제5210호
개정 2001. 3. 28. 법률 제6442호
개정 2003. 8. 6. 법률 제6961호
개정 2005. 3. 31. 법률 제7459호
개정 2007. 4. 11. 법률 제8369호
개정 2007. 4. 27. 법률 제8404호
개정 2007. 5. 17. 법률 제8466호

제1조 (목적) 이 법은 국제회의의 유치를 촉진하고 그 원활한 개최를 지원하여 국제회의산업을 육성·진흥함으로써 관광산업의 발전과 국민경제의 향상등에 이바지함을 목적으로 한다.

제2조 (정의) 이 법에서 사용하는 용어의 정의는 다음과 같다.(개정 2003.8.6)

1. "국제회의"라 함은 상당수의 외국인이 참가하는 회의(세미나·토론회·전시회등을 포함한다)로서 대통령령이 정하는 종류와 규모에 해당하는 것을 말한다.
2. "국제회의산업"이라 함은 국제회의의 유치 및 개최에 필요한 국제회의시설, 서비스등과 관련된 산업을 말한다.
3. "국제회의시설"이라 함은 국제회의의 개최에 필요한 회의시설, 전시시설 및 이와 관련된 부대시설 등으로서 대통령령이 정하는 종류와 규모에 해당하는 것을 말한다.
4. "국제회의도시"라 함은 국제회의산업의 육성·진흥을 위하여 제14조의 규정에 의하여 지정된 특별시·광역시 또는 시를 말한다.
5. "국제회의 전담조직"이라 함은 국제회의산업진흥을 위하여 각종 사업을 수행하는 조직을 말한다.
6. "국제회의산업육성기반"이라 함은 국제회의시설, 국제회의 전문인력, 전자국제회의체제, 국제회의정보 등 국제회의 유치·개최를 지원·촉진하는 시설·인력·체제·정보 등을 말한다.

제3조 (국가의 책무) ① 국가는 국제회의산업의 육성·진흥을 위하여 필요한 계획의 수립등 행정·재정상의 지원조치를 강구하여야 한다.

② 제1항의 규정에 의한 지원조치에는 국제회의 참가자가 이용할 숙박시설·교통시설 및 관광편의시설등의 설치·확충 또는 개선을 위하여 필요한 사항이 포함되어야 한다.

제4조 (국제회의산업육성위원회의 설치·운영 등) ① 국제회의산업육성에 관한 다음 각호의 사항을 심의하기 위하여 문화관광부장관 소속하에 국제회의산업육성위원회(이하 "육성위원회"라 한다)를 둔다.

1. 국제회의산업육성 기본계획
2. 국제회의시설 건립계획
3. 국제회의도시 지정 및 취소
4. 그 밖에 문화관광부장관이 필요하다고 인정하여 부의하는 사항

② 문화관광부장관은 육성위원회의 효율적인 운영을 위하여 전문적·기술적인 자문이 필요하다고 인정하는 경우 관계전문가로 구성되는 국제회의산업자문단(이하 "자문단"이라 한다)을 둘 수 있다.

③ 제1항 및 제2항의 규정에 의한 육성위원회와 자문단의 구성·운영 등에 관하여 필요한 사항은 대통령령으로 정한다.

[전문개정 2003.8.6]

제5조 (국제회의 전담조직의 지정 및 설치) ①문화관광부장관은 국제회의산업육성을 위하여 필요한 경우에는 국제회의 전담조직(이하 "전담조직"이라 한다)을 지정할 수 있다.

②국제회의시설을 보유·관할하는 지방자치단체의 장은 국제회의 관련업무의 효율적인 추진을 위하여 필요하다고 인정하는 때에는 전담조직을 설치할 수 있다.

③제1항 및 제2항의 규정에 의한 전담조직의 지정·설치 및 운영 등에 관하여 필요한 사항은 대통령령으로 정한다.

[전문개정 2003.8.6]

제6조 (국제회의산업육성기본계획의 수립 등) ①문화관광부장관은 국제회의산업의 육성·진흥을 위하여 다음 각호의 사항이 포함되는 국제회의산업육성기본계획(이하 "기본계획"이라 한다)을 수립·시행하여야 한다.

1. 국제회의의 유치·촉진에 관한 사항
2. 국제회의의 원활한 개최에 관한 사항
3. 국제회의에 필요한 인력의 양성에 관한 사항
4. 국제회의시설의 설치 및 확충에 관한 사항

5. 그 밖에 국제회의산업의 육성·진흥에 관한 중요사항

② 문화관광부장관은 제1항의 규정에 의한 기본계획을 수립 또는 변경하고자 하는 때에는 육성위원회의 심의를 거쳐야 한다.

③ 문화관광부장관은 국제회의산업육성과 관련된 기관의 장에 대하여 육성계획의 효율적인 달성을 위하여 필요한 협조를 요청할 수 있다.\

④ 기본계획의 수립에 관하여 필요한 사항은 대통령령으로 정한다.

[전문개정 2003.8.6]

제7조 (국제회의 유치·개최 지원) ①문화관광부장관은 국제회의의 유치를 촉진하고 그 원활한 개최를 위하여 필요하다고 인정하는 때에는 국제회의를 유치 또는 개최하는 자에 대하여 지원을 할 수 있다.

② 제1항의 규정에 의한 지원을 받고자 하는 자는 문화관광부령이 정하는 바에 의하여 문화관광부장관에게 국제회의 유치 또는 개최에 관한 지원을 신청하여야 한다.

[전문개정 2003.8.6]

제8조 (국제회의산업육성기반 조성) ①문화관광부장관은 국제회의산업육성기반 조성을 위하여 관계중앙행정기관의 장과 협의하여 다음 각호의 사업을 추진하여야 한다.

1. 국제회의시설의 건립
2. 국제회의 전문인력의 양성
3. 국제회의산업육성기반 조성을 위한 국제협력
4. 인터넷 등 정보통신망을 통하여 수행하는 전자국제회의 기반의 구축
5. 국제회의산업에 관한 정보 및 통계의 수집·분석 및 유통
6. 그 밖에 국제회의산업육성기반 조성을 위하여 필요하다고 인정되는 사업으로서 대통령령이 정하는 사업

② 문화관광부장관은 다음 각호의 기관·법인 또는 단체(이하 "사업시행기관"이라 한다) 등으로 하여금 국제회의산업육성기반 조성을 위한 사업을 실시하게 할 수 있다.

1. 제5조제1항 및 제2항에 의한 전담조직
2. 제14조제1항에 의하여 지정된 국제회의도시
3. 한국관광공사법에 의해 설립된 한국관광공사
4. 고등교육법에 의한 대학·산업대학 및 전문대학
5. 그 밖에 대통령령이 정하는 법인·단체

[전문개정 2003.8.6]

제9조 (국제회의시설의 건립 및 운영촉진 등) 문화관광부장관은 국제회의시설의 건립 및 운영촉진 등을 위하여 사업시행기관이 추진하는 다음 각호의 사업을 지원할 수 있다.

1. 국제회의시설의 건립
2. 국제회의시설의 운영
3. 그 밖에 국제회의시설의 건립 및 운영촉진을 위하여 필요하다고 인정하는 사업으로서 문화관광부령이 정하는 사업

[본조신설 2003.8.6]

[종전 제9조는 제17조로 이동 (2003.8.6)]

제10조 (국제회의 전문인력의 교육·훈련 등) 문화관광부장관은 국제회의 전문인력의 양성 등을 위하여 사업시행기관이 추진하는 다음 각호의 사업을 지원할 수 있다.

1. 국제회의 전문인력의 교육 · 훈련
2. 국제회의 전문인력 교육과정의 개발 · 운영
3. 그 밖에 국제회의 전문인력의 교육 · 훈련과 관련하여 필요한 사업으로서 문화관광부령이 정하는 사업

[본조신설 2003.8.6]

[종전 제10조는 제18조로 이동 (2003.8.6)]

제11조 (국제협력의 촉진) 문화관광부장관은 국제회의산업육성기반 조성과 관련된 국제협력을 촉진하기 위하여 사업시행기관이 추진하는 다음 각호의 사업을 지원할 수 있다.

1. 국제회의관련 국제협력을 위한 조사 · 연구
2. 국제회의 전문인력 및 정보의 국제교류
3. 외국의 국제회의관련 기관 · 단체의 국내유치
4. 그 밖에 국제회의산업육성기반 조성에 관한 국제협력을 촉진하기 위하여 필요한 사업으로서 문화관광부령이 정하는 사업

[본조신설 2003.8.6]

제12조 (전자국제회의기반의 확충) ①정부는 전자국제회의기반을 확충하기 위하여 필요한 시책을 강구하여야 한다.

②문화관광부장관은 전자국제회의기반의 구축을 촉진하기 위하여 사업시행기관

이 추진하는 다음 각호의 사업을 지원할 수 있다.

1. 인터넷 등 정보통신망을 통한 사이버 공간에서의 국제회의 개최
2. 전자국제회의 개최를 위한 관리체제의 개발 및 운영
3. 그 밖에 전자국제회의기반 구축을 위하여 필요하다고 인정하는 사업으로서 문화관광부령이 정하는 사업

[본조신설 2003.8.6]

제13조 (국제회의 정보의 유통촉진) ① 정부는 국제회의 정보의 원활한 공급·활용 및 유통을 촉진하기 위하여 필요한 시책을 강구하여야 한다.

② 문화관광부장관은 국제회의 정보의 공급활용 및 유통을 촉진하기 위하여 사업시행기관이 추진하는 다음 각호의 사업을 지원할 수 있다.

1. 국제회의 정보 및 통계의 수집·분석
2. 국제회의 정보의 가공 및 유통
3. 국제회의 정보망의 구축 및 운영
4. 그 밖에 국제회의 정보의 유통촉진을 위하여 필요한 사업으로 문화관광부령이 정하는 사업

③ 문화관광부장관은 국제회의 정보의 공급·활용 및 유통을 촉진하기 위하여 필요한 경우에는 문화관광부령이 정하는 바에 따라 관계행정기관 및 국제회의와 관련되는 기관·단체에 대하여 국제회의 정보의 제출을 요청하거나 제공할 수 있다.

[본조신설 2003.8.6]

제14조 (국제회의도시의 지정 등) ① 문화관광부장관은 대통령령이 정하는 국제회의도시 지정기준에 적합한 특별시·광역시 및 시를 육성위원회의 심의를 거쳐 국제회의도시로 지정할 수 있다.

② 문화관광부장관은 제1항의 규정에 의한 국제회의도시를 지정할 경우에는 지역간의 균형적 발전을 고려하여야 한다.

③ 문화관광부장관은 국제회의도시가 제1항의 규정에 의한 지정기준에 적합하지 아니하게 된 경우에는 육성위원회의 심의를 거쳐 그 지정을 취소할 수 있다.

④ 문화관광부장관은 제1항 및 제3항의 규정에 의한 국제회의도시의 지정 또는 지정취소를 한 때에는 이를 고시하여야 한다.

⑤제1항 및 제3항의 규정에 의한 국제회의도시의 지정 및 지정취소 등에 관하여 필요한 사항은 대통령령으로 정한다.

[본조신설 2003.8.6]

제15조 (국제회의도시의 지원) 문화관광부장관은 제14조제1항의 규정에 의하여 지정된 국제회의도시에 대하여는 다음 각호의 사업에 우선 지원할 수 있다.

1. 국제회의도시에서의 관광진흥개발기금법 제5조의 용도에 해당하는 사업
2. 제16조제2항 각호의 1에 해당하는 사업

[본조신설 2003.8.6]

제16조 (재정 지원) ①문화관광부장관은 이 법의 목적을 달성하기 위하여 관광진흥개발기금법 제2조제2항제3호의 규정에 의한 국외여행자의 납부금 총액의 100분의 10에 해당하는 금액의 범위안에서 국제회의산업육성재원을 지원할 수 있다.

②문화관광부장관은 제1항의 규정에 의한 예산의 범위안에서 다음 각호에 해당되는 사업에 소요되는 비용의 전부 또는 일부를 지원할 수 있다.

1. 제5조제1항 및 제2항의 규정에 의한 전담조직의 운영
2. 제7조제1항의 규정에 의한 국제회의 유치·개최자에 대한 지원
3. 제8소제2항제2호 내지 제5호에 해당하는 사업
4. 제10조 내지 제13조의 각호에 해당하는 사업
5. 그 밖에 국제회의산업의 육성을 위하여 필요한 사항으로 대통령령이 정하는 사업

③제2항의 규정에 의한 지원금의 교부에 관하여 필요한 사항은 대통령령으로 정한다.

④제2항의 규정에 의한 지원을 받고자 하는 자는 대통령령이 정하는 바에 의하여 문화관광부장관 또는 제18조의 규정에 의하여 사업이 위탁된 기관의 장에게 지원을 신청하여야 한다.

[본조신설 2003.8.6]

제17조 (다른 법률과의 관계) ①국제회의시설의 설치자가 국제회의시설에 대하여 건축법 제8조의 규정에 의한 건축허가를 받은 때에는 동법 제8조제5항 각호의 사항외에 다음 각호의 허가·인가등을 받거나 신고를 한 것으로 본다.(개정 2003.5.29, 2005.3.31, 2007.4.11, 2007.5.17)

1. 「하수도법」 제20조의 규정에 의한 시설 또는 공작물 설치의 허가
2. 「수도법」 제52조의 규정에 의한 전용상수도 설치의 인가
3. 전기사업법 제32조의 규정에 의한 자가용 전기설비공사계획의 인가 또는 신고
4. 소방시설설치유지및안전관리에관한법률 제7조제1항의 규정에 의한 건축허가의 동의

5. 「폐기물관리법」 제29조제2항의 규정에 의한 폐기물처리시설설치의 승인 또는 신고
6. 「대기환경보전법」 제23조, 「수질 및 수생태계보전에 관한 법률」 제33조 및 「소음·진동규제법」 제8조의 규정에 의한 배출시설 설치의 허가 또는 신고
7. 삭제 (2001.3.28)

② 국제회의시설의 설치자가 국제회의시설에 대하여 건축법 제18조의 규정에 의한 사용승인을 얻은 경우에는 동법 제18조제4항 각호의 사항외에 다음 각호의 검사를 받거나 신고를 한 것으로 본다. (개정 2003.5.29, 2005.3.31, 2007.4.11, 2007.5.17)

1. 「수도법」 제53조의 규정에 의한 전용상수도의 준공검사
2. 소방시설공사업법 제14조제1항의 규정에 의한 소방시설의 완공검사
3. 「폐기물관리법」 제29조제4항의 규정에 의한 폐기물처리시설의 사용개시 신고
4. 「대기환경보전법」 제30조, 「수질 및 수생태계보전에 관한 법률」 제33조 및 「소음·진동규제법」 제13조의 규정에 의한 배출시설등의 가동개시 신고

③ 제1항 및 제2항의 규정에 의한 허가・인가・검사등의 의제를 받고자 하는 자는 당해 국제회의시설의 건축허가 및 사용승인 신청시 문화관광부령이 정하는 관계서류를 함께 제출하여야 한다. (개정 2001.3.28)

④ 시장·군수 또는 구청장(자치구의 구청장에 한한다)이 건축허가 및 사용승인 신청을 받은 때 제1항 및 제2항에 해당하는 사항이 다른 행정기관의 권한에 속하는 경우에는 미리 그 행정기관의 장과 협의하여야 하며, 협의를 요청받은 행정기관의 장은 요청받은 날부터 15일이내에 의견을 제출하여야 한다.

[제9조에서 이동 (2003.8.6)]

제18조 (권한의 위탁) ① 문화관광부장관은 제7조의 규정에 의한 국제회의 유치·개최의 지원에 관한 업무를 대통령령이 정하는 바에 의하여 법인 또는 단체에 위탁할 수 있다. (개정 2001.3.28, 2003.8.6)

② 문화관광부장관은 제1항의 규정에 의한 위탁을 한 경우에는 해당 법인 또는 단체에 대하여 예산의 범위안에서 필요한 경비를 보조할 수 있다. (개정 2001.3.28, 2003.8.6)

[제10조에서 이동 (2003.8.6)]

부 칙 (2001.3.28)

이 법은 공포한 날부터 시행한다.

부 칙 (2003.5.29)

제1조 (시행일) 이 법은 공포후 1년이 경과한 날부터 시행한다.

제2조 내지 제4조 생략

제5조 (다른 법률의 개정) ①내지 ⑤생략

⑥ 국제회의산업육성에관한법률중 다음과 같이 개정한다.

제9조제1항제4호중 "소방법 제8조제1항"을 "소방시설설치유지및안전관리에관한법률 제7조제1항"으로 하고, 동조제2항제2호중 "소방법 제62조"를 "소방시설공사업법 제14조제1항"으로 한다.

⑦ 내지 <23>생략

제6조 생략

부 칙 (2003.8.6)

이 법은 공포후 6월이 경과한 날부터 시행한다.

부 칙 (2005.3.31)

제1조 (시행일) 이 법은 공포 후 1년이 경과한 날부터 시행한다.

제2조 내지 제4조 생략

제5조 (다른 법률의 개정) ①및 ②생략

③국제회의산업육성에관한법률 일부를 다음과 같이 개정한다.

제17조제1항제6호중 "수질환경보전법 제10조"를 "「수질환경보전법」 제33조"로 하고, 동조제2항제4호 "수질환경보전법 제14조"를 "「수질환경보전법」 제37조"로 한다.

④내지 <36>생략

제6조 생략

부 칙 (2007.4.11)

이 법은 공포한 날부터 시행한다.

부 칙 (2007.4.27)

이 법은 공포한 날부터 시행한다.

부 칙 (2007.5.17)

이 법은 공포한 날부터 시행한다.

2. 국제회의산업육성에 관한 법률 시행령

제정 1997. 4. 4. 대통령령 제15337호
개정 2004. 2. 7. 대통령령 제18271호
개정 2006. 6. 12. 대통령령 제19513호

제1조 (목적) 이 영은 국제회의산업육성에관한법률에서 위임된 사항과 그 시행에 관하여 필요한 사항을 규정함을 목적으로 한다.

제2조 (국제회의의 종류·규모) 국제회의산업육성에관한법률(이하 "법"이라 한다) 제2조제1호의 규정에 의한 국제회의는 다음 각호의 1에 해당하는 회의를 말한다.

1. 국제기구 또는 국제기구에 가입한 기관 또는 법인·단체가 개최하는 회의로서 다음 각목의 요건을 갖춘 회의

   가. 당해 회의에 5개국 이상의 외국인이 참가할 것

   나. 회의참가자가 300인 이상이고 그 중 외국인이 100인 이상일 것

   다. 3일 이상 진행되는 회의일 것

2. 국제기구에 가입하지 아니한 기관 또는 법인·단체가 개최하는 회의로서 다음 각목의 요건을 갖춘 회의

   가. 회의참가자중 외국인이 150인 이상일 것

   나. 2일 이상 진행되는 회의일 것

제3조 (국제회의시설의 종류·규모) ① 법 제2조제3호의 규정에 의한 국제회의시설은 전문회의시설 · 준회의시설 · 전시시설 및 부대시설로 구분한다.

② 전문회의시설은 다음 각호의 요건을 갖추어야 한다.

1. 2천인 이상의 인원을 수용할 수 있는 대회의실이 있을 것
2. 30인 이상의 인원을 수용할 수 있는 중 · 소회의실이 10실 이상 있을 것
3. 2천제곱미터 이상의 옥내전시면적을 확보하고 있을 것

③ 준회의시설은 국제회의의 개최에 필요한 회의실로 활용할 수 있는 호텔연회장 · 공연장 · 체육관 등의 시설로서 다음 각호의 요건을 갖추어야 한다.

1. 600인 이상의 인원을 수용할 수 있는 대회의실이 있을 것
2. 30인 이상의 인원을 수용할 수 있는 중 · 소회의실이 3실 이상 있을 것

④전시시설은 다음 각호의 요건을 갖추어야 한다.

1. 2천제곱미터 이상의 옥내전시면적을 확보하고 있을 것
2. 30인 이상의 인원을 수용할 수 있는 중 · 소회의실이 5실 이상 있을 것

⑤ 부대시설은 국제회의의 개최 및 전시의 편의를 위하여 제2항 및 제4항의 시설에 부속된 숙박시설 · 주차시설 · 음식점시설 · 휴식시설 · 판매시설 등으로 한다.

제4조 (국제회의산업육성위원회의 구성) ①법 제4조의 규정에 의한 국제회의산업육성위원회(이하 "육성위원회"라 한다)는 위원장 1인을 포함한 15인 이내의 위원으로 구성한다.

② 육성위원회의 위원장은 문화관광부차관이 되고, 위원은 다음 각호에 해당하는 자중 문화관광부장관이 위촉하는 자가 된다. (개정 2006.6.12)

1. 관계 중앙행정기관의 고위공무원단에 속하는 일반직공무원
2. 특별시·광역시 및 도의 부시장 및 부지사
3. 국제회의산업에 관한 학식과 경험이 풍부한 자
4. 관련단체가 추천하는 자

제5조 (육성위원회의 회의) ①육성위원회의 위원장은 위원회의 회의를 소집하고 그 의장이 된다.

②육성위원회의 회의는 재적위원 과반수의 출석과 출석위원 과반수의 찬성으로 의결한다.

제6조 (국제회의산업자문단) ①법 제4조제2항의 규정에 의한 국제회의산업자문단(이하 "자문단"이라 한다)은 관광관련 전문가중 문화관광부장관이 지명하는 10인 이내의 자문위원으로 구성한다.

②자문단의 장은 자문위원간의 호선으로 결정한다.

③자문위원의 임기는 3년으로 하되, 공무원인 자문위원은 그 직에 있는 동안 재임한다.

제7조 (수당) 육성위원회 및 자문단의 회의에 출석한 위원 및 자문위원에 대하여는 예산의 범위안에서 수당과 여비를 지급할 수 있다. 다만, 공무원인 위원 또는 자문위원이 그 소관업무와 관련되는 회의에 출석하는 경우는 그러하지 아니하다.

제8조 (운영세칙) 이 영에서 규정한 것 외에 육성위원회의 운영에 관하여 필요한 세부사항은 육성위원회의 의결을 거쳐 육성위원회의 위원장이 정한다.

제9조 (국제회의 전담조직의 업무) 법 제5조제1항의 규정에 의한 국제회의 전담조직은 다음 각호의 업무를 담당한다.

1. 국제회의의 유치 및 개최 지원
2. 국제회의산업의 국외홍보
3. 국제회의 관련정보의 수집 및 배포
4. 국제회의 전문인력의 교육 및 수급

5. 법 제5조제2항의 규정에 따라 설치된 전담조직에 대한 지원 및 상호협력
6. 그 밖에 국제회의산업의 육성과 관련된 업무

제10조 (국제회의 전담조직의 지정) 문화관광부장관은 법 제5조제1항의 규정에 따라 국제회의 전담조직을 지정하고자 하는 때에는 육성위원회의 심의를 거쳐야 한다.

제11조 (국제회의산업육성기본계획) 문화관광부장관은 법 제6조의 규정에 의한 국제회의산업육성기본계획을 수립 또는 변경하는 경우에는 국제회의산업과 관련이 있는 기관 또는 단체 등의 의견을 들어야 한다.

제12조 (국제회의산업육성기반 조성사업 및 사업시행기관) ①법 제8조제1항제6호에서 "대통령령이 정하는 사업"이라 함은 다음 각호의 사업을 말한다.

1. 법 제5조의 규정에 의한 국제회의 전담조직의 육성
2. 국제회의산업에 관한 국외홍보사업

②법 제8조제2항제5호에서 "그 밖에 대통령령이 정하는 법인・단체"라 함은 국제회의산업의 육성과 관련된 업무를 수행하는 법인·단체로서 문화관광부장관이 지정하는 법인・단체를 말한다.

제13조 (국제회의도시의 지정기준) 법 제14조제1항의 규정에 의한 국제회의도시의 지정기준은 다음 각호와 같다.

1. 지정대상도시안에 국제회의시설이 있고, 당해 특별시·광역시 또는 시에서 이를 활용한 국제회의산업육성에 관한 계획을 수립하고 있을 것
2. 지정대상도시안에 숙박시설·교통시설·교통안내체계 등 국제회의 참가자를 위한 편의시설이 갖추어져 있을 것
3. 지정대상도시 또는 그 주변에 풍부한 관광자원이 있을 것

제14조 (재정지원 등) 법 제16조제2항의 규정에 의한 지원금의 교부는 당해 사업의 추진상황 등을 고려하여 분할하여 지급한다. 다만, 사업의 규모・착수시기 등을 참작하여 필요하다고 인정하는 때에는 일시에 이를 지급할 수 있다.

제15조 (지원금의 관리 및 회수) ①법 제16조제2항의 규정에 따라 지원금을 교부받은 자는 그 지원금에 대하여 별도의 계정을 설치하여 관리하여야 하고, 그 사용실적을 사업종료후 1월 이내에 문화관광부장관에게 보고하여야 한다.
②법 제16조제2항의 규정에 따라 지원금을 교부받은 자가 법 제16조제2항 각호의 규정에 의한 용도외에 지원금을 사용한 때에는 그 지원금을 회수할 수 있다.

제16조 (권한의 위탁) 문화관광부장관은 법 제18조제1항의 규정에 따라 법 제7조의 국제회의의 유치·개최의 지원에 관한 업무를 법 제5조제1항에 의한 국제회의 전

담조직에 위탁한다.

부　칙 (2004.2.7)

이 영은 공포한 날부터 시행한다.

부　칙 (2006.6.12)

제1조 (시행일) 이 영은 2006년 7월 1일부터 시행한다.

제2조 및 제3조 생략

제4조 (다른 법령의 개정) ①내지 <56>생략

<57>국제회의산업육성에관한법률시행령 일부를 다음과 같이 개정한다.

제4조제2항제1호중 "1급 공무원"을 "고위공무원단에 속하는 일반직공무원"으로 한다.

<58>내지 <241>생략

3. 국제회의산업육성에 관한 법률 시행규칙

제정 1997.5.12. 문화체육부령 제37호
전문개정 2004.2.21. 문화관광부령 제87호

제1조 (목적) 이 규칙은 국제회의산업육성에관한법률 및 동법시행령에서 위임된 사항과 그 시행에 관하여 필요한 사항을 규정함을 목적으로 한다.

제2조 (국제회의 유치·개최 지원신청) 국제회의산업육성에관한법률(이하 "법"이라 한다) 제7조제2항의 규정에 따라 국제회의의 유치·개최에 관한 지원을 받고자 하는 자는 별지서식의 국제회의지원신청서에 다음 각호의 서류를 첨부하여 법 제5조제1항의 규정에 의한 국제회의 전담조직의 장에게 제출하여야 한다.

1. 국제회의 유치·개최 계획서(국제회의의 명칭·목적·기간·장소·참가자수·소요비용 등을 포함하여야 한다) 1부
2. 국제회의 유치·개최 실적에 관한 서류(국제회의를 유치·개최한 실적이 있는 경우에 한한다) 1부
3. 지원을 받고자 하는 세부내용을 기재한 서류 1부

제3조 (지원결과보고) 법 제7조의 규정에 따라 지원을 받은 국제회의 유치·개최자는 당해 사업이 완료된 후 1월 이내에 법 제5조제1항의 규정에 의한 국제회의 전담조직의 장에게 사업결과보고서를 제출하여야 한다.

제4조 (국제회의시설의 지원) 법 제9조제3호에서 "문화관광부령이 정하는 사업"이라 함은 국제회의시설의 국외 홍보활동을 말한다.

제5조 (전문인력의 교육·훈련) 법 제10조제3호에서 "문화관광부령이 정하는 사업"이라 함은 국제회의 전문인력 양성을 위한 인턴사원제도 등 현장실습의 기회제공사업을 말한다.

제6조 (국제협력의 촉진) 법 제11조제4호에서 "문화관광부령이 정하는 사업"이라 함은 다음 각호의 사업을 말한다.

1. 국제회의 관련 국제행사의 참가
2. 국외의 국제회의 관련 기관·단체에의 인력파견

제7조 (전자국제회의기반 구축) 법 제12조제2항제3호에서 "문화관광부령이 정하는 사업"이라 함은 전자국제회의의 개최를 위한 국내·외 기관간의 협력사업을 말한다.

제8조 (국제회의 정보의 유통촉진) ①법 제13조제2항제4호에서 "문화관광부령이 정하는 사업"이라 함은 국제회의 정보의 활용을 위한 자료의 발간 및 배포를 말

한다.

②법 제13조제3항의 규정에 따라 문화관광부장관이 국제회의 정보의 제출을 요청하거나, 이를 제공하는 때에는 그 요청하고자 하는 정보의 구체적인 내용 등을 기재하여 문서로써 하여야 한다.

제9조 (국제회의도시의 지정신청) 법 제14조제1항의 규정에 따라 국제회의도시의 지정을 신청하고자 하는 특별시장·광역시장 또는 시장은 다음 각호의 내용을 기재한 서류를 문화관광부장관에게 제출하여야 한다.

1. 국제회의시설의 보유현황 및 이를 활용한 국제회의산업육성에 관한 계획
2. 숙박시설·교통시설·교통안내체계 등 국제회의 참가자를 위한 편의시설의 현황 및 확충계획
3. 지정대상도시 또는 그 주변의 관광자원의 현황 및 개발계획
4. 국제회의 유치·개최 실적 및 계획

제10조 (인·허가 등의 의제를 위한 서류제출) 법 제17조제3항에서 "문화관광부령이 정하는 관계서류"라 함은 법 제17조제1항 및 제2항의 규정에 따라 의제되는 허가·인가·검사 등에 필요한 서류를 말한다.

부 칙 (2004.2.21)

이 규칙은 공포한 날부터 시행한다.

부록(2) 국제대회의 유치·조정에 관한 규정

국무총리 훈령 제 229호 중

제1장 총칙

제1조(목적) 이 규정은 국내에서 개최하는 국제대회의 유치 승인 및 개최에 관한 정부의 지원·협조 사항을 조정하기 위하여 필요한 사항을 규정함을 목적으로 한다.

제2조(적용범위) ① 이 규정은 정부가 주관 또는 지원하거나 정부산하단체 또는 투자기관이 주관하는 국제대회·행사·회의 등 각종행사(이하 "대회"라 한다)에 대하여 적용한다. ② 정부가 지원하는 대회라 함은 정부가 대회개최를 후원하거나 대회 개최경비를 보조 또는 평시 기능상 감독·승인권을 갖고 있는 단체가 주관하는 대회를 말한다.

제2장 대회 유치 사전승인 및 지원·협조

제3조(사전승인대상) 정부가 주관하거나 지원하는 대회로서 다음 각 호의 1에 해당되는 대회는 그 유치 결정에 관하여 국무총리의 사전승인을 얻어야 한다.

1. 참가 예상 외국인 200인 이상 또는 참가 예상국이 20개국 이상인 대회
2. 국제기구가 주관하거나 참가예상 외국인 150인 이상 또는 참가 예상국 10개국 이상인 대회로서 국내에 처음 유치되는 대회
3. 대회를 주관, 감독하는 부처의 장이 유치 방침 결정에 관하여 특별한 조정이 필요하다고 판단하여 승인 요청하는 대회단, 공산권국, 미수교국, 분쟁당사국 등 외교적인 문제가 제기될 소지가 있는 국가 및 인사의 참가가 예상되는 대회는 국무총리의 사전승인대상에 해당되지 않는 경우라도 대회주관, 감독 부처의 장은 반드시 국가정보원, 외교통상부 등 관계기관과 협의를 거쳐야 한다.

제4조(승인요청) ① 대회를 주관하는 부처의 장은 대회를 유치하고자 할 경우 사전 유치계획단계(자체방침 결정 후 관련부처와 협의를 완료한 단계)에서 대회 유치에 관하여 국무총리의 승인을 얻어야 한다.

② 각 부처의 산하단체·정부투자기관이 주관하는 대회는 그 감독부처의 장이 유치승인요청을 받아 이를 검토하여 유치의 필요성이 있다고 인정될 때에는 제1항

의 규정에 준하여 국무총리에게 승인요청을 하여야 한다.

③ 제1항의 승인요청은 다음 사항을 포함하되, 국가정보원, 외교통상부, 법무부, 문화관광부 등 관련부처와 충분한 협의를 거친 후 요청하여야 한다. 이 경우 관계부처간 이견이 있는 사항에 관하여는 그 내용을 명백히 하여 조정을 요청하여야하며, 특히 제3조 제3호의 대회를 주관 또는 감독하는 부처의 차관 또는 차장은 관계부처 관계관 회의를 개최, 대회유치와 관련하여 예상되는 문제점을 충분히 협의하여야 한다.

1. 대회유치의 필요성
2. 대회의 목적, 규모, 참가국, 참가인원, 대회개최장소, 시기, 수용시설에 관한 사항
3. 대회 구체적 내용 및 소요경비에 관한 사항
4. 관계부처의 협의 냉용 및 지원, 협조요청에 관한 사항
5. 제3조 제3호의 대회의 경우 관계부처 회의에서 협의된 사항

제5조(대회준비 및 문제점에 대한 대책수립) ① 대회를 주관 또는 감독하는 부처의 장은 국제대회의 준비와 관련한 대외교섭, 교신 등에 있어 국익에 위배되지 않도록 사전조정, 지도를 긴밀히 하여야 한다.

② 제 3조 제3호의 대회를 주관 또는 감독하는 부처는 대회 유치 후 대회 종료시까지 수시로 관계부처 및 대회주관 단체와 긴밀히 협의하여 동 대회와 관련하여 예상되는 문제점에 대한 대책을 미리 수립·시행하여야 한다.

③ 대회를 주관 또는 감독하는 부처의 장은 국무총리의 사전승인을 얻은 대회의 개최에 관하여 각부처의 지원·협조가 필요할 때는 국무총리에게 조정을 요청할 수 있다. 이 경우 대회를 주관 또는 감독하는 부처의 장은 사전에 관계부처와 충분히 협의하여야 하며 협의결과 관계부처간에 이견이 있을 때에는 그 의견을 명백히 하여 조정 요청하여야 한다.

제6조(정기보고) 대회를 주관 또는 감독하는 부처의 장은 제3조 각 호에 해당되는 대회의 익년도 이후 개최예정계획을 산하단체 또는 정부투자기관이 주관하는 대회를 포함, 별첨 양식에 의거 작성하여 매년 12월 31일 까지 국무총리에게 사전보고하여야 한다.

국제대회 개최계획 양식

00년도 국제대회 개최계획

개최 일자	주관기관 / 단체명	대회명	개최 장소	참가 예상국	참가 예정인원	소요예산	대회내용	유치 승인여부	비고

1. 대회 명은 괄호 안에 영문표기를 병기함
2. 참가인원은 외국인·내국인을 구분 작성하고 참가예정은 국가 명을 명시함
3. 소요예산은 정부지원, 자체부담 등으로 구분 기입함
4. 대회내용을 구체적 일정을 포함하여 가급적 자세하게 기술함.
5. 이미 유치 확정된 계획과 향후 개최예정으로 추진 중인 계획을 구분

부록(3) 국제회의 업무흐름표

국제회의 업무흐름표(Ⅰ)

1. 유치준비단계
 가. 유치 준비위원회(사무국)구성
 나. 유치 계획 사전조사
  1) 주최 희망 조직(자)의 분석
  ① 유치희망의지
  ② 사회적 반응
  ③ 국제적 위치
  ④ 재원확보 가능성
  2) 유치희망분석
  ① 회의목적
  ② 회의운영규정
  ③ 회의 소분과 및 회의규모
  ④ 본부조직구성
  ⑤ 전 회의결과
  ⑥ 전 회의의 수지예산
  3) 회의시 필요시설분석
  ① 회의장 규모
  ② 숙박 시설규모
  ③ 필요 기자재
  ④ 기타 회의에 필요한 시설
  4) 회의 개최국가의 지원정책 분석
  ① 행정지원 정책
  ② 자금 지원정책
  ③ 기타 필요 지원정책
  5) 개최 예정지 조사 분석
  ① 회의 개최지 시설별 규모(본 회의장, 분과회의장, 전시장, 공식프로그램 개최지 등)
  ② 숙박시설의 규모
  ③ 교통의 편리성(공항, 숙박, 회의장소 등 각종행사 운영에 따른 교통의 편리)
  ④ 행정부의 지원정책
  ⑤ 회의 개최시기 분석
  6) 회의 수지 예산분석

2. 유치계획단계
 가. 유치계획서 작성
  1) 개최시설 규모
  2) 회의 시기
  3) 부대 시설 규모
  4) 교통시설 현황
  5) 관광 및 문화 자원현황
  6) 지원정책 등
 나. 유치희망 회의 주변 조사 및 분석
  1) 회원국 인적 교류 조사분석
  2) 회의 시 발언권, 영향력자 파악
  3) 회원 취미 활동 조사분석 등
 다. 개최 희망 신청

3. 유치활동단계
 가. 유치 전략 수립
  1) 경쟁국 여부 조사
  2) 경쟁국 조사분석
  3) 상대국과 비교 장단점 분석
  4) 유치활동 예산규모
 나. 유치활동 실시
  1) 유치 사절단 조직
  2) 유치 홍보자료 배포
  3) 국제본부의 임원이나 주요인사 초청
  4) 본부 각 회의시 홍보활동 전개
  5) 임원회의, 총회에 리셉션, PR비디오 상영 및 홍보이벤트 전개
 다. 개최지 결정
  1) 개최지 결정 통지서 접수
  2) 회의내용(주제, 발표자, 회의, 언어)결정
  3) 국제본부와 주최측과의 업무분담

자료 : 국제회의전문가교육원 교재

국제회의 업무 흐름표(II)

1. 국제회의 준비 가. 편성 1) 조직위원회 조직 편성 ① 위원장 선임 ② 위원 선임 ③ 사무국 구성 2) 조직위원회 사무국 설치 ① 행사개최 개요작성 ② 조직 위원회 회의 준비 ③ 관련기관 협조요청 ④ 조직위원회 규약 및 회계규정 수립 ⑤ 예산편성 나. 준비 1) 분과위원회 구성 ① 총무분과 ② 재무분과 ③ 시설분과 ④ 홍보분과 ⑤ 회의분과 ⑥ 행사분과 ⑦ 운영분과 ⑧ 전시분과 2) 분과위원회별 회의준비 업무실시 ① 총무분과 업무 - 각분과 계획수립 조정 총괄 - 국제회의 개요작성 - 추진 상황보고 - 총무, 인사관련업무 전반 - 유관부서 업무협조 - 문서수발 및 서무 - 본부 사무국과의 업무 - 초청장 발송 - 인쇄물 발간 - 상황실 운영 - 주요 인사 및 업무차량관리 등 ② 재무분과 업무 - 예산계획 수립집행 - 자금조달 계획 수립 및 자금 확보	- 회계관리 업무 - 물품 조달 및 관리 - 재무 회계에 관한 모든 업무 - 전시물품의 반입 반출 - 기타 전시 관련업무 ③ 시설분과 업무 - 각종회의장, 사무실 설치 및 관리 - 부대시설 설치 관리 - 각종 편의 시설 관리 - 전기, 통신관련 시설관리 - 회의필요 기자재 설치 관리등 ④ 홍보분과 업무 - 국내외 홍보 - 보도실 설치운영 - 홍보 인쇄물 제작배포 - 회의 및 행사녹화 - 영상 홍보물 제작운영 ⑤ 회의분과업무 - 주제의 선정 및 발표자 선정 (프로그램 내용포함) - 초청장 제작 및 발송 - 회의용 인쇄물 제작 - 통역 및 속기사 등 조직운영 - 회의 자료에 관한 모든 업무 ⑥ 행사 분과업무 - 개·폐회식 - 공식행사 - 공식 리셉션 - 공식 관광 행사 - 문화 행사 - 기타 관련 행사 ⑦ 운영 분과 업무 - VIP, 대표단 영접 및 환송 - 공항 입, 출국 통관지원 - 등록 숙박 - 수송 - 업무 진행 스케쥴 - 회의 프로그램

자료 : 국제회의전문가교육원 교재

국제회의 업무 흐름표(Ⅲ)

- 참가자 동원계획 - 관련 행사 수립 등 ⑧ 전시 분고업무 - 전시 계획서 작성 - 전시장 대관 및 설치 - 전시관련 자료인쇄 - 전시 참가자 모집관리 3) 회의시설선정 ① 회의장 선정 - 본 회의장(개,폐회식 및 본회의) - 분화 회의장 - 관련 회의장 (기자실, 대기실, 휴게실 등) ② 숙박시설 선정 ③ 전시장 선정 ④ 프로그램별 행사장 선정 4) 실행 예산 계획 수립 ① 각 분과별 실행 예산 편성 5) 재원 확보 계획 수립 ① 참가자 등록비 ② 보조금 ③ 지원금 ④ 판매 수입 ⑤ 광고 수입 ⑥ 부대행사 수입(전시등) ⑦ 기타 기부금 6) 실행 종합 계획서 작성 ① 각 분과별 업무를 종합 ② 일정별 업무 진행 매뉴얼 작성 ③ 단일 업무 조직 체계 구축 7) 회의 개최 대외 홍보 ① 개최지 및 회의 내용 홍보 ② 유인물화 홍보실시 ③ 홍보 이벤트 실시 다. 실 행	1) 해외 참가자 유치 활동 ① 해외 참가자 유치 서한 발송 - 회의 명칭, 주최, 주관, 일시, 장소 - 개최 경위 및 주요의제 - 참가 자격 및 등록비, 사용언어 - 논문 제출방법 ② 회신 참가 신청서 (Reply Form) - 성명, 직업, 연락처, 참가유무 - 자료 발송 필요 유무 - 논문 제출 여부 등 ③ 유치서한 발송 대상 - 국제본부 소속 회원 - 전회의 참가자 - 회의 관련 회의 사무실 - 여행사, 항공사 등 해외조직 활용 2) 참가 예정자 자료 발송(회신자) ① 세칸드 서큐러 발송 - 회의 명칭 및 개최 년 월 일 - 조직 위원장(임원) 환영인사 - 조직 위원회 조직도 및 참고자료 - 사무국 전화, 팩스, 이메일 주소등 - 프로그램(테마, 강연자등) - 등록비용, 등록방법, 송금방법 등 - 호텔, 비용, 신청, 송금방법 - 입국, 회의, 출국 관련 정보 자료 - 부대 행사 관련 자료 - 여행 정보 전반 자료 - 레크리에이션 자료 - 각종 신청용지 등 ② 2차 Reply Form - 참가신청서 - 체제 예정 시간 - 호텔 예약 신청서 - 도착 예정일시, 항공편 명 등 - 참가 행사 내용 등 3) 전시참가용 출전 안내서 발송 ① 개최 취지 및 전시회 명칭 ② 전시 일정과 장소

자료 : 국제회의전문가교육원 교재

국제회의 업무 흐름표(Ⅳ)

③ 출전 자격 및 부수 할당 방법 ④ 출전 요금 및 신청서 4) 미 참가자 참가 촉진 ① 예상 참가자의 미 참가시 상황 분석 ② 미참가 요인 해소 방안 수립 ③ 참가 유치 재 시도 5) 참가자 등록 및 숙박 접수 ① 등록 리스트 작성 - 국적, 성명, 참가자격, 숙박 호텔 - 참가회의, 체제기간, 참가 행사명 - 사용언어, 여행여부, 기타필요 사항 ② 호텔별 수송계획 6) 회의 자료 작성 ① 대표단 명부, 발표 논문집 등 ② 각종 안내 자료 ③ 등록에 필요한 자료 7) 운영 조직 편성 ① 소요인원 및 운영 기본 계획 ② 부서별 업무 분담 ③ 상황실 운영 계획 수립 ④ 인력 충원 계획 8) 운영 요원 선발 및 교육 ① 선발 계획 ② 교육 계획 ③ 인력 구성 계획 ④ 업무 분담 계획 9) 회의용 제작물 발주 ① 회의장 시설물 ② 홍보용 옥외 제작물 ③ 행사 안내 표 ④ 회의 진행 제작물 ⑤ 각종 부대행사 제작물 ⑥ 행사 진행 시설물 ⑦ 각종 인쇄물 및 등록제품 ⑧ 영접, 의전 관련 용품 등	10) 회의정 구성 및 기자재 실시 ① 각 회의장별 구성 계획 ② 회의용 기자재 계획 - 슬라이드, 프로젝트, OHP - 영상장비 (영사기, 액정, VTR, 큐브등) - 음향 장비 - 통역 장비, 통신장비 등 11) 운영 사무국 설치 ① 운영 요원 업무 분담 배치 ② 운영 매뉴얼에 의한 업무 - 회의별 개요(프로그램) - 회의장별 사용계획 - 회의장 평명도 및 배치도 - 인원 배치도 및 업무분담 계획 - 각종 연락처 및 조직도 ③ 참가자 출발 및 도착 최종 점검 12) 회의 진행 큐-씨트 작성] 2. 국제회의 본 회의 가. 참가자 입국 영접 1) VIP 영접(대표단 포함) 2) 일반 참가자 영접 나. 참가자 등록 및 숙박 1) 사전 등록과 현장 등록 체크 ① 등록 파일 체크 2) 참가 지급 물품 지급 ① 회의 명부, 가방, 회의자료 ② 사무용품 및 기념품 ③ 각종 프로그램, 회의장 배치도 ④ 홍보책자, 행사 초청장 등 3) 숙박 호텔 호실 체크 다. 최종회의 및 점검, 요원배치

자료 : 국제회의전문가교육원 교재

국제회의 업무 흐름표(V)

라. 회의 최종 리허설 및 큐시트 확정 마. 환영 리셉션 바. 개회식 사. 본회의 아. 소회의 (프로그램에 따라 진행) 1) 분과회의 2) 개인 그룹별 회의 자. 관련행사 1) 동반자 프로그램 2) 초청 리셉션 및 시찰 3) 관광행사 4) 참가자의 취미 프로그램 (레크리에이션 프로그램) 차. 전시회 1) 테이프 커팅 2) 환영 리셉션 3) 전시관련 행사 카. 폐회식 1) 폐회의식 2) 차기 개최지 관계자 인사 타. 환송연 3. 국제회의 종료 단계 가. 결산 보고서 작성 나. 회의 보고서 작성 1) 회의 개요 2) 국제본부, 조직 위원회 소개 3) 회의 자료(기록 사진) 4) 국제 본부의 성격과 개요 5) 회의 경과 6) 회의 내용 (발표 논문 포함)	7) 관련 행사 전반 8) 재무 관계 전반 9) 참가자, 관계자 10) 회의 평가(성과 반성)등 다. 감사 서한 발송 라. 공로자 감사 표시 마. 조직 위원회 해체

자료 : 국제회의전문가교육원, 국제회의실무자를 위한 안내서, pp. 177~181.

부록(4) 유치요청서 예

GUIDELINES AND PROCEDURES FOR PROPOSAL TO HOST THE ANNUAL ASTA INTERNATIONAL CONFERENCE

An ASTA International Conference co-ordinator/negotiator, together with staff members of ASTA Headquarters, responsible for the organization of the conference and the Legal De•-ment, will work directly with the Host committee to plan the ASTA International Conference.

This annual Conference takes place for a period of usually 4 days from arrival Saturday to departure Tuesday during the period to form 15 February and 15 April. The actual dates should never conflict with any worldwide National Holiday.

Headquarters personnel will review the completed proposal will be presented by the co-ordinator to the ASTA International Governors Council during their March meeting for consideration.

If approved, a site inspection will be scheduled by the co-ordinator together with key Headquarters staff, the Conference Chairman(who will be appointed by the Chairman of ASTA International), the Area Governor concerned and one other ASTA International Official.

After the site inspection this Committee will make a written recommendation to the ASTA Internationl Executive Committee.

The next step will be for the host to be invited to make a formal presentation for approval at the next meeting of the Governors Council(July-August) normally held just before the ASTA Board of Directors Meeting, at which final ratification is secured.

When the Board have ratified, the contract is finalized between the host and ASTA's Headquarters staff including the Legal Department, After an agreement is reached between ASTA and the host, the proposal form is considered binding.

AMERICAN SOCIETY OF TRAVEL AGENTS OFFICIAL PROPOSAL AND BID FORM FOR ANNUAL ASTA INTERNATIONAL CONFERENCE

HOST ORGANIZATION

ADDRESS

CITY/COUNTRY

PHONE/FAX/TELEX

CONTACT PERSON

TITLE

Ⅰ. DATES AND TRANSPORTATION :

a. Preferred dates of conference

1. Starting date :　　Ending date :
2. Starting date :　　Ending date :
3. Starting date :　　Ending date :

The conference usually runs for a three day period with four hotel nights Meeting space needs to be available.

b. Transportation :

Our National Airline is :

Which commits itself to grant reduced airfares :

1. in class of service : (first and/or business and/or economy)
2. percentage of discount :
   ① Active members(IATA) : % Accompanying person : %
   (will yes/no be deducted from annual AD-ticket allotment)
   ② Active members(non-IATA) : % Accompanying person : %
   ③ Allied members : % Accompanying person : %
   ④ Other participants : % Accompanying person : %
3. Other airline(s) which have granted their particiption in above mentioned discount program :

II. CONFERENCE ITEMS TO BE PAID FOR BY ASTA : All participants :

a. Airport transfers one way per person US$
b. Final reception and banquet per person to include dinner and wine US$ Proposed location for this function (must include tenthousand sq feet/ca 3000 sq mtr) :
c. Hotel accommodation deluxe and first class cat. US$ rates per room per night, single or double occupancy(inclusive of all applicable taxes/service charges) not exceeding US$ 50.00 per room.
d. American breakfast or buffet style per person US$ (if NOT included in roomrate).

The above rate is to be extended for 3 nights before and 3 nights after the conference

e. Number of nights before and number of nights after conference for which this rate will be available to delegates.
(should be min 3 nights before and 3 nights after the conference)

Note : Please attach a list of hotels to be used and number of rooms allocated per hotel. Include hotel brochures. ASTA uses appr 500 rooms per night during the conference.

III. COMPLIMENTARY CONFERENCE ITEMS TO BE PROVIDED BY HOST :

(all numbers stated are the ideal, but are subject to negotiation)

a. Air-transportation first business

1. Planning trips 8
2. Site inspection committee 8
3. Travel to and from conference of ASTA International Governors, Chairman International Committee, ASTA staff, guests, speakers and press 14 36

4. Supplies up to about 750 kgs(16501bs) : positive carge space

b. Hotel accommodation suites deluxe rooms

1. Planning trips 6
2. Site inspection committee 4~8
3. During conference, includence pre and postnights for International Governors, Chairman International Committee, International Chapter Presidents, ASTA-staff, guests, speakers

and press 4 65

Note : See separate page for requirements on behalf of the ASTA Committee, the ASTA National Board of Directors and additional ASTA-staff.

c. Sightseeing, one half day for accompanying persons and one full day for all participant, this includes all transfers.

d. Reception and dinner to honor all participants(usually Monday)
This event allows the host to officially welcome ASTA.
Proposed location :

e. Portfolio/delegate bags imprinted with ASTA logo, title of conference and the dates : one bag per participant(800).

f. Shuttle transportation between hotels, between hotels and conference center, to other meeting facilities and/or special functions like dinners.
Rate per person US$ (schedule to be based on ASTA's final program)

g. Meeting rooms

1. Climate controlled General Session room for plenary meeting, classroom style with elaborate staging, fully equipped with standing and table microphones, multiple use screens for slide and movie projection.(10,000 sq ft=3,000 sq mars).

2. 4 to 6 rooms classroom style for seminars and lectures to accommodate 75 persons each.

3. Large meetingroom set-up with tables and chairs for special business exchange program, to accommodate 300 persons for one day. Could be the General Session room.

4. Ballroom with adjoining reception area to accommodate all participants and guests : banquet style, for maximum 1000 persons to be used for welcome reception and dinner,

lunchons and final banquet. (1,000 sq ft=3,000 sq mtrs of space).

5. Venue for meetings of the International Governors Council with adequate seating for approximately 18 persons, set-up in a U-shape and 50 chairs for observers.(2000sq ft=650 sq mtrs)
6. Venue for meetings of the International Chapter Presidents Council(ICPC) with adequate seating for 40 persons, set-up in an U-shape and 20 chairs for observers(1,500 sq ft=500 sq mtrs).

h. Meeting hall, large enough to accommodate a minium of 100 booths in the event it is decided that a tradeshow will be held in conjunction with the conference; this at the discretion of ASTA (7,500 sq ft=2,500 sq mtrs of space)

i. ASTA operational center :

1. Registration area, 3000 square feet(appr. 940 sq mtrs).
2. Conference administrative offices to accommodate 12 persons. Offices should be equipped with desks, electric typewriters. electric calculating machines with tapes, a fax machine and walkie-talkies.
3. Press room to accommodate 20 persons, equipped with desks, electric typewriters, telex-and fax machines.
4. Large VIP room for ASTA officials and guests furnished with comfortable chairs and tables, writing desk, reception de 나 with direct dial telephone, catering of coffee, tea, cakes, softdrinks etc.

Note : All areas listed ablove must have adequate direct dial telephone and fax capabilities.

j. supplementary personnel, equipment etc :

1. Three persons to collate portfolios and week prior to conference.
2. Four English speaking office workers to assist in registration area.
3. One pressroom assistant.
4. Two English speaking/writing typists to work in the registration area.
5. Six English speaking hostesses.
6. One professional photographer.
7. One telex, two faxmachines and one photocopier.
8. Three cars with English speaking drivers for ASTA International Officials and Staff.

k. printing and promotion :

1. Sufficient number of official "program of events" for each participant(800).
2. Sufficient number of lists of delegates and supplements (800).
3. Printing and postagecost for two mailings of 5,000 per mailing. These mailings include the pre/post tourbook, a promotional piece of the conference destination, registration forms and the conference program.
4. ASTA headquarters will provide contents of registration forms and the contents of the program of registration forms promotional material must be reviewed and approved by ASTA prior to distribution.

5. Promotion at conference site with signs, banners etc.
6. Publication and distribution of the official conference newspaper on a daily basis for the duration of the conference with an minium of 50% editorial space: the publication is at publisher's risk
7. ASTA will reserve time at the preceeding International Conference for you to Promote your country and the site of your conference.

1. Insurance :

    1. ASTA will purchase conference cancellation insurance and it will be the responsibility of the Host to reimburse ASTA for the cost of this insurance. Cost is approximately % of the budgetted gross conferencc income
    2. The host is required to purchase comprehensive liability insurance naming ASTA as the insured party ; cost is between US$ 3000.00 to US$5000.00 per US$ 1 million of coverage, a minimum of US$ 1 million ccverage is required.

Ⅳ. SUPPLEMENTAL MATERIAL

To assist ASTA in understanding your answers please include maps which clearly show the location of all hotels, the sites for the plenary sessions and final reception/banquet as well as any other material you feel, will assist in the assessment of your bid.

1. Understand and agree that the data I have submitted constitutes a proposal and is offered with the intention that it be relied upon by the Amerian Society of Travel Agents in making its site selection for a future ASTA International Conference.

This bid is not a binding agreement. The parties may only be bound by a writing, signed by the parties to be charged according to its terms.

Signed

Name & Title

Organization

Date

부록(5) ICCA 제안서 요약

The Korea National Tourism Organization (KNTO) is honored and privileged to submit this official proposal to host the 7th ICCA Congress & Exhibition incorporating the 42nd ICCA General Assembly in 2003. We are confident that we will meet all the Congress requirements specified in the Bidding Manual of the International Congress and Convention Association.

1. Proposed Date

November 2(Sunday)-5(Wednesday), 2003

Alternate dates are also available on request.

2. Proposed Venue

Busan Exhibition & Convention Center (BEXCO), Busan, Korea

BEXCO is a brand new purpose built convention and exhibition center, which opened in September 2001 in Busan, worlds third largest seaport and Koreas second largest city. BEXCO is a high-tech convention center equipped with 23 meeting rooms (total meeting space: 4,962㎡) and 3 exhibition halls (total exhibition space: 26,445㎡).

Many international meetings and exhibitions such as the 1st International Conference on Steel & Composite Structure, Busan International Music Expo, and the International Tire Conference and Exhibition have already been successfully held. The Final Draw Ceremony for the 2002 FIFA World Cup

Korea/Japan in December, 2001 is also scheduled to take place in this convention center. The ceremony will be conducted by the FIFA, which is famous for its strict and immaculate guidelines that a host venue should meet. In other words, hosting a FIFA meeting and function in BEXCO means the reconfirmation of its superior convention facilities. It is also the venue for the Main Press Center for the 2002 Asian Games.

Appropriate facilities and equipment have already been reserved at BEXCO for the proposed date.

Suggested Venues for Major Functions

Functions	Suggested Venues	Remarks
Welcome Reception	Busan Aquarium	Walking distance from congress hotels
Monday Night	Grand Hotel or Haeundae Beach	Outdoor venue for the 8th Busan Intl Film Festival
Gala Dinner	Grand ballroom, BEXCO	

3. Proposed Host City: Busan

Busan is the host city of 2002 Busan Asian Games and 2002 FIFA World Cup soccer games. The tourist infrastructure is now under total renovation and upgrading plans to successfully host the two big events in 2002. Once the plan is completed, it will be born again as the city of future.

4. Transportation

Korean Air and Asiana, Koreas national airlines, have agreed to give 20% discount on minimum sales price for economy class to all registered delegates of the 2003 ICCA General Assembly and Congress in 2003 in Korea. This special rate is lower than the 50% discount over the published rate, specified in the bidding manual.

Complimentary tickets specified in the bidding requirements will be provided free of charge. Once Korea is honored with the right to host ICCA 2003, we will also negotiate special discounts on other international airlines. The local host committee will also provide airport-hotel transportation for all delegates on their arrival and departure.

5. Package Price

The proposed package price for ICCA members and Non-ICCA members attending the General Assembly and Congress is US$397 and for accompanying persons attending the General Assembly and Congress is US$193. The package prices are based on 520 delegates and 60 accompanying persons respectively.

6. Hotel Accommodation

We have reserved the following accommodations for the 2003 ICCA General Assembly and Congress. These congress hotels offer world-standard quality service at an attractively affordable price.

Name of Hotels	Number of Rooms Reserved	Room Category	Room Rates
Paradise Hotel (Deluxe)	350	Deluxe Suite	US$130 US$180
Marriott Hotel (Deluxe)	150	Deluxe	US$130
Budget Hotels	260	Standard	US$55-75
Total	760		

- The above rates are inclusive of tax, service charges and breakfast.

7. Congress Tours

Among other things, we are very pleased to provide our proud tour programs to help delegates discover the essence of the 5,000-year old cultural heritages of Korea during the Congress and General Assembly. Our suggested programs include UNESCOs World Cultural Heritage Site of Gyeongju, Haeinsa Temple.

A. Complimentary Tours

- UNESCOs World Cultural Heritage Tour
- Temple Tours: Tongdosa Temple, Beomosa Temple
- Ceramic Village Tours Do It Yourself
- Hot Spring Tour: Experience the amazing healing power

B. Pre & Post Congress Tours

- Seoul Tours: 2 days, 3 days and 4 days
- UNESCOs World Cultural Heritage Site Tours: Gyeongju
- Jeju Island Tours Honeymooners paradise

8. Promotion of the ICCA General Assembly and Congress

Should Korea be selected as the venue for the 7th Congress & Exhibition incorporating the 42nd ICCA General Assembly, the Korea National Tourism Organization with its extensive overseas networks and the Busan Metropolitan City Government will do our best to promote the ICCA event to attract as many delegates as possible. Our plan includes a large scale Korean mission to the Copenhagen Congress.

In addition to the traditional off-line promotion, the Korea Organizing Committee will develop a new Cyber Promotion Strategy by taking advantage of our advanced IT technology. Delegates will be able to register on-line and give an opportunity to explore virtual tours programs before making a final selection. On-line submission and downloading of speeches and papers will be available.

9. Korean Hospitality

A. Welcome reception at Busan Aquarium

We aim to hold the welcome reception at Busan Aquarium, which will open on the seafront of the Pacific Ocean by the end of this year. Exclusive guided tour of the aquarium by invited professionals will help you understand the importance of ecological conservation and the life of sea animals as well.

B. Invitation to the 8th Busan International Film Festival

We are planning to invite all ICCA delegates to various cultural programs to be held in commemoration of the 8th Busan International Film Festival (BIFF), Asias major film festival. ICCA delegates will be given an opportunity to appreciate one or two invited films. More than 200 invited films from 50 countries will be shown during the 10-day festival.

C. Complimentary Phone Card and Public Transportation Card

It is our intention to help ICCA delegates to experience the 5,000 year-old cultural heritage of Korea for themselves. We will give all delegates US$10 dollar worthy of free transportation pass, which can be used in any public transportation such as subway and bus. We will also give each delegates US$10 worthy of phone card. The phone and travel cards will be specially designed as a souvenir in commemoration of the ICCA Congress and General Assembly.

D. Complimentary Accompanying Persons Programs

We will develop as many complimentary programs for accompanying persons as possible. The programs to be sponsored by Busan Metropolitan City will include Korean cooking lessons, Oriental tea ceremony, ceramic making.

10. ICCA never came to Korea

Since Korea first joined ICCA in 1977, ICCA Congress and General Assembly has never came to Korea despite of its increasing role in the international arena. We strongly believe it is now time for Korea to host the 2003 ICCA Congress and General Assembly.

It will also present Korea with a great momentum to the development of the convention industry, which has just witnessed the operation of the first regional convention bureau in Busan. As many as 10 cities with convention center are expected to follow the role model of Busan.

Conclusion

The Korea National Tourism Organization and the City of Busan are full of confidence that we will fulfill the congress requirements and guidelines and successfully host the 7th ICCA Congress & Exhibition incorporating the 42nd ICCA General Assembly in the year 2003.

Our experience and expertise in organizing international meetings, including the 3rd Asia Europe Meeting, International Olympic Committee Session and other numerous annual conferences of distinguished international travel related organizations such as PATA, ASTA, COTAL and WTO will bc a cornerstone in the successful staging of 2003 ICCA.

Korea offers convenient access, state-of-the-art convention facilities, comfortable accommodations, and fascinating tourist attractions. More than anything else, we Koreans take pride in service and professionalism.

1. Korea is the safest convention destination in the world.
2. Korea has a substantial proven records of successful meetings
3. Korea is proud of her cherished cultural heritage of 5,000 years old and scenic natural beauties.
4. Korea offers convenient access, inexpensive local transportation.
5. Korea has the state-of-the-art convention facilities, and immaculate professional service to guarantee successful meetings.
6. Korea offers real value for money.
7. More than anything else, successful meetings are guaranteed in Korea.

〈부록 10-4〉 유치표명 공식서신 예

June 30, 2002

Mr.

Executive Vice President &

Chief Operating Officer

1101 King Street

Alexandria, VA 22314-2944

Dear Mr.

The Korea National Tourism Corporation(KNTC) would like to make an official bid to hold the '98 ASTA World Travel Congress in Seoul, Korea, Enclosed please find a copy of our submission for your positive consideration

As you are well aware, following the World Congress in 1983, Korea has successfully hosted major international events including '85 IMF/IBRD Annual Meeting '86 Asian Games, '88 Olympic Games and has further accumulated experience in organizing and Conference, Travel Mart, Marketing Conference and Chapters World Congress. Thus, we believe that we are in an even better position now than ever before to host the '98 ASTA World Travel Congress.

The proposed venue, Seoul has world-class convention and exhibition facilities as well as deluxe hotel accommodations.

Furthermore, it offers superb sports and leisure facilities, exciting shopping beautiful natural scenery and most of all, warm, eager and efficient people.

In addition, we are confident that staging of one of the most important tourism events in the calendar of international tourism community will strengthen friendship between Korea and the United States and will increase tourism exchange between our two nations.

We thank you in advance for your time and consideration. We look forward to hearing your answer at your earliest convenience.

Sincerely yours,

President

자료: 국제회의전문가교육원, 국제회의 실무자를 위한 안내서, pp.39~45.

부록(6) 회의 프로필

Meeting Title :		
Meeting Date :		
Planner :	Phone :	Fax Number :
Planner Address :		
회 의 정 보		
회 의 목 적 :		
선호일자	1st :	2nd:
기 타 :		
선 호 장 소 :		
소 요 예 산 :	참석자 숫자 :	
운송·이동·필요조건 :		
역사 (과거 개최된 정보)		
호텔 요구		
선 호 장 소 :		
참석자가 최종적으로 도착해야 할 일자/ 시간		
참석자가 최종적으로 출발해야 할 일자/ 시간		

	요일	날짜	객실유형		
			Singles	Doubles	Suites
객실소요량	월요일				
	화요일				
	수요일				
	목요일				
	금요일				
	토요일				

장애인 관련사항 :

호텔비 직접청구 : □ 예 □ 아니오

호텔비 master 계좌통한 결재 : □ 예 □ 아니오

객실과 세금 :	부가세 :	회의비용 :

사교상 필요사항(그룹관심사)

□ 골프 □ 스키 □ 낚시 □ 하이킹

□ 연극 □ 지방명소 □ 쇼핑 □ workout 시설

□ 레스토랑 □ 아동보호

관 광 :

주제파티 :

동반자 프로그램

접 대 실 :

기 타 :

자료 : 국제회의전문가교육원, pp. 182~183.

회의 프로필(계속)

총 회

요일	날짜	시 간	장소	회의실 설치 및 시청각관련사항
월요일				
화요일				
수요일				
목요일				
금요일				
토요일				

장애인 관련사항 :

회의를 위한 시청각 필요사항

□ 포디엄 마이크 □ 목걸이 마이크 □ 스탠딩 마이크

□ 테이블 마이크 □ 통로마이크 □ 칠 판

□ 비디오, 모니터 □ 35미리영사기 □ OHP

□ 스크린 □ 플립챠트 □ 보면대

□ 후방스크린영사기 □ 전방스크린 영사기 □ 마커(분필 유성펜)세트

□ 전용전화선

□ 특별지시사항

분산회의

요일	날짜	시 간	장소	회의실 설치 및 시청각관련사항
월요일				
화요일				
수요일				
목요일				
금요일				
토요일				

장애인 관련사항 :

회의를 위한 시청각 필요사항

□ 포디엄 마이크 □ 목걸이 마이크 □ 스텐딩 마이크

□ 테이블 마이크 □ 통로마이크 □ 칠 판

□ 비디오, 모니터 □ 35미리영사기 □ OHP

□ 스크린 □ 플립챠트 □ 보면대

□ 후방스크린영사기 □ 전방스크린 영사기 □ 마커(분필 유성펜)세트

□ 전용전화선

□ 특별지시사항

자료 : 국제회의전문가교육원, pp. 184~185.

회의 프로필(계속)

식사와 사교
〈참석자수와 각 식사별 서비스 형태를 표시〉

요 일	날 짜	Breakfast	AM Break	Lunch	PM Break	Reception	Dinner
월요일							
화요일							
수요일							
목요일							
금요일							
토요일							

장애인 관련사항 :

특별요구사항

다이어트 관련 필요사항

채식주의자 관련 필요사항

기타서비스 필요사항

음료 및 주류제공방법

주의사항

전 시
〈필요면적(몇 평방미터)〉

요 일	날 자	시 간	부 스	전시장 설치 및 시청각 관련사항
월요일				
화요일				
수요일				
목요일				
금요일				
토요일				

장애인 관련사항 :

특별요구사항

전시물품 보관사항

안전사항

설비필요사항

□시청각 □ 전 기 □책 상 □의 자 □보면대

기타

자료 : 국제회의전문가교육원, pp. 186~187.

참고문헌

한국서적

국제회의 전문가교육원 교재, 1999.

안경모 · 이광우, 국제회의 기획경영론, 백산출판사, 1999, pp. 48~49.

주현식, 컨벤션 참가동기, 개최지속성, 만족 및 재참가 의도간의 영향관계, 동아대학교 대학원 박사학위논문.

최승이 · 한광종, 국제회의산업론, 백산출판사, 1995, pp.146~147.

최정자, 대구 · 국제회의 도시로서의 환경분석, 컨벤션연구(창간호), 2002, p. 185.

황희곤 · 김성섭, 컨벤션마케팅과 경영, 백산출판사, 2002, pp. 115~116.

외국서적

Abbey, J. R. & C. K. Link, The Convention and Meeting Sector: Its Operation and Research Need, In Travel, Tourism, and Hospitality Research, 2nd ed., J. R. B, Ritchie & C. R. Goldner, eds(1994), pp. 273~284.

Alkjer, E. Character and Problem of Congress Tourism Publication de l′ AIET10(1970), pp. 7~19.

Anderson, R & E. Wachtel(1986), The expo story, Medeira Park″ Harbor Publishing.

Benini, C., Meetings Market Report, Meeting & Convention 29(Aug.)(1994), pp. 60~82.

Boisclair, M., L. A.′s Story, Meeting & Convention 30(1)(1995), pp. 32~36.

Clark, D. & K. W. McCleary, Influencing Association′s Site-selection Process. Cornell Hotel and Restaurant Administration Quarterly, 36(2)(1995), pp. 61~68.

Coffman, C. D. Marketing for a full house, Cornell University, (1970), p. 5.

Comvention Industry Council, The Convention Industry Council Manual, 7th Edition.

Denny G. Rutherfold, Introduction to the Convention, Expositions, and Meeting Industry(New York; Van Nostrand Reinhold, 1990), p. 108.

Fortin, P. A., J. R. B. Ritchie & J. A. Arsenault, A Study of The Decision Process of North American Associations Concerning the Choice of a Convention Site, Laval University, Quebec City(1976) 및 M. Oppermann, Convention Destination Images: Analysis of Association Meeting Planners' Perceptions, Tourism Management, Vol. 17, 3(1996), pp. 175~182. 재인용.

Gartner, W. C., Image Formation Process, Journal of Travel and Tourism Marketing 2(2/3, 1991), pp. 191~215.

Gets, D. Festivals, special Events, and Tourism, New York, Van Nostrand Keininhold,(1991), p. 5.

Gets, D., Tourism, community organization and the social multiplier, In Leisure, tourism and social change, Edinburgh: Center for Leisure Research, Dunfermline College.

Gunn, C., Tourism Planning, 2nd ed, New York; Taylor and Francis. (1988),

Kotler, Philip Principles of Marketing, 5th ed., Prentice-Hall, 1991, p.7

Krippendorf, J., Towards new tourism policies, Tourism management3(3), (1982), pp. 135~148.

Krippensorf, J. The Holiay markets, Lodon: Heineman. (1987),

Kujat, D., Kamloops, Tournament of B. C, Recreation Canada 47(4), (1989), pp. 6~8.

Levin, J. How cities play off their main events, Meeting and Conventin(February),(1989) pp. 70~91.

Mary J. Bitner and Bernard H. Booma, Channels of Distribution in the Tourism Industry(Seattle: Washington State University, 1988), pp. 1~3.

Meeting, Conventions & Expositions(1995), pp. 178~179.

Mendell, R. & J. MacBeth & A. Solomon(1983), The 1982 world's fair-asynopsis, Leisure Today, Journal of Physical Education, Recreation and Dance(April); pp.48~49.

Mill, R and A. Morrison(1985), The tourism system, an introductory text,

Englewood Cliffs, N. J: Prentice-Hall.

Montgomery, R. J & S. K. Strick, Meetings Conventions, and Expositions, an Introduction to the Industry, 1995, pp. 171~172.

Montgomery, R. J and S. K. Strick, 1995, op, cit, pp. 167~169.

Oh, H. M., W. S. Roehl & P. Shock, Family Decision Making in Convention Participation, In Proceeding of the Convention/Expo Summit Ⅳ(1993), pp. 35~51.

Oppermann, M & K. S Chon, Convention Participation Decision-Making Process, Journal of Tourism Research, Vol. 24, No.1(1997), p. 181.

Oppermann, M & K. S. Chon, Convention Participation Decision-marking Process. Annals of Tourism Research, 24(1)(1997), pp. 178~191.

Oppermann, M., Professional Conference Attendees and Non~Attendees Participation Decision Factors. In Proceedings of the 1995, STTE Annual Conference, K. S. Chon, ed. Society of Travel and Tourism Educators. M. Oppermann & K. S Chon(1997), op. cit., p. 184. 재인용.

Penny C. Doston(1988), Introduction to Meeting Management(Professional) Convention Management Association, pp. 29-36.

Penny C. Dotson, Introduction to Meeting Management(Birmingham, Alabama: The Education Foundation of the Professional Convention Management Association, 1988) p. 5.

Penny C. Dotson, Introduction to Meeting Management(Birmingham, Alabama: The Education Foundation of the Professional Convention Management Association, 1988) p.5.

Polivka, E. G., Professional Convention Management Association Birmingham, Alabama, 1996, pp. 213~225.

Powers, T., Introduction to Management in The Hospitality Industry, 6th ed., John Wiley & Sons, Inc(1999), pp. 212~213.

Price, C., An Empirical Study of the Value of Professional Association Meeting from the Perspective of Attendees, Ph. D. dissertation, Virginia Polytechnic and State University, Blacksburg(1993).

Ritchie, J. R. B & D. Beliveau(1974), Hallmark events; An evaulation of a strategic responce to seaaonality in the travel market, Journal of Travel

Research 13(2): pp. 14~20.

Ritchie, J. R. B., Assessing the impacts of hallmark event: Conceptual and research issues, Journal of Travel Research 23(1), (1984), pp. 2~11.

Rosenow, J & G. Pulsipher(1979), Tourism: The good, the bad, and the vgly, Lincoln, Neb: Century Three Press.

UNESCO(1977), The effects of tourism on socio-economic value, Annals ofTourism Research(4), pp. 74~105.

Usher, C. M., Lasvegas: The Key to Increased Convention Attendance. Unpublished Professional Paper Submitted to The Department of Business and Economics, University of Nevada, Las Vegas(1991).

Var, T, F. J. Cesario & G. Mauser, Convention Tourism Modeling, Tourism Management, 6(1985), pp. 194~204.

Wang, P & R. Gielson(1988), Economic limitation of festival & other hallmark events, Leisure Industry report(August), p. 4~5.

Witt, T. F., M. Dartus & A. M. Sykes, Forecasting, Modeling and Recall Bias: Modeling Conference Tourism, Journal of Travel Research, Twenty-Third Annual Conference(1992), pp. 116~124.

Zelinsky, W., Conventionland USA: The Geography of a Latterday Phenomenon. Annals of the Association of American Geographers (1994), pp. 68~86.